Gerhard Spitzer

Kinder im Tyrannenmodus

Gerhard Spitzer

KINDER IM TYRANNEN MODUS

Kann Erziehung
noch Spaß machen?

ueberreuter

Gewidmet unseren drei großartigen Kindern, die – mag es nun Zufall sein oder daran liegen, dass meine Frau und ich aufmerksam meine Bücher lesen – kaum jemals auf die Idee gekommen sind, in einen Tyrannenmodus zu schalten.
Vielleicht sollten Sie aber dazu noch etwas wissen: In all den Jahren hat bei uns fast täglich der Spaß eine erhebliche Rolle gespielt.

1. Auflage 2015

ISBN 978-3-8000-7614-7

Covergestaltung: s-stern.com
Coverbild: © Steven Errico/Getty Images
Lektorat: Dr. Arnold Klaffenböck
Satz: Strobl, Satz·Grafik·Design, Neunkirchen
Druck und Bindung: Finidr s.r.o.

www.ueberreuter-sachbuch.at

Inhalt

Liebe Eltern und Großeltern!

Liebe Pädagogen inner- und außerhalb der Schulen!

Prolog

Die Kinder von heute sind Tyrannen. Sie widersprechen ihren Eltern, kleckern mit dem Essen und ärgern ihre Lehrer.
Sokrates (um 470–399 v. Chr.)

Können Sie sich *das* vorstellen? Das obige Zitat habe ich keineswegs exklusiv für dieses Buch erfunden, sondern es stammt offenbar wirklich aus dem antiken Griechenland, wo Erwachsene wie Kids noch in weiße Bettlaken gehüllt herumgelaufen sind, so unbegreiflich lange ist das schon her.

Die alten Griechen scheinen, zumindest in pädagogischer Hinsicht, damals doch tatsächlich in den gleichen Schwierigkeiten gesteckt zu haben wie wir heute. Zumindest sieht es so aus, als hätte sich an der fiesen Grundorientierung der Kids seit zweieinhalbtausend Jahren im Wesentlichen nicht viel geändert. Kann man das glauben? Wir müssen es wohl, weil ich Leuten wie dem altehrwürdigen Philosophen und Lehrer Sokrates natürlich herzlich gern Glauben schenke. Sie auch? Na also! Dann sind wir uns bis hierhin mal einig: Das Zitat ist authentisch, daran gibt's wohl nichts zu rütteln!

Aber Hand aufs Herz: Noch kurz zuvor hätten Sie wohl auch nicht gedacht, dass es tyrannische Kinder schon so lange gibt, oder? Ich selber habe zwar nun schon mehr als drei Jahrzehnte mit tyrannischen Kindern zu tun, bin aber persönlich trotzdem mehr als erstaunt über diesen Weckruf aus dem Altertum gewesen. Umso mehr, als das Ganze mir als Autor eine ganz neue Dimension eröffnet hat. Ich bin offensichtlich gerade im Begriff, ein schon seit fast zweieinhalb Jahrtausenden *dringend fälliges Buch* nachzuholen. Wann bekommt man als Pädagoge schon mal so eine griffige Chance?

Jedenfalls bin ich jetzt gleich doppelt motiviert und freue mich darauf, meine eigenen Hauptakteure aufmarschieren zu lassen, nämlich permanent ihren Eltern widersprechende, beim Essen kleckernde, ihre Lehrer ärgernde Kinder und Jugendliche. Erstaunlich diese Parallelen, nicht wahr? Allerdings können wir moderne Eltern noch einiges drauflegen, was der gute, alte Sokrates vielleicht noch gar nicht zur Hand gehabt hat. Wir haben außerdem noch aufsässige, unfolgsame, unangepasste, nörgelnde, rotzfreche, kurzum schlichtweg »tyrannische« Kinder zu bieten.

Wer bietet mehr? Niemand? Dann geht der Zuschlag wohl an das vorliegende »pädagogische Jahrtausendwerk«! Eine geradezu epochale Vorstellung ... und eine *witzige* obendrein.

Bemerkenswert ist jedenfalls, dass in all den Jahrhunderten noch kaum ein schreibender Pädagoge in irgendeinem Elternratgeber mutig genug gewesen zu sein scheint, das »Kind beim Namen« zu nennen. Deshalb mache *ich* das jetzt mit »Kinder im Tyrannenmodus« und habe mir vorgenommen, mir beim Schreiben kein Blatt vor den Mund zu nehmen. Eine ganz schöne Verantwortung, die ich mir da aufgebürdet habe. Nun, dann hoffe ich mal, dass nicht nur der altwehrwürdige Lehrer Sokrates, sondern auch Sie, liebe zeitgenössische Leserinnen und Leser, mit mir und meiner schon seit 25 Jahrhunderten ungeschriebenen Tyrannenanalyse zufrieden sein werden ...

Ein schönes Buch hilft den Gedanken des Autors
beim Flug in den Kopf des Lesers.
Rainer Groothuis

Schlichte Einleitung?

Da sitze ich nun vor mindestens 200 leeren Seiten und spüre, dass eine schlichte »Einleitung« einem dermaßen fundamentalen Buch nicht einmal annähernd gerecht werden kann, wenn es dazu taugen soll, den aufgestauten Frust Hunderter Generationen erziehender und hilflos der Tyrannei der Jugend unterlegener Erwachsener endlich aufzulösen.

Aber erneut hilft mir die Vorstellung vom antiken Griechenland, die ich immer noch vor Augen habe: Hochmodische Betttuchgewänder, ein annähernd entschleunigtes Leben ohne Smartphone-Hype, würdevoll einherschreitende und philosophierende Nachhilfelehrer und um sie herumwuselnde, ziemlich bösartige kleine Tyrannen. Unter all den Kids könnte damals ja sogar schon manch ein künftiger »Berufsdespot« gewesen sein. Wer weiß? Schließlich kann es ja nicht schaden, wenn man sich konsequenterweise für genau den Job entscheidet, den man schon als Kind perfekt beherrscht hat. Doch wir wollen nicht hoffen, dass just einer von Sokrates' Schülern diesen Lebensweg je gewählt hat. Aber das ist sowieso längst Geschichte!

Ich möchte ohnehin ein ganz anderes Bild mit Ihnen teilen: eines von heldenhaften Fackelträgern, welche bei den wahrscheinlich ersten Olympischen Spielen irgendwo im antiken Griechenland mit stolzgeschwellter Brust und vollkommen außer Puste in ein Sportstadion einlaufen. Eine Zeremonie, die sie, weiß der Kuckuck warum, heute immer noch alle vier Jahre so durchziehen ...

Dennoch ist es genau das, was mir vorschwebt – keine bloße Einleitung wie bei all den anderen »Nicht-Jahrtausend-Büchern«. Was ich mit Ihnen allen, liebe Eltern, Großeltern, Pädagogen und anderen Kinderdienst-Habenden, viel lieber teilen möchte, ist ein klassischer »Aktionismus«, der diesem bedeutungsvollen Werk hoffentlich angemessen ist, nämlich ein sportlich-lockerer ...

Zeremonieller Einlauf

»Einlaufen« kann man auf vielerlei Art: erst mal, wie schon gesagt, als triumphierender Sportler in ein Stadion; oder als Wäsche in einer zu heiß eingestellten Waschmaschine; als Bluejeans in einem ähnlich überhitzten Umfeld; als Tinte in eine nagelneue Bluse; oder stellen Sie sich vor, Sie hätten das Pech, eine Portion warmes Badewasser zu sein. Dann müssten Sie vielleicht irgendwann in eine Badewanne *einlaufen*, in der dann ein völlig verdrecktes Kind in böser, tyrannischer Absicht und mit viel lautem Geplantsche den gesamten Raum samt Vorzimmer unter Wasser setzt.

Na super! Das fängt ja gut an – gleich bei der Einleitung ein Bild mit Horrorpotenzial. Dabei haben wir schon genug damit zu tun, hier in unser erdachtes Stadion einzulaufen, dessen Reihen und Zuschauertribünen jetzt vollgestopft sind mit lauter aufsässigen, widerspenstigen, unsereins nicht zuhörenden und obendrein noch wenig kooperativen Kindern und Jugendlichen.

Autsch! Das fühlt sich ja nun nicht mehr so sehr nach einem triumphalen Auftritt für uns Erwachsene an, zumal ich, wenn mich nicht alles täuscht, soeben von ganz oben ein paar »Buh-Rufe« vernommen habe.

Wenn *das* Projekt nach so einem heftigen Einlauf jetzt noch gut gehen soll, helfen sicherlich nur noch drei bewährte Rezepte: *Humor, Geduld* und *Nachsicht*!

> *Humor, meine Herren, ist nicht erlernbar! Neben Geist und Witz setzt er ein gerüttelt Maß an Herzensgüte voraus, an Geduld und Nachsicht! Deshalb ist er auch so selten.*
>
> Curt Goetz

Diese Werkzeuge werden wir sicherlich ganz dringend brauchen, weil es wahrlich kein leichtes Unterfangen ist, über berufsmäßige Mini-Tyrannen zu schreiben und dazu auch noch praxistaugliche Blickwinkel zu liefern. Noch schwieriger ist es, als Betroffener darüber zu *lesen*, darauf können Sie sich jetzt schon verlassen. Also, *her* mit einer tüchtigen Portion Humor, weg mit all der typisch erwachsenen Ernsthaftigkeit, sonst stehen wir das hier nicht unbeschadet durch.

Obendrein verhilft uns hoffentlich auch meine durchgängige Rahmengeschichte rund um das antike Stadion, die vielen heiklen und heißen Themen in diesem Buch leichter »verdaulich« zu machen. Deshalb hoffe ich, dass Sie nun gleichermaßen motiviert wie fit und zu jeder »Schandtat« bereit sind!

Von Blickwinkeln und Gänsen

Mein Plan lautet nämlich, für Sie die allerbesten Voraussetzungen zum Einnehmen ganz neuer, auf jeden Fall aber zutiefst positiver Blickwinkel zu schaffen. Es ist sicher nicht die leichteste, dafür aber eine äußerst spannende Aufgabe, die vordergründig so tyrannischen Verhaltensmuster, die uns Eltern und Lehrer täglich mit ausreichend Ärger versorgen, auch mal in einem viel milderen Licht sehen zu können. *Ihre* persönliche Motivation plus eine Portion Zuversicht werden uns dabei jedenfalls überaus gute Dienste leisten. Trotz aller perfekten Vorraussetzungen sollten wir uns jedoch nicht bloß *darauf* verlassen, sondern uns einer weiteren kompetenten Unterstützung versichern. Schließlich wollen wir ja mit all den vielen neuen Perspektiven nicht ganz allein dastehen.

Ich habe deswegen keine Kosten und Mühen gescheut und für Sie eine wahrlich großartige Philosophin gleichsam als »persönliche Assistentin« aufgetrieben, die uns ebenso erstaunliche wie tief gehende Sichtweisen vermitteln wird, wie sie noch nie in einem Elternratgeber aufgetaucht sind. Jene bemerkenswerte Persönlichkeit ist ... eine *dumme Gans!*

Wie bitte? Was soll das denn jetzt werden? Keine Sorge, bald sehen Sie klarer! Die offizielle Vorstellungsrunde erfolgt in Kürze im Rahmen eines vorbereitenden Trainingsprogramms ...

Von Gelegenheiten und Nörgeleien

Zunächst möchte ich allen Erwachsenen, die aufgrund massiver Tyrannenangriffe bereits ein wenig neben ihrem eigenen Nervenkostüm stehen, auch mal so richtig Gelegenheit zum Nörgeln geben. *Wir* haben ja schließlich auch ständig raunzende Kids um uns – genau wie jetzt hier in unserem antiken Stadion. Manchmal sogar, wenn man an diverse Schulkassen oder Kindergartengruppen denkt, in so großer Anzahl, dass man das Wort »zu viel« zur Untertreibung des Jahrhunderts erklären könnte. Da fragt man sich: »Wann hört denn uns leidgeprüften Eltern, Großeltern, Lehrern und Co endlich mal jemand zu, wenn *wir* Beschwerden haben?«

Jetzt! – Allerdings nicht mehr allzu lange, so viel sollte klar sein. Betrachten wir es also vorläufig als letzten Aufruf für alle stresserprobten erwachsenen Bezugspersonen, noch einmal über ihre süßen Plagegeister, egal ob im trauten Heim, in der Schule, im Hort oder Kindergarten, nach Herzenslust zu nörgeln. Lassen Sie es ruhig raus: Schimpfen Sie für sich allein oder gemeinsam mit Ihrem Partner oder Kollegen noch einmal so richtig aus dem Bauch heraus über all die schlimmen Kids und über all den mit ihnen verknüpften Stress. Das darf sein! ... *Muss* sogar mal sein, keine Frage.

Aber Vorsicht! Auch der allerschlimmste Haustyrann kommt einmal selber zu Wort. In diesem Buch jedenfalls wird das zuverlässig so sein, zumindest werden zahlreiche »betroffene« Kinder und Jugendliche klar und deutlich ihre geheimsten Gedanken ausdrücken dürfen. Mal sehen, ob die Kids bei diesen Gelegenheiten eventuell *auch* etwas zu nörgeln haben werden ...

Vielleicht stehen wir dann mit unserem Gefühl, andauernd nur rücksichtslos tyrannisiert zu werden, gar nicht mehr völlig allein da, weil es plötzlich aus irgendeiner unaufgeräumten Kinderzimmerecke tönt: »Mami, du tyrannisierst mich andauernd!«

Na super! So weit käme es noch! Tut mir leid, aber so weit *wird* es kommen ...

Lauschangriffe

In zahlreichen Passagen werden wir es uns nämlich zur Aufgabe machen, vorwitzig zu belauschen, was unsere kleinen Westentaschenterroristen wirklich so denken, wenn sie mitten in einem aktuellen Tyrannenmodus stecken. Klar ist das schon fast ein »Gedanken-Abhörskandal!«. Meine Gewissensbisse halten sich jedoch in Grenzen, weil Lauschangriffe, wie man so hört, in letzter Zeit sowieso auf der Tagesordnung stehen.

Einen überaus positiven Aspekt an der ganzen skandalösen Vorgehensweise möchte ich Ihnen aber gerne jetzt schon verraten. Es werden sich bei unseren tiefen Einblicken nicht nur zahlreiche »harte Fakten« auftun, sondern zuweilen überaus verblüffende Erkenntnisse auf Sie warten, die in dieser Form sicherlich noch nie geschildert worden sind.

Was uns blüht

Zu guter Letzt dürfen Sie natürlich noch erfahren, wie unser gesamter »Spielplan«, gleich nach unserem aktuellen sportlichen Einlauf und den in Kürze startenden Trainingseinheiten, aussehen wird. Im ersten von zwei Teilen des spannenden Buches werden wir eine Anzahl typischer Tyrannenmodi durchlaufen – genau so, wie es im Titel steht – und sie bis ins Kleinste zerpflücken. Erst dann können wir herausfinden, was wirklich hinter all den »prickelnden« Verhaltensmustern steckt und wo all die Tyrannei schlussendlich überhaupt herkommt, um schließlich zu verstehen, wer denn nun tatsächlich mehr Grund zum Nörgeln hat: unser lieber Nachwuchs oder wir noch liebenswerteren Erwachsenen.

Man muss ja wissen, wo alles herkommt,
sonst weiß man nie, wo es hingeht!
Lucius Annaeus Seneca

Mal sehen, was für uns alle am Ende des Tages, sprich: am Ende des ersten umfangreichen Buchteils übrig bleibt. Ganz sicher jedenfalls gibt es während dieses gesamten Abschnitts etwas für Sie zum Mitnehmen, nämlich ganze Sammlungen leicht nachvollziehbarer und sofort umsetzbarer Praxistipps, die Sie jeweils am Schluss jedes einzelnen Kapitels unter dem Titel »Anti-Tyrannen-Strategien« nachschlagen können.

Im zweiten Buchteil schließlich ist für uns alle schon gemütliches Zurücklehnen angesagt, weil ich dort, wie es sich für einen verantwortungsvollen Sachbuchautor gehört, Wort für Wort die Titelfrage auflösen werde, ob *Erziehung nun eigentlich noch Spaß machen kann* oder nicht. Sie erkennen sicher schon: Spannung und Entspannung werden im praktischen Kombipack in diesem Werk gleich gemeinsam geliefert. Spannend, nicht?

Natürlich würde es mich sehr freuen, könnten Sie, geschätzte Leserinnen und Leser, mein Buch nicht nur spannend finden, sondern auch noch lieb gewinnen, so als wäre es wirklich ein »Jahrtausendwerk«.

Aber kann man ein Buch mögen, das nahezu überquillt von Tyrannei und häuslichem Terror, Nörgelei und Verweigerung, Ausrasten und Einschnappen, Bettelei und Diskussionen, Streit und Blockaden?

Man kann! Dazu brauchen Sie nur trotz all dieser »schlimmen Begriffe« vertrauensvoll Ihr Herz zu öffnen, denn ich habe all die »Schlechtigkeiten« für Sie in Texte voller Behutsamkeit und bisweilen schelmischem Augenzwinkern, aber auch voller Einsicht, Nachsicht, Geduld und vor allem Liebe verpackt.

Wer sagt, es gibt keine Wunder auf dieser Erde,
hat noch nie die Geburt eines Kindes erlebt. Wer sagt, Reichtum ist alles,
hat noch nie ein Kind lächeln gesehen.
Wer sagt, diese Welt sei nicht mehr zu retten, hat vergessen,
dass Kinder Hoffnung bedeuten.
Reinhard Becker

Ihr
Gerhard Spitzer

Aufwärmtraining

Nun sind wir zwar schon ein wenig eingestimmt, besser gesagt, wir sind gerade erst in unser fiktives antikes Stadion eingelaufen und werden dort von ebenso zahl- wie ratlosen Kindern aller Alters- und Schwierigkeitsklassen angestarrt. Aber so richtig restlos vorbereitet für den Teil eins, der vor schwer verdaulichem »Stoff« nur so strotzt, sind wir leider noch nicht. Das sollten und werden wir nach diesem Wie-bereite-ich-mich-auf-harte-Tatsachen-vor-Training allerdings sein. Schließlich ist es mir ein Anliegen, dass wir Erwachsene in diesem riesigen Gebäude voller Haustyrannen eine angemessen gute Figur machen, zumal wir unter dem Haufen renitenter Kids derzeit eindeutig in der Unterzahl sind. Wir brauchen also dringend Verstärkung, das steht außer Frage!
Deshalb werde ich Sie, praktischerweise gleich während unseres Aufwärmtrainings, mit unserem wichtigsten Gaststar, der Philosophin Gundula, bekannt machen. Sie ist nämlich unverzichtbarer Bestandteil unserer gewissenhaften Vorbereitung und überhaupt für den gesamten Spielplan …

Trainingseinheit, die erste: Verständnis

Ihnen als aufmerksamem Leser ist sicher aufgefallen, dass die Kinder und Jugendlichen hier in unserem riesigen Stadion allesamt auf etwas zu warten scheinen. Die Frage ist, worauf? Wo sie doch ohnehin stets nur eines in ihren kleinen Köpfen haben, nämlich ihr gesamtes tyrannisches Spektrum, angefangen bei Schabernack und allerlei Unsinn über Frech- und Gemeinheiten bis hin zum völligen Verweigern an uns, den unschuldigen Erwachsenen, auszuleben.

Das ruft förmlich nach einem ersten wichtigen Trainingsschritt: Verständnis! Wir sollten verstehen, dass sie alle, wie sie da sitzen und stehen, bloß darauf warten, welche erzieherischen Neuigkeiten wir als Eltern, Lehrer und sonstige Bezugspersonen gleich ab heute einführen werden. Wahrscheinlich hoffen sie dabei auf so viel Verständnis und Unterstützung, dass sie künftig ihren jeweiligen Tyrannenmodus erst gar nicht mehr einschalten müssen. Ja, darauf wird es wohl hinauslaufen: Ohne *unsere* aktive Hilfe wird hier gar nichts gehen oder, anders gesagt, ohne dass wir zutiefst verstehen und verzeihen, wird alles beim Alten bleiben und wir werden weiterhin täglich genug Gründe haben, um unser Nervenkostüm auszuziehen. Also ist Hilfe und somit gemeinsames Anpacken angesagt.

Alles verstehen heißt alles verzeihen.
Madame de Staël

Doch warum sollen nur immer *wir* Erwachsene unseren Kindern bei anstehenden Verhaltensänderungen unter die Arme greifen? Wer hilft *uns* denn dabei, wenn wir uns vorgenommen haben, endlich mal unsere eigenen »alten Muster« abzulegen? Ein gar nicht so leichtes Unterfangen, wie wir alle, die wir schon länger auf diesem Planeten weilen, nur allzu gut wissen. Aber bitte, machen Sie sich keinen Kopf, diesmal habe ich Unterstützung für uns geholt und, so wie es topmodern ist, unser Hilfsanliegen »outgesourct«. Mit anderen Worten: Wir bekommen, wie eingangs versprochen, rat- und tatkräftige Hilfe von außen.

Trainingseinheit, die zweite: Vorstellungsrunde

Damit ist das Stichwort gefallen, Ihnen jetzt endlich unsere mentale Verstärkung vorzustellen. Es handelt sich um jene geniale Philosophin, von der ich in der Einleitung erzählt habe.

Am besten führe ich Sie anhand ihrer kurzen, aber tragischen Lebensgeschichte vor der malerischen Kulisse ihres Heimatortes in unser tyrannisches Projekt ein: Gestatten? Gundula, meine ehemalige gute Freundin, eine wahre Meisterin in Sachen Ärger und Aufregung und außerdem, wie schon erwähnt, eine dumme Gans!

Halt! Nicht, dass Sie denken, das hier wäre irgendeine politisch unkorrekte Äußerung gewesen. Bei Gundula handelt es sich *tatsächlich* um einen dieser großen weißen Vögel mit allem, was zur Originalausgabe einer Gans eben so dazugehört: Gefieder, langer Schnabel in kräftigem Orange, dafür eher kurze, jedoch beeindruckend platte Füße in derselben Farbe. Was die liebe Gundula aber zu einer wahrlich *dummen* Gans macht, ist folgende Begebenheit aus ihrem Leben …

Fall 1: Perspektivenwechsel

Bitte nicht allzu sehr wundern: In diesem einzigartigen Fallbeispiel kommen noch keinerlei tyrannische Kinder oder verhaltensoriginelle Eltern vor. Überaus erholsam! Schon jetzt, wo wir erst am Anfang des Buches stehen, bedeutet das jedenfalls eine wohlverdiente Verschnaufpause.

Die Szene: Ein idyllischer Bauernhof, auf dem neben allerlei weiterem Getier auch die Gans Gundula lebt. Die flauschige Dame ist zwar ein Prachtexemplar ihrer Art, hat aber eine Schwäche: Sie regt sich über allerlei viel zu schnell und leider auch zuweilen viel zu heftig auf. Beispielsweise erregt ein Lattenzaun, der ihr andauernd im Weg steht, täglich aufs Neue ihr ungeteiltes Ärgernis. Jedes Mal, wenn sie an dem hinderlichen Zaun steht, ärgert sie sich maßlos darüber, dass es auf der anderen Seite viel mehr leckere Häppchen zu geben scheint. Dann streckt sie ihren langen Hals zwischen den Holzlatten hindurch und schnattert empört drauflos, was das Zeug hält: »Frechheit! Dort drüben gibt es *viel* mehr zu fressen als hier, auf meiner Seite! Ich will da endlich durch!«, keift sie aufgebracht im Geflügeldialekt.

Klar ist das Federvieh mit seinem zwar elegant verkleideten, aber ziemlich rundlichen Gänsekörper viel zu kräftig gebaut, um zwischen den Hölzern hindurchschlüpfen zu können. Genau genommen ist Gundula derart übergewichtig, dass es nicht einmal mehr mit dem Überfliegen der hohen Latten klappt. Aller Umfang ist schwer … das weiß man ja! Diese ungesunde gänsekörperliche Konstitution wird den Ausgang der Geschichte übrigens noch maßgeblich beeinflussen. Damit geht meine kurze Erzählung auch schon ins Finale …

Unlängst hat die zornige Gundula insgeheim Wufti, den Hund des Bauern, dabei beobachtet, wie er versucht hat, sich unter den Latten hindurchzubuddeln. Jedoch: Wie wir wissen, ist das Graben von Tunneln nicht gerade eine naturgegebene Gänsetechnik. Also ist auch das buchstäblich eine Sackgasse. Übrigens nicht die letzte, in die wir im Laufe dieses Buches noch geraten werden …

Das Einzige, was Freundin Gundula nach all den Fehlschlägen noch übrig bleibt, ist ... sich weiterhin *aufzuregen*. Genau das tut sie auch heute wieder mit Hingabe. Als sie ihren schneeweißen Kopf durch das unüberwindliche Hindernis steckt, erkennt sie an diesem Morgen besonders viel herzhaftes und saftiges Futter auf der anderen Seite und wird so richtig »unrund«, sofern man das von Gänsen überhaupt sagen kann. Sie schnattert erneut wild drauflos und ihre Gänsestimme überschlägt sich vor überbordendem Ärger. Wäre so etwas biochemisch überhaupt möglich, bekäme Gundula jetzt wohl vor Zorn und Aufregung einen hochroten Kopf. Weil das aber Mutter Natur nicht vorgesehen hat, bemerkt auf unserem idyllischen Bauernhof auch niemand, dass Gundula langsam, aber sicher auf einen tierischen Herzinfarkt zusteuert.

Der Mensch ist das einzige Lebewesen, das erröten kann.
Es ist aber auch das einzige, das Grund dazu hat.
Mark Twain

Was soll ich über die Begebenheit noch lange erzählen? Es kommt, wie es hat kommen müssen. Die viele Aufregung ist für unsere cholerische Schnattergans leider zu viel. Noch ein- oder zweimal keppelt sie lauthals, ringt auf einmal keuchend um Luft, kippt schließlich um und das war's dann, mit dieser dummen Pute – Verzeihung – Gans natürlich. Jetzt verstehen Sie sicherlich, warum wir beide aktuell *nicht* mehr befreundet sind, Gundula und ich! Ende der Geschichte ...

Aha-Effekt?

Wie sicherlich unschwer zu erkennen, war das eine Metapher! Diese Art Geschichten dient hauptsächlich dazu, durch ihren bildhaft-vergleichenden Charakter so etwas wie einen »Aha-Effekt« zu erzielen – im Idealfall sogar einen nachhaltigen. Das will *ich*, ehrgeizig, wie ich nun mal bin, mit meiner wundersamen Gundula-Story natürlich auch!

Es liegt – so hoffe ich – jedenfalls auf der Hand, was wir gleich zu Anfang daraus lernen können: Zu viel Aufregung schadet *jedem* mittleren oder höheren Lebewesen, egal in welcher Art von Kleid es stecken mag, Federn, Fell oder Stoff. Eine enorm wichtige Erkenntnis, vor allem wenn man nur allzu häufig mit einem häuslichen Kindertyrannen zu tun hat und sich als Elternteil oder Lehrer deswegen vielleicht viel zu oft aufregt. Das habe ich jetzt allerdings nur der guten Ordnung halber erwähnt, denn auf diese ohnehin naheliegende Erkenntnis will ich gar nicht hinaus.

Mir geht es um Höheres. Die wirklich wichtige Lehre aus dieser Geschichte ergibt sich aus der Frage, *was* die gute Gundula hätte machen können, um trotz ihres aufbrausenden Gemüts ihr Leben entscheidend zu verlängern. Welches Verhalten hätte Ihrer geschätzten Meinung nach der dummen Gans wohl ganz sicher eine Menge Aufregung erspart?

Etwa ein bisschen mehr »innere Ruhe«? Vielleicht eine Zweckpartnerschaft mit Wufti, dem Grabungsspezialisten? Der Erwerb eines Feuerzeugs zwecks warmer Abtragung des Holzzauns? Nein, *das* geht für unser Federvieh zu weit ... und für jeden ernsthaften Leser wohl auch! Alles Unfug, völlig klar! Doch das war bloß ein gleichermaßen bewusster wie fieser Beratertrick, um Ihrem Unterbewusstsein Zeit zum Nachdenken zu verschaffen.

Ist Ihnen schon ein Weg eingefallen, der meiner ehemaligen Freundin das Leben hätte retten können? Nein? Dann denken Sie wahrscheinlich zu kompliziert! Etwas, das Sie während des gesamten Buches übrigens lieber nicht tun sollten. Kindgerecht denken wäre da schon viel hilfreicher! Es ist eine ebenso einfache und zugleich geniale Art zu denken, das werden Sie schon bald erkennen.

Also gut, genug der Verzögerungstaktik. Die Lösung ist viel unspektakulärer, ja sogar erschreckend einfach – und eindeutig tauglich für ein Aha-Erlebnis.

Lösungsansatz

Gundula hätte bloß zwei oder drei Schritte zurückwatscheln müssen. Dann hätte sie nämlich erkannt, dass der ganze schrecklich hinderliche Zaun nur 90 Zentimeter breit gewesen ist! Wie einfach wäre es gewesen, daran vorbeizustolzieren. Was für eine dumme Gans!

Ahaa! – Na bitte! Geht doch!

Was wir schlussendlich daraus lernen können?

! Bei vielen Dingen, über die wir uns wundern oder aufregen, stehen wir oft *viel zu nahe* am Zaun oder anders gesagt: zu dicht am Geschehen, um dieses in seiner Gesamtheit noch überblicken zu können.

Zeit für einen Perspektivwechsel. Einverstanden?

Alle Menschen und Dinge haben ihre besondere Perspektive. *Manche muss man aus der Nähe sehen, um sie beurteilen zu können, andere aus der Ferne.*
François VI. Duc de La Rochefoucauld

Meta-Position

Wie Sie jetzt sicherlich leicht erkennen, führt uns auch Gundulas Geschichte zu keinem anderen Ziel als dem Erwerb der Fähigkeit, zuweilen eine ganz andere Perspektive einzunehmen. Fachleute sprechen dann vom »Einnehmen einer Meta-Position«.

! Schwer verdauliche, belastende Situationen oder harte Tatsachen lassen sich oftmals viel leichter ertragen, wenn man in Gedanken eine Position einnimmt, als wäre man selbst gar nicht am Geschehen beteiligt.

Ich kann an dieser Stelle allen Eltern, Lehrern und Konsorten nur von Herzen dazu raten, die Anwendung jenes überaus spannenden Werkzeugs zu trainieren. Das macht Sie fit für das Kommende, sowohl in diesem Buch als auch im realen Leben. Die neue Fähigkeit, eine quasi »unbeteiligte« Perspektive einzunehmen, wird Ihnen nämlich vor allem bei herausfordernden erzieherischen Situationen eine nie gekannte Sicherheit, gepaart mit dem Potenzial zur Entspannung, schenken.

Federvieh-Markierungen

Direkt vom Gänsehimmel herab wird Gundula uns übrigens im Verlauf dieses Buches beim Einnehmen der Meta-Position immer wieder hilfreich zur Seite stehen. Schließlich kann oftmals allein schon ein anderer Blickwinkel für eine Portion Leichtmut oder gar Frohsinn sorgen, wo zuvor noch finsterer Tyrannenterror in der Luft gelegen haben mag.

Ein erster neuer Probeblickwinkel gefällig? Bitte sehr: Wer auch immer für so einen Perspektivenwechsel den Anstoß gibt, ob nun eine lebende oder tote Gans ... oder bloß ein Buch: Es ist die Sache allemal wert.

Wir werden jedenfalls anhand der Federvieh-Markierungen am Rand des jeweiligen Abschnitts leicht erkennen, an welchen Stellen meine nun schon viel gescheiter gewordene Gundula immer mal wieder in unseren Dunstkreis watschelt, um uns mit der Nase auf eine viel entspanntere Blickdistanz hinzuweisen.

Erkenntnis

Eine letzte, überaus wichtige Erkenntnis zu diesem kurzen, aber hoffentlich einprägsamen Abschnitt steht noch aus. Wer sich vertrauensvoll auf den spannenden Vorgang des Einnehmens einer Meta-Position einlässt, wird erkennen, dass dieser *neue* Blickwinkel gar nicht das wirklich Schwierige an der Sache ist. Das härteste Stückchen Arbeit für uns Erwachsene besteht darin, mutig unsere vorgefertigten Ansichten abzulegen, vor allem aber unsere lange eingeübten Verhaltensmuster.

Man entdeckt keine neuen Erdteile, ohne den Mut zu haben,
alte Küsten aus den Augen zu verlieren.
André Gide

Schön, gegen das Ablegen schlechter Angewohnheiten kann man ja grundsätzlich nichts haben. Außer, wenn es einen zur Gänze selber betrifft. Aber auch dafür habe ich für Sie eine letzte, aber pfiffige Trainingseinheit zur richtigen Einstimmung ...

Trainingseinheit, die dritte: Nachbarschaftshilfe

Ich gehe davon aus, dass ich bei meinen Betrachtungen hauptsächlich von völlig entspannten Leserinnen und Lesern umgeben bin. Mit anderen Worten: Ich rechne damit, dass Sie *selbst kein* tyrannisches Kind (oder Jugendlichen) im Haus, in Ihrer Schulklasse oder Kindergartengruppe haben.

Mit an Sicherheit grenzender Wahrscheinlichkeit haben Sie dieses Buch nur deswegen erworben, ausgeborgt, hinterhältig entwendet oder Wort für Wort auf einen Notizblock abgeschrieben, weil Sie *unbedingt* Ihren *Nachbarn* bzw. der Lehrerin oder dem Lehrer in der *Nachbarklasse* helfen wollen.

Diese überaus soziale und menschenfreundliche Einstellung rechtfertigt sogar den fiesesten Diebstahl. Also, klauen Sie ruhig auch meine anderen Bücher, solange Sie nur Ihren Nachbarn gegen deren tyrannischen Kinder mit Rat und Tat zur Seite stehen. Schließlich sieht man bei den heutigen großen Terrassenfenstern und sonstigen Mauerdurchbrüchen ja sehr genau, was sich in Nachbars Haus oder Klassenzimmer an einem langen Tag so alles abspielt. Was für diese armen geplagten Menschen aber besonders hilfreich ist: *Wir allein* verfügen über geheimes Wissen, das jene Leute offenkundig *nicht* haben ...

Eines wissen alle Eltern auf der Welt:
wie die Kinder anderer Leute erzogen werden sollten.
Alice Miller

Obendrein kann ich also davon ausgehen, dass ich aufgrund der geringen persönlichen Betroffenheit meiner Leser auch *kaum* jemanden mit meinen gnadenlosen Spiegelbildern und schwer verdaulichen Enthüllungen persönlich betroffen machen werde. Schön, das zu wissen! Das lässt auch mich viel entspannter an die Sache herangehen und spornt mich dazu an, manch einen schmerzvollen Hinweis auch mit herzlichem Augenzwinkern zu formulieren. Wirklich angenehm, das alles aus der Distanz und aus dem Antrieb purer Hilfsbereitschaft genießen zu können.

Der Gedanke, dass Sie dieses Buch möglicherweise gar nicht für sich selbst gekauft haben könnten, ist für mich jedenfalls nicht nur sehr befreiend, sondern auch gut nachvollziehbar. Klar, hätte ich selbst ein tyrannisches Kind bei mir zu Hause, ich würde für mich ganz sicher kein Buch kaufen, das so einen anstrengenden Titel wie »Kinder im Tyrannenmodus« trägt. Was soll daran sinnvoll sein, über etwas zu lesen, das man ohnehin täglich vor Augen hat? Aber als Praxishandbuch zur Nachbarschaftshilfe könnte es vielleicht taugen. Mal sehen ...

Abstand?

Sicher haben Sie haarscharf erkannt, dass diese augenzwinkernde nachbarschaftliche Betrachtungsweise ganz und gar keine überflüssige Verzierung, sondern schlichtweg die erste praktische Anwendung von Gundulas Meta-Position darstellt, welche uns sowohl Abstand als auch Erleichterung beim Hinunterschlucken manch eines »harten Tobaks« verschaffen wird.

Ihr Trainingsplan könnte demnach so ablaufen: Stellen Sie sich möglichst viele der wahrscheinlich ziemlich »erschütternden« Situationsberichte in diesem Buch so vor, als säßen Sie gemütlich zwischen Ihren absolut geschmeidigen und ganztägig liebe- und verständnisvollen Kindern und sähen bloß Ihrer Nachbarin mitsamt Partner beim Kampf gegen deren kleinen Haustyrannen zu. Mit diesem »Trockentraining« haben Sie sicher bald genügend neues Wissen und Praxistipps gesammelt, um der Nachbarsfamilie oder der gestressten Kollegin in der Nebenklasse nicht nur absolut selbstsicher, sondern auch mit einigem Stolz in der Brust Ihre Kenntnisse anbieten zu können.

Den wahren Nutzen, der hinter unserem gerade absolvierten Vorbereitungstraining steht, können Sie sicherlich schon bald nach dem Einstieg in unseren ersten »untragbaren Tyrannenmodus« ermessen, vor allem dann, wenn Sie sich zum ersten Mal die Frage stellen: »Kann ich denn an der ganzen Misere jetzt noch etwas ändern?«

Was man nicht ändern kann, muss man von einer anderen Perspektive *betrachten.*
Fritz P. Rinnhofer

TEIL 1

GESICHTER DER TYRANNEI

In diesem ebenso spannenden wie stellenweise sicherlich unbequemen Teil des Buches werden wir unserem Ärger über einige der bei unserem Nachwuchs »beliebtesten« Spielarten häuslicher Tyrannei so richtig Luft machen.
Doch auch der schlimmste Haustyrann darf irgendwann einmal seine eigene Sichtweise darlegen, egal ob nun laut und vernehmlich oder bloß in Gedanken. Genau das wird während des gesamten Abschnitts, welcher zur besseren Übersicht noch in kleinere Einheiten, sogenannte »Tyrannenmuster-Blöcke«, unterteilt ist, auch ständig passieren. Deshalb bleibt uns gar nichts anderes übrig, als mutig zu hinterfragen, ob nicht die allermeisten der schlimmen Verhaltensmuster, über die wir uns ständig ärgern müssen, vielleicht sogar »hausgemacht« sind ...

Die Lage ist hoffnungslos, aber nicht ernst.
Paul Watzlawick

Tyrannenmuster: Wenn sie verweigern ...

Zum Inhalt dieses ersten von drei »Tyrannenmuster-Blöcken« braucht es wohl nicht allzu viel Erklärungen. In ihm sind fünf der häufigsten, nervigsten und am meisten kräfteraubenden Facetten kindlicher Verweigerungshaltung zusammengefasst.
Wahrscheinlich können es alle Eltern und Bezugspersonen nur allzu gut nachvollziehen: Wenn ein Kind sich weigert, das zu tun, was man sich als Erwachsener gerade vorgestellt hat, gehen je nach Intensität der Verweigerung wie durch Zauberhand bereits die ersten Knöpfe des vielleicht ohnehin schon strapazierten Nervenkostüms auf.
Doch unsere Herausforderung besteht mitnichten darin, gemeinsam über offene Knöpfe zu klagen. Klar beobachten wir zwar all die tyrannischen Verweigerer, Trotzköpfe und sogar Provokateure sehr genau, aber wir fragen uns vor allem nach dem *Warum*!

Man beseitigt das Böse nicht, indem man es bekämpft,
sondern indem man das Gute fördert.
Indisches Sprichwort

»Nein, ich *mag* nicht!« – Tyrannenmodus: Trotzkopf

Die meisten Eltern genießen die frühesten Jahre mit ihrem Kind. Klar doch! Ist ja auch eine schöne Zeit! Wenn's nur *immer* so wäre und es da nicht auch noch zuweilen diesen professionell-tyrannischen Trotzmodus gäbe ...

⏭ **Fall 2: Trotzköpfchen**

Der erste Elternteil, den wir kennenlernen dürfen, ist eine in letzter Zeit ziemlich ratlos gewordene junge Frau namens Felicitas, deren dreijähriger Sohnemann Michi gerade so etwas wie eine permanente *Jetzt-mag-ich-erst-recht-nicht-Phase* zu haben scheint. Zum Glück für uns neugierige Zaungäste, die wir ja förmlich nach allerlei Ty-

ranneisituationen *gieren*, um diese zu beobachten und besser verstehen zu lernen, haben wir wohl heute einen »guten« Tag erwischt. Für Mama Felicitas läuft der Tag allerdings schon etwas weniger hitverdächtig. Michi ist gerade so richtig gut drauf. Als die beiden bei Tisch sitzen und Mami die Speisen auf dem Teller ihres Lieblings mundgerecht herrichtet, bekommt der Möchtegern-Tyrann ohne Vorwarnung plötzlich ein hochrotes Gesichtchen und stellt ein für alle Mal fest: »Mag nicht essen!« Schon ist der Kleine von seinem Kinderstuhl herunter und sucht das Weite, während Felicitas noch einige Kartoffeln zerteilt. »Bitte nicht schon *wieder* diese Trotzerei!«, meldet sich in ihrem Hirn die klassische Alarmfunktion, die allen Müttern zu eigen ist, wenn ein Mom-Kind-Konflikt ansteht. Aber auch die wunderbare mütterliche Bleib-ganz-ruhig-Warnung schaltet sich dazu ... und gewinnt die Oberhand: »Setz dich bitte wieder hin!«, interveniert Felicitas, zwar ein wenig gepresst, aber beherrscht, während sie ihren Sohnemann einholt. Die Wirkung ist genau so, wie *wir* es wahrscheinlich erwartet haben. Die gute Mama hingegen trifft es unerwartet und sie hätte auf den soeben folgenden Trotzphasen-Steigerungsanfall wohl lieber verzichtet: »*Neein*! Wääh! *Mag* nicht essen!«
Jemand mit genügend Distanz zu der Sache hätte jetzt wahrscheinlich gesagt: »Na gut! Dann hat der Winzling eben heute *keinen* Hunger.« Keine große Sache. Doch so eine Ich-mag-jetzt-nichts-essen-Aussage ist im Akzeptanzprogramm einer liebenden Mami nicht wirklich enthalten. Deshalb interveniert sie munter weiter, als hätte sie die Ablehnung gar nicht gehört.

! Klar ablehnende Aussagen von Kindern zu ignorieren und unbeeindruckt mit dem erzieherischen Programm fortzufahren, ist geradezu eine »Einladung« zum Umschalten auf Tyrannenmodus.

Immer noch daheim bei Trotzköpfchen

Noch bleibt Mama Felicitas einigermaßen ruhig: »Aber mein Spatz, du *hast* doch heute noch gar nichts Ordentliches gegessen! Komm jetzt endlich wieder zum Tisch!« Erneut gibt es eine klare Reaktion. Der Hosenmatz kontert mit einer klassischen Mini-Tyrannen-Geste: Er zieht einen Flunsch. Wir Österreicher nennen das übrigens »Schnoferl«.

»Na super! Da haben wir's!«, heult der rationale Denksektor im Mamahirn auf. Doch bevor sie alarmiert aufspringt und erste Zwangsmaßnahmen einleitet, holt Felicitas noch einen argumentativen Nachschlag aus ihrer Ich-kann-noch-immer-rational-denken-Kiste: »Aber Michi, du musst doch groß und ...!« Da reicht es dem Knaben endgültig. So einen Unsinn lässt sich ein Kind, das erstens schon *so* groß ist und zweitens mitten im fortgeschrittenen Tyrannenmodus steckt, sicher nicht sagen. Nachdem der Flunsch ganz offensichtlich nicht ausgereicht hat, greift man zu härteren Mitteln. Wütend stampft der kleine Wicht mit dem Fuß auf und brüllt los: »Nääh! Ich *mag* überhaupt nicht groß und stark werden!« Mama Felicitas verliert Geduld und Appetit gleich im Doppelpack. Mir ist schon klar, dass Sie, liebe Leser, so eine surreale Situation noch nie erlebt haben und wahrscheinlich niemals erleben werden. Oder etwa doch? Den Rest können Sie sich wahrscheinlich gut vorstellen. Das mit dem »groß und stark werden« war wohl wieder einmal das berühmte Wort zu viel. Michi scheint deswegen einen Wutanfall durchaus für angebracht zu halten. Wie oft in letzter Zeit. »Wieso lässt mein Kind sich gar nicht mehr auf mich ein?«, denkt Felicitas tief verletzt.

»Stimmt es denn wirklich«, fragt die junge Mutter mich im späteren Gespräch verzweifelt, »was mir viele Leute im Kindergarten so erzählen? Machen wirklich *alle* Kleinen so eine heftige Trotzphase durch?« – »Nein!«, antworte ich spontan, aber gelassen, »tun sie *nicht*!« – »Ach so?«, fragt Felicitas nachdenklich, »wenn das so ist, kann ich dann überhaupt noch etwas Sinnvolles unternehmen?«

Das ist für mich eine geradezu handverlesene Frage: »Aber klar, liebe Mama! Man kann immer etwas unternehmen!« Dazu aber später ... Jetzt muss ich hier erst mal eine ratlose Mutter mental aufbauen, indem ich die ganze Situation entspanne: »Eine Trotzphase? Meiner Erfahrung nach *gibt* es so etwas gar nicht. Diesen Begriff verwenden nur wir Eltern als Entschuldigung für eine Da-kann-man-haltnichts-machen-Situation.« Felicitas' Gesichtsausdruck in diesem Moment als »erstaunt« zu bezeichnen, wäre glatte Untertreibung ...

Einlassen, Auslassen

Sie erinnern sich bestimmt noch an Felicitas' Gedanken: »Warum lässt sich mein Kind nicht mehr auf mich ein?« Tja, das mit dem Einlassen ist leider nur ein »Programm« für etwa die ersten zwei Lebensjahre. Da wirken noch ganz einfache Beruhigungsstrategien, selbst wenn jedes normal entwickelte Kind auch schon mit zehn bis zwölf Monaten sehr deutlich Ablehnung, Ärger oder gar Wut äußern kann. In dieser Zeit jedenfalls lassen sich die kleinen Schreihälse eben noch sehr rasch auf Mini-»Tricks« ein. Es entspricht einfach ihrem tiefen Bedürfnis, im Einklang mit den Wünschen und dem Willen der Eltern zu leben. Genau das aber verändert sich im sogenannten »Trotzalter«. Ungefähr ab dem zweiten bis dritten Lebensjahr beginnt das Kind zu erkennen, dass es ein selbstständiges Wesen ist und es einen Unterschied zwischen sich und den anderen gibt. Schon haben wir den tyrannischen Salat: Wut, Ablehnung, garniert mit Rat- und Hilflosigkeit. Aber das *muss* nicht sein.

Meine Erfahrung zeigt, dass tieferes Verständnis, *was* da im kindlichen Köpfchen so vorgeht, ein sehr hilfreiches Mittel ist, um mit dieser Phase gut umgehen zu können. Wissen und Verstehen führen schließlich in allen Lebenslagen stets ganz automatisch zu tollen neuen Handlungsvarianten.

Erst einmal sei rasch festgestellt: Die bis hierher immer noch so genannten »Trotzphasen« gehören zur Entwicklung eines gesunden Menschen dazu. Übrigens nicht nur in der Kindheit. Die Fachleute nennen das ein »Entwicklungsfenster«. Doch mir gefällt einfach dieses fiese Wort Trotz nicht. Es verunsichert bloß alle Eltern dieser Welt und stimmt aus verhaltenspädagogischer Sicht einfach nicht. Unter diesem Begriff stellt man sich immer etwas Schlechtes vor. Etwas, das passiert, weil man schon wieder erzieherisch danebengehauen hat, oder noch viel unsinniger, weil es eben *genetisch* programmiert sei. Ein hübsche Übersetzung für: »Ich bin völlig unschuldig und kann deshalb nichts daran ändern!« Schmeißen wir doch kurzerhand dieses negativ besetzte Wort weg und stellen die Sache richtig: Das ganze tyrannische Verhaltensmuster hat weniger mit Trotz als eher mit *Autonomie* zu tun.

Selbstständig werden

Damit sind wir bereits punktgenau beim Kern der Sache angelangt. Tatsächlich sollte man diese Phase also eher als »Autonomiephase« bezeichnen. Im fachlichen Kontext wird sie übrigens auch ganz genau so genannt. Nicht tyrannischer Widerstand und Trotz sind das Wesentliche dieser Entwicklungsphase, sondern eigentlich das *Selbstständigwerden* und die Ablösung des Kindes von einigen nun schon zu eng gewordenen Grenzen. Nichts weiter! Ist doch beruhigend, oder?

Schließlich ist das ja unser wichtigster Job als Eltern: unseren Kindern beim Selbstständigwerden zu helfen. Hingegen ist der Plan, unser Kind ein Leben lang an uns zu binden, nicht der allerbeste, wie wir sicher sehr gut wissen.

Das sicherste Mittel, Kinder zu verlieren, ist,
sie immer behalten zu wollen.
Adolf Sommerauer

Lösungsansatz

So, nun haben vielleicht unzählige Eltern und Großeltern bereits etwas mehr Luft für Entspannung der ganzen Misere. Sogar für unseren Zornbinkel Michi beginnt eine Zeit ganz neuen Verstehens. Mami weiß jetzt, dass ihr Sohnemann nicht *grundsätzlich* ein tyrannischer Stinkstiefel sein will und sie auch nicht ursächlich selbst schuld dran ist. Oder ja, eigentlich doch: Denn sie könnte ein paar einfache Regeln befolgen, mit denen sie ihr Kind von Herzen bei seinem Bestreben unterstützt, die bisherige, naturgemäß sehr enge Verbindung mit Mami durch sein eigenes Betätigungsfeld erweitern zu dürfen. Also los, unterstützen wir den kleinen Racker doch! Michi darf ab heute die Kartoffeln auf seinem Teller schon *selber* zerteilen. Mami wartet ab, ob er selbst um Hilfe ansucht. Und siehe da, das *tut* er! Es ist eben doch noch ein wenig mühsam, weil die kleinen runden Scheißerchen andauernd von der Platte abhauen.

Schon strahlt der Kleine wieder und der Ich-mag-nicht-essen-Anfall ist auch plötzlich kein Thema mehr! Jetzt hat *er* eben autonom entschieden, dass Mamis helfende Hände hier *doch* noch erwünscht sind. Cooler Blickwinkel, nicht? Und so entspannend!

Anti-Tyrannen-Strategien

Nehmen Sie bitte nicht automatisch an, dass Sie Ihrem Liebling bei *allen* manuellen Dingen helfen müssen. Möglicherweise ist es Zeit, Ihr Kind bei immer mehr Routineaufgaben »loszulassen«.

Bleiben Sie im Eskalationsfall zunächst mal ruhig und gelassen, auch wenn das schwerfällt. So fühlt sich Ihr Kind sicher und hat Zeit, mit seinen Gefühlen umzugehen.

Nachgeben darf man als Elternteil schon auch mal. Aber bitte nicht *während* einer Autonomiereaktion! Klar dürfen Sie Ihr Handeln und Ihre Verbote zuweilen ein wenig überdenken. Aber bitte erst *nach* dem Abklingen von Wut und Gebrüll, sonst belohnen Sie es.

Je nach Alter des Kindes kann es helfen, wenn es seine Wünsche irgendwie begründen darf. Oft ist dann eine gemeinsame Lösung ganz leicht.

Machen Sie sich selbst klar, dass die Trotzphase nicht gegen Sie persönlich gerichtet ist, auch wenn Sie es gerade mal wieder abbekommen haben. Das kindliche Gehirn stößt einfach in dieser Zeit an ziemlich frustrierende Grenzen.

Trauen Sie bitte Ihrem Kind viel mehr zu, als Ihnen im ersten Moment lieb wäre, und *zeigen* Sie ihm das auch.

Zeigen Sie bitte Ihrem Kind auch in augenscheinlichen Trotzphasen, dass Sie es lieb haben. Vielleicht *gerade* dann?

Sollten jetzt Trotzgefühle, beispielsweise gegen solche Leute wie *vorlaute* Sachbuchautoren, in Ihnen aufsteigen ... dann ist das bloß ein Anfall von Autonomie!

»*Erzieh* mich doch, wenn du kannst!« – Tyrannenmodus: Provokateur

Provokante Auflehnungen

Ich nehme an, dass Sie dieses Buch deshalb zur Hand genommen haben, weil Sie einerseits Lust auf erzieherische Entspannung und andererseits auf ein bisschen mehr Spaß im herausfordernden täglichen Rahmenprogramm verspüren. Guter Plan! Meine und Gundulas Unterstützung haben Sie und auch ein Teil meines Fachwissens soll Ihnen gehören. Trotz der einsetzenden Entspannung gegenüber all dem provokanten tyrannischen Verhalten sollten wir aber den Mut zur *Selbstreflexion* nie ganz aus den Augen verlieren. Das aktuelle Thema bietet dazu eine geradezu perfekte Gelegenheit und steht nicht zufällig so weit vorne in diesem Abschnitt ...

Wenn man jahrelang Beratungsgespräche durchführt, wiederholen sich ganz bestimmte Aussagen natürlich immer wieder. Ein ganz besonders beliebter Dauerbrenner aber scheint aus dieser Richtung zu kommen: »Mein Kind *provoziert* mich andauernd, weil es mich jedes Mal vollkommen ignoriert, wenn ich etwas sage!« oder: »Wenn mir meine Tochter nach der zehnten Wiederholung noch immer nicht gehorcht, fühle ich mich durch sie provoziert!«

Klar kann man sich als Erwachsener durch nahezu jede Art von Verhalten provoziert fühlen, es kommt dabei bloß auf das persönliche Empfinden an. Aber das mit den verstopften Ohren und der »Reaktionsunfähigkeit« unzähliger Kinder und Jugendlicher scheint eben das Zeug zum Sieger unter den aktuellen Top-Provokationen zu haben. Gut, dann schauen wir doch ganz genau hinter die Kulissen, indem wir einigen Kindern beim Denken zuhören, wenn sie sich mal wieder provokant-ignorant verhalten ...

Die erste Frage, die wir uns dazu stellen dürfen, lautet, ob die Quälgeister ihr Ich-hör-dir-gar-nicht-zu-Programm einfach so, aus Lust und Tollerei, machen oder ob Junior und Prinzessin triftige *Gründe* dafür haben. Vielleicht solche, die wir selbst ihnen geliefert haben.

Na toll! Jetzt ist es mal wieder so weit: Schon wieder sollen wir Eltern an allem *schuld* sein!

Keine Sorge, Sie sind gar nicht schuld, bloß daran *beteiligt*.

Jetzt aber ernsthaft: »Hören« Sie bitte in die folgenden drei Fallbeispiele einfach mal ganz entspannt hinein. Ganz sicher erkennen Sie rasch einige wundersame Auslöser für die unerklärliche vorübergehende »Taubheit« bei Kindern und Jugendlichen wieder ... natürlich nur, weil man ja so einiges aus der Nachbarschaft hört.

⏭ Fall 3: Öfter?

»Wie *oft* soll ich es dir *noch* sagen?«, erteilt Mama Elke ihrem siebenjährigen Sohnemann Gabriel einen mittlerweile schon zur Gewohnheit gewordenen Rüffel. Es ist aber auch wahrlich ziemlich keck von dem Kerlchen, dass es heute schon wieder seinen Teller nicht weggeräumt hat. Noch wissen wir nicht, was sich der kleine Schelm unmittelbar nach dieser Frage insgeheim denkt. Das erfahren wir später noch. Fakt ist, der Junge scheint nicht mal gehört zu haben, dass seine Mom überhaupt etwas gesagt hat. Genau diese Tatsache lässt bei Mutter Elke, wie schon oft in letzter Zeit, ein heftiges Gefühl von Provokation aufkommen. Damit sie aber gar nicht mehr weiter in diese Richtung denken muss, habe ich der leicht angespannt wirkenden Frau ganz rasch und ohne viel Einleitung ein paar pfiffige Tipps verraten.

Lösungsansätze

»Erst mal, so viel ist klar, werden Sie als ernst zu nehmende Bezugsperson kaum einen Erfolg verbuchen können, wenn Sie ausgerechnet mit Ihrem pädagogischen Lieblingsspruch von vorhin punkten wollen!« Also *weg* mit dem Wie-oft-soll-ich's-noch-sagen-Geblubber! Etwas *ganz Neues* muss her: Vielleicht würde ja Augenzwinkern, gemeinsam verpackt mit kindlicher Eigenkompetenz, besser funktionieren: »Na, mein Sonnenschein? Hast du irgendeine eigene Idee, was da auf unserem halb vollen Esstisch noch zu tun wäre?«

Vorgeschlagen, getan: Elke traut sich, diesen neuen Versuch zu starten. Und der wirkt. Schon allein, dass Mami so etwas zuvor *noch nie* gemacht hat, verblüfft den ansonsten völlig »gehörlosen« kleinen Tyrannen dermaßen, dass er alle verfügbaren Ohren spitzt. Fachleute bezeichnen diese überaus wirksame Vorgehensweise im pädagogischen Kontext als »unexpected interaction«, was so viel bedeutet wie unerwartetes Handlungsmuster. Das müssen Sie sich natürlich nicht merken, aber Sie *dürfen*. Im Verlauf des Buches werden wir wiederholt auf dieses tolle Werkzeug stoßen.

Da Mama Elke während meiner Ausführungen gebannt zuhört, packe ich zur Belohnung noch einen Bonus-Lösungsansatz für sie aus: »Versuchen Sie doch ganz bewusst, ausschließlich Ihre *Körpersprache* einzusetzen, um Ihrem Sohn ein paar eindeutige ›wortlose Signale‹ zum Handeln zu vermitteln. Sie können zum Beispiel ganz gelassen auf den Teller deuten und dann mit den Fingern die gewünschten Schritte in Richtung Küchenspüle symbolisieren. Das wäre dann wieder solch ein gänzlich ›unerwartetes Handlungsmuster‹, weil Sie bisher ja eher dazu geneigt haben, sehr viele Worte zu machen, oder? Probieren Sie das ruhig einmal mutig aus und staunen Sie, wie sich auf einmal ein gleichermaßen wortloser wie entspannter Handlungsdialog entwickelt, der obendrein auch noch eine spielerische Komponente hat.«

So eine spielerisch-nonverbale Kommunikation ist übrigens immer wieder berührend mit anzusehen. Ich empfehle es jedenfalls dringend zur Nachahmung!

Lauschangriff

Mutig wagen wir deshalb jetzt mal unseren allerersten hausgemachten »Abhörskandal«, indem wir ebenso unzensuriert wie rücksichtslos in die Gedankenwelt von drei ahnungslosen Kids eindringen und sie einfach belauschen – Vorratsdatenspeicherung inklusive.

Unser erstes Opfer: natürlich der provokante Gabriel! Während seine Mom ihren Wie-oft-noch-Spruch absondert, denkt der pfiffige Wicht: »Na, noch vier Mal, wenn's geht!« Dass Elke sich damit schon längst in ihre kleine pädagogische Sackgasse hineingelenkt hat, fällt der jungen Frau natürlich nur gefühlsmäßig auf. Der erste Kreis zum »Sich-provoziert-Fühlen« hat sich geschlossen. Die schelmischen Gedankengänge des kleinen Sonnenscheins bleiben Elke freilich verborgen. Als sie ein weiteres Mal etwas von Wiederholungen und Unfolgsamkeit faselt, denkt Gabriel vielleicht: »Sorry, Mom, ich hab' dir nicht zugehört, meine Gedanken waren grade interessanter!« Klar verlaufen alle diese »belauschten« Gedankengänge eher unbewusst und sind daher nicht absolut wörtlich zu verstehen.

Aber wenigstens das *Ergebnis* dieser Denkvorgänge verläuft eindeutig. Gabriel macht exakt das, was seine liebe Mami ihm gerade eben aufgetragen hat: *Gar nichts*! Der Teller steht immer noch auf dem Tisch, der augenscheinlich völlig gehörlose Knabe legt auf sein fieses Provokateur-Verhalten noch eins drauf, indem er mit Riesenschritten hinauf in sein Kinderzimmer flutscht – zum Spielen natürlich. Bedauernswertes Wesen ... die Mutter, meine ich!

Noch dicker

Doch das war nur eine behutsame Einleitung, denn gleich kommt es noch dicker. Die meisten meiner treuen Leser sind ja ohnehin Härteres gewöhnt. Dann will ich Sie mal nicht enttäuschen und nun noch zwei klassische pädagogische »Sackgassen-Hauer« vorstellen. Wie gesagt, ein wenig Augenzwinkern ist jetzt nicht nur erlaubt, sondern ein Gebot.

Nichts bewahrt uns so gründlich vor Illusionen wie ein Blick in den Spiegel.

Aldous Huxley

⏭ **Fall 4: »Wiederholung«**

»Ich sag's dir nicht *noch* einmal!«, brummt Manfred S., Vater des elfjährigen Robby, gereizt und blickt streng auf das noch immer geschlossene Schularbeitenheft. Gute Gelegenheit, erneut unsere skandalöse Kindergedanken-Abhöranlage einzuschalten: »*Hast* du doch gerade gemacht!«, denkt der junge Schlauberger. Doch leider hat er absolut recht damit. Paps hat den täglichen gestrengen Du-machst-dich-sofort-an-die-Schularbeiten-Spruch nämlich tatsächlich zum ersten Mal schon vorhin, gleich nach dem Heimkommen, losgeschickt.

Wenn wir Robby noch weiter zuhören, tun sich wahre Abgründe für uns auf: »Ah Vati!, Du meinst deine Ansagen also schon beim *ersten Mal* nicht ernst! Sonst würdest du sie ja nicht wiederholen!« Welcher Erwachsene würde spontan auf so eine tiefgründige Schlussfolgerung kommen? Robby spürt solch ein Detail voller Unsicherheit bei seinem geliebten Papa allerdings sofort auf. Genau wie alle übrigen Kinder auf diesem Planeten. Doch bei dem geplagten Vater, kommt nur an: »Der Junge provoziert mich!«

Unsicher

Ich hoffe, es ist gelungen, die ersten beiden Fälle so hautnah zu schildern, dass Sie das zuvor schon angedeutete, sehr wichtige Detail haben spüren können: die herrschende *Unsicherheit*. Keiner der beiden Eltern ist sich seiner Sache wirklich sicher gewesen. Das können Sie, liebe Leser, ganz leicht nachvollziehen, wenn Sie sich die Sackgassen-Sätze in diesem Kapitel ein paar Mal genüsslich auf der Zunge zergehen lassen.

Haben Sie es gemacht? Fühlt sich nicht besonders selbstsicher an, oder? Das ist es dann auch, was unsere überaus cleveren und oft viel zu feinfühligen Kids genau spüren können: Unsicherheit, gepaart mit einigen nicht besonders sinnvollen Wortgebilden. Das führt zu einer wichtigen Erkenntnis, die Auswirkungen auf unser gesamtes Leben hat …

! Sobald man es für notwendig hält, seine eigene Aufforderung ein- oder mehrmals zu wiederholen, zeigt man damit nicht nur seinem Gegenüber, sondern auch *sich selbst*, dass man an die Wirksamkeit der *eigenen* Worte schon von Anfang an gar nicht richtig geglaubt hat.

Auch bei unserem letzten Beispiel zum »Tyrannenmodus Provokateur« ist es mit der Selbstsicherheit einer netten Bezugsperson nicht allzu weit her.

⏭ Fall 5: Letztmalig

Der absolut spannendste »Bringer« unter den Ich-hör'-dir-nicht-mehr-zu-Provokationen ist wahrscheinlich jener Spruch, den so-

eben Isabellas Großmutter ablässt, als die fünfjährige Prinzessin schon wieder mit den Stiefeln auf ihren Sitz im Zug steigt: »Ich sag's dir jetzt *zum letzten* Mal!« Toll! Endstation: Sackgasse!
Holen wir uns doch anhand eines weiteren Gedanken-Lauschangriffs sogleich die kindliche Bestätigung dafür, dass die liebe Oma sich wirklich in ein ziemlich auswegloses Gässchen hineinmanövriert hat: »Na, Omi? Und was kommt dann *nach* deinem ›letzten Mal‹? *Das* will ich sehen! Hihi!« Schwupps! Schon dient die Sitzfläche erneut als Fußmatte! Die kleine Tyrannengöre grinst ihre Großmutter jetzt breit an. Provokanter geht's nicht mehr! Die geschlagene Frau hat jetzt allerdings keinen richtigen Plan mehr ...

Viele Kinder sind deshalb so verzogen,
weil man Großmütter nicht übers Knie legen kann.
Adele Sandrock

Ich hör' dir nicht zu

Mit ein wenig Feingefühl haben Sie sicher erkannt, welche Gemeinsamkeit diese drei Fälle darüber hinaus noch verbindet. Weil das hier aber kein Quizbuch ist, formuliere ich die abschließende Erkenntnis natürlich gerne für Sie aus. Alle drei Erwachsenen haben ganz ähnlich klingende Beschwerden über ihre provokanten Lieblinge vorgebracht: »Egal, was ich sage, ich muss alles *hundert Mal* wiederholen ... und selbst dann scheint das Kind auf Durchzug zu schalten und ...!«

Ich weiß: So etwas ist *Ihnen*, liebe Leser, noch nie passiert! Sie haben noch niemals eine Aufforderung »hundert Mal« wiederholen müssen. Schon klar! Aber wir wollen nicht vergessen, dass Ihre armen Nachbarn so etwas *andauernd* mitmachen müssen. Daher heißt es für uns: Wacker dranbleiben und denen helfen, die es nötig haben.

Zurück zum Kern der Sache. Was wir als geplagte Eltern [illegible]hrnehmen
ist bloß ein »Symptom«. Mit anderen Worten, wir seh[illegible]
schmerzhaft-provokante Fehlverhalten. Dieser interess[illegible]
blick-Winkel« wird uns auch noch einige Male im Laufe [illegible]

gegnen. Doch obwohl wir ja nun schon viel mehr darüber wissen, haben wir vielleicht immer noch nicht genug Abstand zu dem Verhalten, das wir so leichthin »Provokation« nennen …

Jetzt darf ich euch zum ersten Mal wirklich helfen! Ich bin schon ganz aufgeregt!
Von meinem Blickwinkel aus gesehen, *können* euch die lieben Kleinen gar nicht wirklich »provozieren«! Das ist nämlich ein kompliziertes, rationales, vor allem aber planvolles Vorgehen, das eine persönliche Verletzungsabsicht voraussetzt.
Aber glaubt mir, ihr Lieben, sogar ich habe bereits begriffen, dass kleine Menschenkinder gar nicht dafür geschaffen sind, ihre geliebten Bezugspersonen mutwillig verletzen zu wollen.
Dazu kommt noch ein spannendes Detail, von dem die meisten Leute gar nichts wissen. Ehe die Pubertät einsetzt, funktioniert der erwachsen-rationale Denkmechanismus noch gar nicht. Diese Gehirnregion wird erst im Laufe der Adoleszenz aktiv. Eure Lieblinge *wollen* euch also mit ziemlicher Sicherheit weder provozieren, noch euch bewusst wehtun, sondern sie testen bloß ihre Grenzen aus, nichts weiter.
Das aber ist genau ihr Job, der wiederum einem wunderbaren Überlebensprogramm entspringt, das Kindern befiehlt, sich an den Reaktionen ihrer wichtigsten Bezugspersonen zu orientieren. Sobald diese Reaktionen aber unklar, unverständlich, widersprüchlich oder gar verletzend sind, übernimmt ein übermächtiger Abwehrmechanismus das Kommando – und schon habt ihr ein Kind im Tyrannenmodus. So kompliziert-einfach ist das!

Raus aus der Gasse

Die netten Provokateure aus unseren drei vorhergehenden Fällen haben also bloß wegen des hinterhältigen Sackgassen-Phänomens nicht zugehört und genau *deswegen* auch nicht angemessen reagiert.

»Na toll! Und wie kommt man aus solch einer Sackgasse wieder raus?«, fragt mich Robbys Vater mit skeptischem Gesichtsausdruck. »Ganz einfach!«, antworte ich, »da Sie jetzt zumindest schon mal über die seltsam wortklauberischen Gedankengänge Ihres Kindes Bescheid wissen, bietet sich ein möglicher Lösungsansatz geradezu an: Sie brauchen ja künftig nur ein wenig genauer auf Ihre ›pädagogischen Lieblingssprüche‹ zu achten und solche, die in eine der beschriebenen oder in ähnliche Sackgassen führen könnten, einfach ein wenig zurückzufahren. Oft kann schon die behutsame Erkenntnis genügen, dass Sie als Bezugsperson sich eigentlich im Lügenmodus befinden, wenn Sie so etwas wie ›das letzte Mal‹ ankündigen, was wiederum Ihr Kind natürlich sofort spürt. Wenn Sie das mal erkannt haben, warten wie von selbst ganz neue und sicherlich tyrannenfreie erzieherische Durchzugsstraßen auf Sie!«

Man sollte viel öfter nachdenken, und zwar vorher.
Werner Mitsch

Leichtigkeit

Hoffentlich ist Ihnen nicht entgangen, dass ich Ihnen bei dieser Fahrt in einige erzieherische Sackgassen genügend Raum zum Schmunzeln gegeben habe. Das ist allerdings kein Selbstzweck, damit mein Buch schneller »vorübergeht«, sondern es transportiert mein wichtiges Anliegen, Ihnen eine lockere, unbekümmertere Herangehensweise sowohl an die häusliche als auch an die schulische Erziehung schmackhaft zu machen. Denn mit Leichtigkeit im Herzen passieren Ihnen verbale Sackgassen, wie ich Sie in den Beispielen beschrieben habe, automatisch viel seltener, bald vielleicht sogar überhaupt nicht mehr. Eines Tages werden Sie sich wundern: »Haben unsere lieben Nachbarn jemals tyrannische Kinder gehabt? Es ist alles so unheimlich ruhig da drüben. Außer man hört alle miteinander herzhaft lachen!« *Das* ist Nachbarschaftshilfe vom Feinsten!

Anti-Tyrannen-Strategien

Achten Sie bitte künftig viel bewusster darauf, welche Standardaussagen Sie gegenüber Ihrem Kind machen und welche konkrete Wirkung diese haben.

Trauen Sie sich doch einmal, vor einem Spiegel zu testen, wie Sie bei einer Aufforderung rüberkommen. Wirken Sie selbstsicher?

Lassen Sie sich für Ihre »erzieherischen Wünsche« an Ihr Kind doch öfter mal etwas völlig Unerwartetes einfallen. Das kann die kindliche Aufmerksamkeit in ungeahnte Höhen treiben ...

Versuchen Sie das Gefühl vollständig abzulegen, dass Ihr Kind Sie bösartig provozieren möchte. Durch diese neue Sichtweise reduzieren sich negative Emotionen und damit unnötiger Kräfteverbrauch.

Eine winzige Nachdenkpause kurz vor der nächsten Anforderung an Ihr Kind kann wahre Wunder bewirken.

Wie fühlt sich das für Sie an? Gut? Nun, dann haben Sie offenbar *gut* zugehört ...

Es ist nicht genug, zu wissen, man muss auch anwenden.
Es ist nicht genug, zu wollen, man muss auch tun.
Johann Wolfgang von Goethe

»Jetzt erst *recht* nicht!« – Tyrannenmodus: Verweigerer

In diesem zugegebenermaßen recht heftigen Kapitel werden wir sehr sorgfältig hinter die Kulissen jenes Tyrannenmodus blicken, der die allerbesten Chancen auf einen Spitzenplatz unter den Top-Ten aller Wie-strenge-ich-meine-Eltern-an-Ärgernisse hat: der bewusste und planvoll-bösartige Verweigerungsmodus. Ab jetzt geht es also nicht mehr um Kleinigkeiten wie Autonomiephasen oder gar um bloße Verständigungsschwierigkeiten. Hier sind wir mitten im Geschehen und wir wollen gar nicht wissen, wie viele Profi-Verweigerer da oben in den Tribünen unseres Stadions sitzen und in diesem Moment feixend auf uns herabsehen ...

Perspektivenwechsel

Klar ist es auch mir ein mächtig großes Anliegen, dieses Jahrtausendwerk nicht nur spannend, sondern auch abwechslungsreich zu gestalten ... wenn ich schon mal bei so was mitmachen darf. Deswegen helfe ich euch diesmal schon am Anfang des Kapitels dabei, einen großen Schritt zurück zu machen, damit ihr euch die nächste wichtige Frage gleich aus der Metaposition stellt: »Könnte das andauernde nervige Verweigern, das mein Sonnenschein so an den Tag legt, eventuell gar nicht so tyrannisch gemeint sein, sondern bloß so etwas wie eine sicht- und spürbare Reaktion auf Über- oder Unterforderungssituationen oder vielleicht sogar ein Mangel an Vertrauen?« Starker Tobak, ich weiß! Aber anders, meine Lieben, kommen wir nicht weiter ...

Vertrauensentzug

In der Beratungspraxis lässt sich tatsächlich beobachten, dass der gefürchtete Verweigerungsmodus sich auffallend häufig unter zu hohen Anforderungen, bei unklaren Vorgaben, vor allem aber bei klassischem Vertrauensentzug einstellt. Wer seinem Kind das Vertrauen entzieht, tut das allerdings zumeist eher unbewusst, weil sich dieser Vorgang fast immer hinter unbedeutenden Verhaltensmustern wie Ungeduld, Unsicherheit oder schlicht hinter widersprüchlichen Anweisungen verstecken kann. Genau *das* werden wir übrigens gleich bei unserem Fallbeispiel antreffen. Jedenfalls scheinen fast alle Kinder und Jugendlichen ausgerechnet dann »widerspenstig« zu werden, wenn sie spüren, dass man ihnen offensichtlich nicht einmal die erfolgreiche Erledigung einfacher Aufgaben zutraut. Meiner Wahrnehmung nach nimmt diese Grundeinstellung gegenüber Kindern und Jugendlichen in unserer Zeit rasch zu. Man könnte das schlicht eine »massiv um sich greifende Mangelerscheinung auf dem Vertrauenssektor« nennen.

Unter solchen Voraussetzungen würde wohl auch manch Erwachsener seinem herzallerliebsten Partner wahrscheinlich die Gefolgschaft verweigern, zumindest zeitweise. Es ist eine zutiefst menschliche und deshalb nur allzu verständliche Eigenschaft, die sich unter diesem besonderen Blickwinkel für mich *so* tyrannisch gar nicht mehr anfühlt. Oder geht es Ihnen etwa dabei anders?

Routineweigerungen

Wenn wir jetzt aber wieder näher an unseren Lattenzaun herantreten, bleibt immer noch genug Tyrannenmodus zum herzhaften Nörgeln übrig. Sobald unsere lieben kleinen Hausplagen nämlich so gut wie keine Routinetätigkeit mehr durchführen, ohne sich mal wenigstens eine komplette Runde heftig zu weigern, werden erzieherische Tagesaufgaben wahrlich ganz schön anstrengend ...

⏭ Fall 6: »Struwwelputzer«

Heute

»Nein, ich putze meine Zähne nicht, nein, meine Zähne putz' ich nicht!« So oder ganz ähnlich hören sich aktuell die strikten täglichen Weigerungen des neunjährigen Leon an, die ich hier freilich mit herzhaftem Augenzwinkern wörtlich aus Heinrich Hoffmanns gutem, altem Buch, dem »Struwwelpeter«, entlehnt habe. Leon mag eben augenscheinlich Zähneputzen überhaupt nicht oder Händewaschen oder Duschen und schon gar nicht – oh Graus – seine Unterhosen wechseln. Trautes Heim, Schock muss sein!

Kinder sind das Einzige, was in einem modernen Haushalt noch mit der Hand gewaschen werden muss.

Das Besondere an dem Fall ist aber, dass ich drei Wochen zuvor schon einmal wegen dieses »furchtbar tyrannischen Verhaltens« interveniert habe. Für mich wenig überraschend: Kurz *nach* meinem Besuch hat die Sache eine für die Eltern erstaunlich rasche und positive Wendung genommen. Während ich dieses Kapitel schreibe, habe ich die damalige Protokollnotiz zum durchgängig begeisterten Telefonat mit dem Vater vor mir liegen: »Was haben Sie bloß mit unserem Sohn gemacht? Er putzt sich nun schon den dritten Tag *ohne* jede Aufforderung und ohne Verweigerungsprozedur die Zähne und haucht uns jedes Mal zum Beweis seinen Zahnpastaatem ins Gesicht! Das ist ja toll!«

Doch heute bin ich schon wieder wegen überbordenden Tyrannenverhaltens im Einsatz: »*Gar nichts* hat sich geändert!«, nörgelt diesmal die Mutter bei meinem Eintreffen augenblicklich drauflos, »immer noch müssen wir unseren Leon mit Nachdruck zum Zähneputzen auffordern. Dann weigert er sich so lange, bis es mir dann endgültig reicht und ich halt aus der Haut fahre!« – »Wie jetzt?«, versetze ich, »haben Sie bereits vergessen, dass Ihr Sohnemann vor kaum drei Wochen schon völlig selbstständig ...?« Ich darf leider nicht ausreden: »Ja gut, dieses *eine Mal*«, unterbricht mich jetzt Leons Vater, »nützt uns aber nichts! Es muss *immer* funktionieren!« Ja, ja, das Zählen bis zur Zahl Drei ist ohne Finger auch für Erwachsene manchmal recht schwierig.

Nun wird es spannend für mich und hoffentlich auch für Sie, liebe Leser! Ich muss rasch herausfinden, was hier los ist. Mir kommt da ein Verdacht, über den ich mit Leons Eltern noch nicht gesprochen habe. Dafür aber erkläre ich es Ihnen direkt.

! Sobald sich ein Kind bloß ein einziges Mal aus *eigenem Antrieb* auf eine Tätigkeit eingelassen hat, können Sie davon ausgehen, dass es dieses selbst gewählte Verhaltensmuster unter zwei Bedingungen auch lustvoll beibehält: 1) bei positiver Wahrnehmung bzw. authentischer Anerkennung; 2) wenn ein neuerlicher Auslöser für eine Verweigerungshaltung ausbleibt.

Wieso also ist Leon *erneut* in seinen alten Tyrannenmodus, zumindest was das Zähneputzen betrifft, zurückgefallen? Dass er mittendrinsteckt, ist jedenfalls unbestreitbar. Heute darf ich Leons Weigerung sogar live miterleben. Gleich nachdem Mama in scharfem Ton ihre erste Erinnerung an die abendliche Zahnhygiene ausgesprochen hat, verhärten sich die Gesichtszüge des Jungen und im Kombipack wird auch seine ansonsten schon durchaus stubenreine Ausdrucksweise etwas heftiger: »Putz dir doch selber die Zähne, wenn dir das so wichtig ist!« Als die Mutter aus ihrer ungesunden Schnappatmung wieder herausgefunden hat, erkenne ich an Leons schelmischem Gesichtsausdruck, dass da noch ganz andere Gedanken auf Abruf bereitgestanden hätten. Vielleicht etwas in der Art: »Wenn du ein Problem mit mir hast, kannst du es gerne behalten! Ist ja schließlich deins!« So denkt eben ein neunjähriger Profi-Tyrann, wie er exklusiv *nur* in *diesem* Buch steht.

Die gute Nachricht

Weil es in Leons Fall offensichtlich nun immer dicker kommt, möchte ich wenigstens alle anderen Eltern an dieser Stelle von Herzen beruhigen: Verweigern Kinder ganz bestimmte Handlungen, geht es dabei nur in den seltensten Fällen wirklich um die Sache selbst. Meist sagen Kinder und Jugendliche uns mit strikter Verweigerungshaltung bloß, dass irgendetwas ihre Seelen und damit wohl auch ihr momentanes Weltbild durcheinandergebracht hat. Schließlich macht ein Kind Dinge nur dann wirklich gerne, wenn es sich vertrauensvoll auf sie einlassen kann. Leons Beispiel zeigt uns, dass diese Voraussetzung offenbar gerade nicht gegeben ist. Wir dürfen gespannt sein, wohin uns der Fall noch führen mag. In Kürze werden wir wieder einsteigen ...

Bloß ein Symptom

Ein besonderes Phänomen, das wir bereits kennen, tritt auch hier wieder auf. Genau wie viele andere Eltern sehen auch die von Leon nur das momentane Symptom: »Unser Junge hat eben ganz generell eine tiefe Abneigung gegen Hygiene!« Also *das* glaube ich jetzt nicht. Aber natürlich sage ich das nicht sofort, weil ich spüre, dass diese Symptomeinschätzung bloß tiefer Ratlosigkeit entspringt. Das lässt sich auch an dem folgenden typisch erwachsen-rationalen Erklärungsversuch gut erkennen: »Wir sind unserem Sohn doch gute Vorbilder«, steigt diesmal wieder Leons Vater in eine flammende Verteidigungsrede ein, »*wir* putzen uns jedenfalls gern und oft die Zähne, versuchen ihn dann auch dazu zu überreden und haben sogar ein Punktesystem eingeführt. Aber wenn es abends wirklich darauf ankommt – volle Verweigerung! Bitte helfen Sie uns, wir wollen uns nicht mehr jeden Tag tyrannisieren lassen!«

Treue Leser meiner Bücher können sich wahrscheinlich noch erinnern: Kinder sind zutiefst *handlungsorientiert*, Erwachsene hingegen ebenso stark *sprachorientiert*. Ein ziemliches Dilemma zuweilen.

Wie sprechen Menschen mit Menschen? Aneinander vorbei.
Kurt Tucholsky

Verweigerung ist also eine ganz klare, handlungsorientiert-kindliche Botschaft. Die gerade verweigerte Sache stellt somit bloß ein Symptom dar für eine viel umfassendere Diskrepanz oder einen Schmerz im Herzen des Kindes. Natürlich wird es nicht bei jedem einzelnen Kind immer um dasselbe gehen, doch die wahren Ursachen für Verweigerungshaltung lassen sich meiner Erfahrung nach relativ leicht zusammenfassen.

Lauschangriff

Versuchen wir doch mal, einige kindliche Weigerungsbotschaften mit einem erneuten Gedanken-Lauschangriff zu entschlüsseln. »Ich will nicht!« kann unter anderem Folgendes heißen: »Bitte gib mir Struktur und Klarheit!« oder auch: »Akzeptiere bitte meine Autonomie!« Ein anderer geheimer Gedankengang kann so lauten: »Ihr fordert zwar viele Sachen von mir, aber ich kenne mich meistens nicht aus, was Ihr *wirklich* von mir wollt!« oder ganz einfach so: »Du forderst andauernd Dinge von mir, die du *selber* nicht einhältst!« Einer der häufigsten Gedankensplitter geht aber wohl in diese Richtung: »Wenn ich etwas von selber mache, ist es dir sowieso egal, weil du es dann eh gar nicht siehst!«

Mit diesen Abhörprotokollen kommen wir schon zum Kern der ganzen Verweigerungsmisere, die Leon beim vorhin versprochenen Wiedereinstieg ins Fallbeispiel mit seinen eigenen Worten beschreiben wird:

⏭ Wieder daheim, bei Leon
Heute

»Weißt du«, verkündet mir der angespannt wirkende Junge beim Einzelgespräch, »ich hab' ja *genau* das gemacht, was du mit mir vereinbart hast, und von ganz alleine das Zähneputzen erledigt! Aber nach ein paar Tagen hat Papa *schon wieder* angefangen, mich deswegen anzuschnauzen, noch bevor ich fertig mit dem Umziehen gewesen bin! Die gleichen Erinnerungssprüche hat auch Mama schon wieder voll drauf, genau wie früher: fürs Duschen, fürs Händewaschen, sogar fürs Wechseln meiner Unterhosen. Dass ich all das auch von selber erledigen könnte, traut mir keiner von den beiden zu! Na klar habe ich dann keine Lust mehr, irgendwas zu machen ...!«

Noch Fragen? Nein? Dann hätte ich zur Belohnung für Sie jetzt in Form einer »analytischen Rückblende« ein paar praxisnahe Antworten.

Lösungsansatz

Vor drei Wochen
Gleich bei meinem ersten Beratungstermin bin ich mit Leon einen »Geheimvertrag« eingegangen, den der smarte Junge nicht nur augenblicklich in seiner Tragweite begriffen, sondern auch sofort umgesetzt hat: Schon lange *vor* dem Schlafengehen startet der bisherige Profi-Verweigerer mit seiner Zahnpflegeroutine durch, ohne die lästige Routineaufforderung abzuwarten. Gleich danach überrascht er seine Eltern, die natürlich zu dieser frühen Stunde noch entspannt beim Fernsehen sitzen, mit einem atemberaubenden Frischehauch. Mit diesem Ich-werd's-euch-zeigen-Trick schaltet er genau das aus, was ihn allabendlich am meisten genervt und damit in seine bisherige Verweigerungshaltung getrieben hat. Außerdem holt er sich endlich mal das ab, wonach er sich am meisten sehnt: Lob! Das gibt es in diesem trauten Heim leider ziemlich selten. Schnell hat Leon begriffen, dass er mit seinem super-braven Verhalten sein sonstiges häusliches Leben entscheidend erleichtert.

Mir selbst als Leons Coach hat es obendrein noch Spaß gemacht, dem aufmerksam lauschenden Jungen zu erklären, dass Erwachsene ihren

Kindern bei Routineaufgaben erst *dann* so richtig ihr Vertrauen schenken können, wenn man sie mehrmals hintereinander zum sprachlosen Staunen bringt. »Weißt du«, erkläre ich, »das hat etwas mit alten Mustern zu tun, die Erwachsene meist nur langsam ablegen können. Du könntest wohl kaum größeres Staunen erzeugen als mit einem eiskalten Ultra-Blitz-Pasta-Frischehauch mitten in Papas unvorbereitetes Antlitz.« Leons breites Grinsen nach diesem kurzen Monolog ist wiederum *meine* kleine Belohnung ...

Ja, ich weiß! Bei manch einem Erziehenden wird sich die Empörung jetzt förmlich aufdrängen: »Worauf muss ich denn *noch* alles achten, damit mein hochsensibler Nachwuchs gnädigst seine Aufgaben erfüllt?« Darauf habe ich eine pfiffige Antwort: Eigentlich *müssen* Sie auf gar nichts achten, aber Sie *dürfen!* Vertrauen Sie mir: Diese Denkweise macht Ihr »erzieherisches Leben« um vieles leichter und Sie werden sich im Nachhinein viel seltener wundern oder gar ärgern, wenn etwas »hausgemacht« schiefgelaufen ist.

Man kann das Leben schwerlich leicht nehmen, aber leicht zu schwer.
Curt Goetz

So, nachdem wir nun sehr praxisnah kennengelernt haben, wie viel Tyrannenpotenzial in so einem winzigen Vertrauensbruch stecken kann, möchte ich heiteren Gemüts als Ergänzung zum vorigen Kapitel noch einige weitere erzieherische Sackgassen vorstellen, die Kinder besonders schnell in Richtung Verweigerungshaltung steuern lassen.

Aufforderungs-Sackgassen

Da ausgerechnet die Einhaltung der Reinlichkeit ziemlich vielen Eltern am Herzen zu liegen scheint, stelle ich hier klar: Je öfter Sie Ihr Kind zum Waschen oder auch jeder anderen Routinetätigkeit auffordern, desto sicherer werden Sie jene eigentlich ganz normale Reaktion auslösen, die von genialer kindlicher »Überlebensstrategie« bestimmt wird – Abwehr! Der Kreis zu unserer typischen Symptomwahrnehmung schließt sich.

Dabei ließe sich gerade *dieser* im Alltag so gefürchtete Tyrannenmodus mit unserem neuen Wissen ebenso leicht begreifen wie verhindern ...

! Ein Kind »funktioniert« im Zusammenleben nur dann wirklich gut, wenn es zu spüren bekommt, dass man ihm diese Aufgaben auch von Herzen selbstständig zutraut.

Gerne und leicht

Kinder erledigen sowieso nur jene Aufgaben von sich aus, die sie *gerne* tun und die ihnen obendrein *leichtfallen*. Wir als Bezugspersonen brauchen also bloß noch das Umfeld dafür zu schaffen, in welchem diese beiden unschätzbar wertvollen Voraussetzungen gegeben sind. Hört sich doch einfach an, oder?

Ist es auch! Wir »ticken« alle gleich. Wenn unsere Lieben uns tiefes Vertrauen entgegenbringen, erledigen wir Erwachsene doch auch buchstäblich jede Arbeit *gerne* für sie. Bei Kindern ist das kein bisschen anders: Sie machen Dinge hauptsächlich für *uns*, so gut sie können, einfach um unser Vertrauen in sie zu rechtfertigen. Hat man diesen Mechanismus erst einmal verstanden, ist jede Verweigerungshaltung Geschichte. Wie schon in einem der obigen Merksätze angedeutet, kommt nun noch das massive Bedürfnis nach positiver Anerkennung dazu, das zusätzlich als Festigungsbonus eingesetzt werden kann. Meiner Meinung nach ist es genau das, was Leon aus unserem Beispiel besonders gefehlt hat, um ihm Routinearbeiten wie Zähneputzen, Duschen und – welche Erleichterung – auch das Wechseln der Unterhosen auf einmal ganz leichtfallen zu lassen.

Sollten sich bei euch daheim die Fronten schon total in Richtung Tyrannenmodus verhärtet haben, ändert ihr vielleicht probeweise eure Einstellung zu täglichen Routinen: Macht es doch gar nicht mehr zum Top-Thema, ob Haare gewaschen, Zähne geputzt, Schularbeiten geschrieben oder Textilien gewechselt werden müssen oder – welch eine Überforderung – ob ein *ganzes* Zimmer aufgeräumt werden sollte oder nicht. Anstatt ständig darum zu kämpfen, dass überhaupt etwas geschieht, nehmt zuerst mal positiv wahr, was schon geschehen *ist*. Das kann manchmal für beide Seiten eine ebenso angenehme wie überraschende Erfahrung werden. Meist ist nämlich schon viel mehr geschehen, als ihr lieben Erwachsenen aktuell wahrnehmt.

Bettelmodus

Zum Ausklang unseres »Ich will nicht«-Themas habe ich noch einen ganz besonders spannenden Blickwinkel für Sie, den ich mit einer Frage einleiten möchte: Haben *Sie* in Ihrem häuslichen oder schulischen Routineleben auch Ihre ganz persönlichen »Lieblings-bitte-Sätze«? Keine Ahnung, was ich damit meine? Na, dann vielleicht *jetzt* ...

»Gehst du *bitte* Zähneputzen?« – »Kannst du *bitte* Händewaschen gehen?« – »Wann kannst du *bitte* endlich mal deine Unterwäsche wechseln?« – »Räumst du *bitte* jetzt mal dein Zimmer auf?« – » Räum *bitte* deinen Teller weg!« – »Gehst du jetzt *bitte* lernen?« Ist es *jetzt* klar? Ausgerechnet das ständige Bitten und Betteln um Routineaufgaben hat sich als ein Hauptgrund erwiesen, aus dem Kinder oft geradewegs in den von uns so sehr gefürchteten Verweigerungsmodus einschwenken. Unsere lieben kleinen Wortklauber erspüren nämlich hinter dem Gebettel jede noch so winzige Nuance von Unsicherheit. So hart es jetzt klingen mag: Wer um selbstverständliche Aufgaben bitten muss, zeigt schon *von vornherein* Unsicherheit. Schwer zu schlucken, ich weiß! Aber hoffentlich ein guter Ansatz zum Nachdenken ...

Was denkt wohl so einer wie Leon? »Papa, du bist unsicher? Na, dann passiert erst mal *gar* nichts! Mal sehen, was nun als Nächstes von dir kommt!« Das ist im Grunde keine Tyrannei, sondern bloß das ganz normale Austesten von Grenzen. 'Tschuldigung, Leute! Aber *das* kann man Kindern eigentlich nicht vorwerfen. Da man als Dreikäsehoch ja keine nennenswerte eigene Lebenserfahrung aufzuweisen hat, ist das schließlich die einzige Überlebensstrategie, die zur Verfügung steht. Willkommen auf dem Planeten der Kids!

Noch dicker

Doch für *uns* Erwachsene kommt es am Ende dieser spannenden Reise natürlich wieder einmal *noch* ein wenig dicker: Die allermeisten Eltern und Großeltern scheinen eine Vorliebe dafür zu haben, ihre Betteleien ausgerechnet als *Fragen* zu formulieren: »Kannst du bitte endlich mal Zähneputzen gehen?« So eine toll durchdachte Frage lässt eben ganz automatisch eine perfekt passende Antwort zu: »Nein! Kann ich *nicht* …!« – Entschuldigung Leute, aber das *kann* einfach nichts *können* …

Man sollte auch aus den Fehlern anderer lernen, denn kein Mensch hat so viel Zeit, sie alle selbst zu machen.

! Als Erziehende haben Sie nicht nur das *Recht*, sondern auch die *Pflicht*, bestimmte Tätigkeiten, die zum normalen gemeinschaftlichen Ablauf beitragen, einzufordern, ohne darum bitten zu müssen.

Bitte und danke?

Klar muss ich jetzt, bevor noch heftige Diskussionen entflammen, eine sicherlich ganz automatisch auftauchende Unsicherheit ausmerzen: »Wenn ich nicht höflich bitte sagen soll, wie lernt mein Kind dann fürs Leben, ›bitte‹ und ›danke‹ zu sagen?«

Na, *das* ist leicht! Haben Sie es schon erraten? Richtig … bei persönlichen Handreichungen!

»Leon, bringst du mir *bitte* ein Glas Wasser? Ich bin am Verdursten!« – »*Danke*, mein Junge! Du hast mich gerettet!« – Wetten, dass selbst ein Profi-Tyrann dabei aufs Verweigern vergisst?

Anti-Tyrannen-Strategien

Denken Sie bitte darüber nach, ob Ihre Erwartung an Ihr Kind momentan vielleicht höher ist, als es dessen derzeitigen Möglichkeiten entspricht. Verweigern bedeutet für ein Kind nämlich auch, dass es sich allzu hohen Erwartungen im Moment *nicht* aussetzen muss.

Neigt Ihr Kind zum Verweigern, reicht es manchmal, Ihre jeweilige Aufforderung nur geringfügig zu verändern. Denken Sie dabei darüber nach, ob eventuell Unklarheiten oder eben Überforderung im Spiel gewesen sein könnten.

Versuchen Sie herauszufinden, was Ihrem Kind abseits der sichtbaren Verweigerung wehtun könnte. Vielleicht bloß der Tonfall? Die allgemeine Stimmung? Widersprüche zwischen Ihrem Partner und Ihnen selbst?

Verweigerungshaltung tritt in den Hintergrund, wenn Anerkennung im Vordergrund steht. Aber Achtung: Denken Sie jetzt bloß nicht spontan ans Belohnen. Die erfolgreiche Durchführung der Tätigkeit selbst sollte in den allermeisten Fällen genug Belohnung sein. Gummibärchen und Co unerwünscht ...

Ausgerechnet Waschen und Duschen sind für Kinder zumeist schöne, zuweilen lustige, aber auch intime Tätigkeiten. Ihr allzu nachdrücklicher »Kampf« um optimale Hygiene könnte dieses natürliche, angenehme Erlebnis schlichtweg eintrüben.

Im Falle tatsächlich verweigerter Körperpflege hat es sich bewährt, Entscheidungsmöglichkeiten bezüglich Zeitpunkt oder Ort anzubieten. Jedoch nicht, ob »Ja« oder »Nein«.

Da wir Eltern, Großeltern und Lehrer eben leider immer wieder dazu neigen, Kinder mit ständig wiederholten Routineerinnerungen zu überfordern, kann manchmal schon eine begrenzte, aber deutliche »Aufforderungspause« den Verweigerungsmodus verschwinden lassen.

Bedenken Sie bitte, dass eine Verweigerung für ein Kind oder einen Jugendlichen auch *Rückzug* bedeutet, also ein kurzzeitiges Verharren in einer eigenen Welt ermöglicht. Es ist eine Art *Schutzmantel*, den ein junges Gemüt um sich zu hüllen beginnt, wenn es sich im Moment nicht wohl fühlt.

Letztlich sollten Sie verstehen, dass sich Ihr Kind beim Verweigern auch immer ein wenig selbst mit bestraft. Im Verweigern liegt eine gewisse Entwertung des eigenen Ausdruckspotenzials und damit ein Unterdrücken der eigenen Persönlichkeit.

Übrigens: Mätzchen und Weigerungen müssen *nicht immer* kommentiert oder übermäßig diskutiert werden, da dies das Thema Verweigerung im Denken und Fühlen des Kindes bloß aufwertet und erst recht unlösbar erscheinen lässt.

Ist eine Sache geschehen, dann rede nicht ständig darüber;
es ist schwer, verschüttetes Wasser wieder zu sammeln.
Chinesisches Sprichwort

Wie? Zu dem Thema gäbe es noch viel mehr zu sagen? Ich soll noch ganz andere Fälle erklären? Nein! Da *weigere* ich mich jetzt aber ...

»Wäh, das *schmeckt* mir nicht« – Tyrannenmodus: Nörgler

Versalzene Suppen

Dafür darf ich mich jetzt umso ausführlicher einem bei tyrannischen Mini-Profis besonders beliebten Thema widmen: der Nörgelei beim Essen und der damit ganz automatisch verbundenen schlechten Laune. Jedenfalls ist das auch eine unglaublich spannende und für manche Erwachsene furchtbar anstrengende Spielart der Haustyrannei, speziell wenn sie sich für Küche und Herd zuständig fühlen. Kosten wir doch einmal mit offenen Sinnen und sensiblen Geschmacksknospen diese versalzene Suppe ...

⏭ Fall 7: Abgelehnt

»Wäääh, das schmeckt mir nicht!«, mäkelt Frank schon wieder lautstark und löst bei seiner Mutter damit augenblicklich den Tyrannenabwehrmodus aus. Den ersten bitteren Ärger fühlt die junge Frau aber nicht nur deswegen aufsteigen, weil sie sich just diesmal mit frischem Gemüse und herrlich duftenden, sogar gefüllten Kartoffelpuffern besonders bemüht hat, sondern weil sie insgeheim eine solch »reizende« Meldung von ihrem kleinen Ich-bin-niemals-zufrieden-Nörgler schon erwartet hat. So geht das ja in letzter Zeit andauernd. Mami steuert also mit leicht geröteten Wangen geradewegs auf eine »unvorsichtige Reaktion« zu, wenn wir es mal sehr behutsam ausdrücken möchten.

Dass hinter all dem aber eigentlich nichts anderes als wieder einmal beginnende Unsicherheit steht, spürt Frank, der hart gesottene Restaurantkritiker, natürlich sofort. Unterbewusst durch dieses Verhalten gleichermaßen gestärkt wie ein wenig betroffen, legt er punktgenau noch eins drauf: »Ich will zum Burger-Däcki! Jetzt, gleich!« Das ist sein Lieblings-Fast-Food-Schuppen um die Ecke. Am liebsten liefe er da jeden Tag hin. Zweimal, wenn's ginge ... Spielsachen gibt's da zur »Mini-Schlemmer-Tüte« und bunte Beinahe-Milchshakes als Beilage zum Burger. Lecker! Und so perfekt passend! Diese häufige und gesunde Passgenauigkeit sieht man bereits: XXL ist seine Hosengröße derzeit. Mit knapp sieben Jahren!

Klar frage ich sofort nach, wie oft Frank denn die ungenießbaren Kartoffelpuffer plus frischem Gemüsezuschlag schon gegessen hätte, um sich so massiv davor zu ekeln: »Noch nie!«, maunzt er dann und es klingt eher patzig als unschuldig. »Toll, Kleiner!«, denke ich und muss professionell an mich halten. Laut frage ich: »Und woher weißt du dann, dass es dir nicht schmeckt?« Die patzige Antwort, die jetzt kommt, ist vom Obersten Gerichtshof für Sachbuchangelegenheiten leider nicht freigegeben worden. Tyrann im Volleinsatz!

Wenn Kinder oder manchmal auch Eltern so richtig »ungeschmeidige« Antworten für mich bereithaben, stelle ich mir zuweilen schon mal die Frage: »Warum bloß habe ich mir ausgerechnet den Pädagogenjob ausgesucht? Erwachsene sind ja so viel feinfühliger, freundlicher, pflegeleichter, niemals tyrannisch ...!« Plötzlich absolute Stille im Raum! Man könnte eine *Mama* fallen hören ...

Satter geht's nimmer?

Irgendetwas scheint in unserer Zeit des »modernen Geschmacks« falsch zu laufen. So unendlich viele Speisenvariationen schmecken den wählerisch gewordenen Kids nicht mehr. Es ist aber auch kein Wunder, wenn man sieht, mit welch kulinarischen Top-Flops es schon die kleinsten Kids zu tun bekommen ... aber auch mit welch atemberaubenden Mengen!

»Satter geht's wohl nimmer! Geschmackloser aber auch nicht!«, denke ich oft, wenn ich Kinder aller Altersklassen durch die Scheiben irgendeines Junk-Food-»Restaurants« beobachte. Dem Himmel sei Dank, dass ich diese Szenen immer nur von außen sehen muss. Irgendwie ist es nämlich interessant, dass meine *eigenen* Kids bisher keinerlei Lust auf Knautschlaberln & Co bekundet haben. Hier sind wir aber schon mitten im Thema und kommen damit einem unmittelbaren Auslöser für dieses spezielle Gesicht des Tyrannenmodus auf die Schliche. Haben Sie gewusst, dass der Begriff Restaurant von der französischen Substantivierung des Wortes »restaurer«, also »wiederherstellen« oder »stärken«, kommt und das Wort eigentlich ausschließlich ein Synonym für eine »gehobene Gaststätte« ist? Oder eher *sein sollte*! »Fast-Food-Restaurant« ist also ein geradezu fetter Widerspruch in sich. Finden Sie nicht? Aber stimmt, man wird dort schon irgendwie *gehoben*. In den siebten Himmel des verlorenen Geschmacks nämlich. Denn genau diese Art von Füllstoff – ich nenne es ungern Nahrung – annähernd regelmäßig verabreicht, trainiert den natürlichen Geschmack, vor allem aber das natürliche Sättigungsgefühl unserer lieben Kleinen ganz und gar nicht. Das ist wissenschaftlich belegt worden. Deswegen hege nicht nur ich, sondern auch viele Forscher starke Zweifel, dass unsere Kinder durch Junk Food wirklich *restauriert*, *wiederhergestellt* oder gar *gestärkt* werden könnten!

Aber halt: So eine herbe Kritik steht mir als Verhaltenspädagogen eigentlich gar nicht zu. Ich bin ja schließlich kein »Restaurant«-Kritiker. Ich habe also keinerlei fachkritische Ahnung, wovon ich da fasle und lasse lieber die Kirche im Dorf. Auch Franchise-Nehmer und Burger-Bäcker müssen ja von etwas leben. Aber bitte schön, wenn's ginge, lieber von mündigen Erwachsenen und nicht auf Kosten und zu Lasten unserer Kinder.

Jedoch nicht nur die Qualität macht Kinder und Jugendliche zu gleichermaßen unzufriedenen wie übersättigten Verdauungskünstlern. Es gibt eben noch eine weitere auf Ernährung bezogene Modeerscheinung, die ich folgenschwer finde, weil sie schlussendlich auch zielgenau zum Tyrannenmodus Nörgelei führen kann: die Familien-Naschlade.

⏭ Fall 8: Schnittengesundheit

»Ja, du darfst dir etwas nehmen!«, erlaubt Mama Gudrun den Ansturm auf die Familien-Naschlade. Während der achtjährige Sebastian also nach dem autorisierten Süßkramzugriff zufrieden seine heute schon dritte Zwischendurchschnitte mit der Extraportion Industrieweißmacher einschiebt, darf seine kleine Schwester Sabrina, offenbar zur Belohnung, weil sie zufällig mit Sebastian verwandt ist, ebenfalls in den Schokobunker greifen: »Aber nicht zu gierig, mein Schatz!«, flötet Mama aus der Küche, »wir essen bald!« Doch alle drei Anwesenden wissen, dass nichts dergleichen kontrolliert werden wird. Beide Kids haben sich insgeheim noch Vorrat mit eingesteckt. Man kann ja nie wissen, ob man auf dem Weg ins Kinderzimmer nicht völlig geschwächt zusammenklappt und nachts dann gänzlich unterzuckert aufwacht. Furchtbare Vorstellung!

Bei dieser werden wir es wohl diesmal auch belassen, weil ich auf großartige Lösungsansätze verzichten möchte. Dieses kleine, aber feine Problemchen dürfen Sie, liebe Naschladen-Betreiber, gerne selber lösen. Einen kleinen Denkanstoß für Sie habe ich aber dennoch: Prüfen Sie doch einmal in aller Ruhe nach, wie gern und wie oft Sie *selber* in den immer vollen Schokobunker hineinlangen …

Ach ja, ein Nachtrag zu diesem kurzen Fall ist noch fällig. Hier bin ich bloß deswegen auf den Plan gerufen worden, weil Sabrina und Sebastian, die beiden Naschladentiger, ziemlich oft an allem herumnörgeln. Leider nicht nur am Essen ...

Moment mal: Wie war das noch mit meinem allseits bekannten und mittlerweile auch beliebten Anspruch auf »vorwiegend positive Sichtweisen?« Ist mir mein Geschmack in unserer aufgezuckerten und zugeklappten Burger-Welt etwa schon abhandengekommen? Mit anderen Worten: Schreibe ich nun auch schon geschmacklos? Oder habe ich den Puls der Zeit gerade noch einfangen können? Vielleicht kann ich mir mit dem nächsten Fallbeispiel selbst eine Antwort darauf geben.

⏭ Fall 9: Nimmersatt

Beim letzten Sommercamp, in einem Jugendgästehaus mit reichhaltiger Verpflegung: Die elfjährige Jessica steht plötzlich neben mir und motzt mich unwirsch an: »Ich hab' Hunger, wann gibt's was zu futtern?« Das macht mich einigermaßen fassungslos. Da verlangt doch tatsächlich ein Kind Nahrung von mir, obwohl wir kaum 80 Minuten zuvor ein Mittagessen mit Suppe, Fleischgericht und Pudding zu bewältigen gehabt haben. Jessica, unweit von mir am Tisch, hat dabei kräftig zugelangt. Und nun, ein Aufschrei nach erneuter Fütterung! Okay, die Kleine wiegt, wie ich später erfahre, etwa 68 Kilo. Da muss schon was rein, denke ich. Neugierig geworden, erfahre ich sogleich mehr über ihren sonstigen Lebensrhythmus. Fünfmal am Tag gäbe es daheim *kleine* Mahlzeiten. So ein Essverhalten wäre gesünder, das habe ihre Mam mal irgendwo gehört. »Na gut«, meint Jessica, als ich sie weiterhin fragend anschaue, »meistens gibt es auch zwischendurch noch 'ne Milchschnitte oder sowas Ähnliches als Extra-Snack und in die Naschlade können wir sowieso immer hineingreifen!« Unfassbar: Hunger ohne Unterbrechung! Jetzt wundert es mich allerdings nicht mehr, dass Jessica uns so oft mit Essensforderungen und im praktischen Kombipack auch zumeist noch ziemlich schlechter Laune tyrannisiert. Es heißt ja nicht umsonst in einem uralten Sinnspruch: »Ich bin angefressen!«

Dass der lieben nimmersatten Jessica obendrein die allermeisten Sachen nicht schmecken, genau wie Frank, hätte ich jetzt wohl gar nicht mehr erwähnen müssen, oder? Darüber beschwert sie sich fortweg bei Küchenmannschaft und Betreuern, die schon in den Tyrannenabwehrmodus und damit auch »auf Durchzug« schalten.

Lösungsansatz

Zurück bei Frank

Weil ich mir als Naschladen-Problemlöser diesmal keinen bleibenden Namen gemacht habe, bekommt wenigstens Franks Mama einen schmackhaften Lösungssatz serviert. Den allerdings muss ich mit einer Frage einleiten: »Wissen Sie eigentlich, wann Kinder sich falsch verhalten? Erraten Sie es? Nein?« Die Antwort darauf findet man nur, wenn man konsequent kindgerecht denkt: »Kinder zeigen ein Fehlverhalten stets dann, wenn es früher schon einmal *funktioniert* hat!« Sprachloses Staunen bei Franks Mutter.

Genau das werde ich jetzt sogar noch verstärken: »Deshalb wird es für Sie schon ein erster überaus pfiffiger Lösungsansatz sein, wenn Sie sich gar nicht mehr darüber aufregen oder wundern, wenn sich bei Frank das ärgerliche Fehlverhalten mit Nörgelei einschleicht. Sie selber haben es schon ausreichend oft zugelassen, manchmal sogar gefördert, dass der Junge am Essen herummäkeln darf, und damit auch noch großen Erfolg hat.«

Mit dieser Erkenntnis, liebe Mutter, nehmen Sie eigentlich schon Gundulas professionelle Meta-Position ein, die erstens viel Potenzial zur eigenen Entspannung und zweitens zum Einführen ganz neuer Verhaltensmuster hat. Natürlich trifft das Phänomen mit dem Zulassen nicht nur auf diesen speziellen Fall mit dem Essen zu, sondern auf *alle* pädagogisch verwertbaren Situationen. Aber gerade beim Essverhalten tritt auf besonders unangenehme Weise zutage, was man bei seinem Liebling schon längere Zeit ungewollt akzeptiert hat.

Aber auch hier habe ich einen Hinweis, der zum Durchatmen verhelfen könnte: Nörgelei über Mamas frisch Gekochtes ist nur in den seltensten Fällen eine tatsächliches Qualitätsurteil. Es hat weniger mit Kritik an der Kochkunst als eher mit »nicht gesetzten Grenzen« zu tun. Bei Franks Mutter beispielsweise hat dieses perfekte System so funktioniert: Gleich nach dem ersten »Wäääh! Das schmeckt mir n...!« ist sie meist brav und unverzüglich mit ihrem kleinen Sonnenschein um die Ecke auf ein leckeres Kindermenü gegangen. Perfekt! Das Fehlverhalten wird unverzüglich belohnt und daheim vergammeln dann die köstlichen Frischgerichte. Super Training für künftigen Tyrannenmodus vom Feinsten ...

! Je mehr Unsicherheit Sie ausstrahlen, wenn Sie etwas gekocht haben, bei dem Sie fürchten, es könnte abgelehnt werden, desto tyrannischer fällt auch der Tonfall der kindlichen Ablehnung aus.

Bunte Wahl

Ein überaus spannender Blickwinkel auf das Thema kindgerechte Nahrung darf an dieser Stelle nicht fehlen. Ein kanadisches Institut hat vor einigen Jahren aufwendige Tests mit Kindergartenkindern ab drei Jahren gemacht und dabei festgestellt: Die Wahl der Minis fiel keineswegs auf ultra-süß oder mega-salzig, sondern in der Hauptsache auf *bunt* und *knackig*! Toll, nicht? Die Natur hat also offensichtlich etwas ganz anderes für uns zur täglichen körperlichen Wiederherstellung vorgesehen als weitgehend farbloses Zeug wie Cornflakes-Pampe, Schoko-Pops, blasse Burger und pastellfarbene Shakes aus dem Labor. Kräftige Farben sind gefragt! Probieren Sie es doch aus, was soll schon schiefgehen?

Geschmacklos?

Mit den vorhin erwähnten Industrienahrungsmitteln schließt sich erneut ein Kreis. Wie soll Frank noch irgendetwas schmecken oder wertschätzen können, wenn sein Gaumen auf viele künstliche Aromastoffe,

Salz und Zucker trainiert ist und kaum ein paar Tage lang aus diesem Trainingsplan herauskommt? »Fit mach mit« im wahrsten Sinne des Wortes!

Anti-Tyrannen-Strategien

Lassen Sie Ihr Kind vielleicht sogar schon beim Einkauf von Lebensmitteln mit auswählen und natürlich beim Kochen mitmachen. Ein »Wääh, das schmeckt mir nicht!« wird unter diesen Umständen eher zur Ausnahme werden.

Probieren Sie, speziell bei jüngeren Kindern, ruhig ein paar »bunte Wahltage« aus und versuchen Sie wahrzunehmen, ob auch Ihr Kind sein Lieblingsessen nach Farben auswählt. Es ist dann ganz leicht, sich auf diese persönliche Farbauswahl sofort einzustellen.

Bedenken Sie, dass *Ihr* authentisches Vorbild schon die berühmte »halbe Miete« ist: Was Ihnen selber ehrlich schmeckt, ist auch für Ihr Kind um ein Vielfaches interessanter. Wenn Sie selber sichtbar eine Speise genießen, wird es für Ihr Kind fast unmöglich sein, nicht zumindest einmal zu kosten.

Reduzieren Sie die Menge der aufgetragenen Speisen.
Wir essen auf jeden Fall zu viel, zu oft, zu süß und vor allem abends zu spät.

Bedenken Sie, dass das Verdauungssystem Ihres Kindes mindestens drei bis vier Stunden *Ruhezeit* braucht, um richtig funktionieren zu können.

Ihr Kind zu bestimmten Speisen zu *ermahnen* oder gar zu zwingen, wird mit ziemlicher Sicherheit das genaue Gegenteil bewirken, weil es ein uns schon bekanntes reaktives Muster auslöst: Abwehr!

Musterwechsel

Damit, liebe Leserinnen und Leser, haben wir aufmerksamen Blickes auch schon einen ersten Block voller gut zueinander passender tyrannischer Verhaltensmuster durchlaufen.

Immer noch stehen wir inmitten unseres Stadions voller unruhiger Kids und Teenies, die uns aber, schaut man hinauf in die Ränge, hie und da schon ein wenig aufmerksamer zuhören. Buh-Rufe habe ich jedenfalls schon längere Zeit keine mehr gehört. Sehr schön, wie sich das entwickelt! Ein Grund mehr, warum wir in unserer Motivation nicht nachlassen sollten und uns mit gleich bleibender Spannung auf eine spielend leichte Runde durch den nächsten Verhaltensmuster-Block freuen dürfen …

Jeder hat seine Gründe
für sein Verhalten.
Voltaire

Tyrannenmuster: Wenn sie sich auflehnen ...

Obwohl die Themenauswahl für den Tyrannenmuster-Block »Auflehnung« besonders schwierig gewesen ist, haben schließlich vier ganz besondere Bewerber das unsportliche Rennen gemacht, denen wir deshalb mit »gnadenloser Behutsamkeit« zu Leibe rücken werden.
Dabei wird es hier gar nicht so sehr um das vordergründige Auflehnen gegen Bezugspersonen und Co gehen, sondern um einen tiefen Blick hinter die Kulissen. Diese spannenden Betrachtungen werden uns nicht nur zu verblüffenden Erkenntnissen führen, sondern auch ganz neue Umgangsformen und Praxisstilmittel ermöglichen.

»Wieso immer *ich*?« – Tyrannenmodus: Verhandler

Nachbars Diskussionszustand

Eine jener Beschwerden über tyrannisches Verhalten, die mir überdurchschnittlich häufig begegnen, ist diese hier: »Andauernd *diskutiert* mein Kind mit mir, obwohl es nichts zu verhandeln gibt!« Kennen Sie das auch?

Ich meine natürlich: Kennen Sie das, weil drüben bei Ihren Nachbarn irgendjemand permanent mit seinen netten Kindern diskutiert? Schön, dass es uns wieder nicht selbst betrifft. Doch das ist auch gar nicht nötig, weil man ja schon in eine Art Tyrannenalarmmodus hineingerät, wenn man sich eine Situation wie diese bloß *vorstellt*: Da gibt man eine einfache Anweisung, vielleicht eine milde Aufforderung, oder man platziert behutsam einen erzieherischen Herzenswunsch und schon geht es los: »Wieso muss immer *ich* ...?« – »Aber *du* hast doch gesagt, dass ...!« – »Aber ich hab' doch *gar nichts* gemacht!« usw.

Klar kommen bei so einem Verhalten, besonders wenn es zu einem Dauertyrannenmodus wird, zuweilen Gefühle der nicht ganz so netten

Art auf. So weit ist das ja noch verständlich. Schwerer nachvollziehbar wird es für mein notorisches Erziehungsberaterherz, wenn die lieben Erwachsenen sich über das ständige Diskutierverhalten ihrer Kids maßlos aufregen, es aber *selbst* verursacht haben.

Wie jetzt? Schon wieder sind *wir* die Schuldigen? Das geht jetzt aber wirklich zu weit! Entschuldigung! Mein Fehler, ich habe viel zu weit vorgegriffen. Also noch einmal zurück zum Start und erst mal alles schön der Reihe nach ...

⏭ Fall 10: Erlaubnis

Frauke S. ist Klassenlehrerin an einer Sekundarschule im badischen Rhein-Neckar-Raum. Als ich mit ihr beim gemütlichen Coaching-Termin zusammensitze, beschwert sie sich über die 14-jährige Katharina: »Das Mädchen tyrannisiert mich jeden Tag aufs Neue, indem sie buchstäblich *alles*, was ich von ihr verlange, erst mal mit mir ausdiskutieren will! Katharina sieht in den einfachsten Routineanforderungen jedes Mal sofort Grund genug für den Einstieg in eine Diskussion: ›Wieso muss immer *ich* die Tafel löschen?‹, fragt sie beispielsweise jedes Mal und klingt dabei immer ziemlich gereizt!« Fraukes Antwort fällt, wie sie mir seufzend weiter erzählt, dann ohnehin oft ganz pragmatisch aus: »Na, weil du *dran* bist!« Doch damit gibt sich Katharina schon mal nicht zufrieden und schwenkt hurtig in einen verschärften Diskussionsmodus ein: »Aber ich war doch erst vor drei Tagen dran!« Frauke S. kontert: »Das interessiert mich nicht! Du willst dich doch nur vor der Arbeit drücken!«

Diese etwas harsche Anmerkung, liebe Frau Kollegin, war jetzt aber kein so berauschend guter Plan, während Sie mit einer erdrutschartig pubertierenden Göre verhandeln. Nun dürfen Sie wohl in nächster Zeit nicht auf einen positiven Ausgang hoffen. Denn soeben ist der zuvor noch »weiche« Diskussions- auch noch um einen harten Verteidigungsmodus erweitert worden. Kathi zieht blank: »Das ist doch gar nicht wahr! Ich mach' immer jede Arbeit, die Sie von mir verlangen! Ich drück' mich echt nie wie manch andere hier!« Katharina verschleudert dramatisch wirkende Blicke in die allerdings völlig desinteressierte Pausenrunde ihrer Klassenkameraden ...

Anmerkung: Aber wenn das so ist, liebe Kathi, dann hättest du dir ja das Diskutieren ersparen können und einfach mit dem Tafelwischen losgelegt. Da wärest du längst schon zurück bei deinem Smartphone, wo das »Wischen« ohnehin deine vordringlichste »Äktschn« ist. Als hätte Lehrerin Frauke meine natürlich lautlose Anmerkung erspürt, erzählt sie mir, dass sie der Drama-Queen Katharina beim letzten Mal ganz gut hat Paroli bieten können, weil sie genau in *diese* Kerbe geschlagen hat: »Ja und wieso *diskutierst* du dann mit mir und erledigst die Arbeit nicht ganz einfach? Vor zwei Jahren hast du noch gesagt, dass du in mir ein Vorbild siehst, weil ich so fleißig …«

Das Ziel einer Auseinandersetzung sollte nicht der Sieg sein,
sondern der Fortschritt.
Samuel Joubert

Jetzt muss die aufsässige Tyrannin ganz kurz nachdenken. Vielleicht schießen der Frechdächsin Gedanken wie diese durch den Kopf: »Was ist *das* denn jetzt für'n ätzendes Gerede? Da sieht man's wieder mal, Lehrer sind Vorbilder und Bilder hängt man auf!« Obwohl wir natürlich hoffen, dass die Gedanken der netten Schülerin so radikal gar nicht sind, tritt jetzt auf jeden Fall eine winzige, ungewollte Unterbrechung ein, eine sogenannte »Zäsur«, wie das im Fachkontext heißt. Genau *jetzt* wäre für die schon ausreichend geschlauchte Lehrerin ein perfekter Zeitpunkt gewesen, die unerwünschte Diskussion abzubrechen, zum Beispiel durch ein für Elke klar erkennbares, am besten *wortloses* Ende-der-Verhandlung-Signal. Doch Frauke S. lässt diese wertvolle Sekunde verstreichen und hat damit ihre vorläufig letzte Chance zum »Aufkündigen des Rapports«, wie Pädagogen das nennen, gerade vergeben. Die Diskussion nimmt ihren weiteren, unseligen Verlauf: »Na, weil Sie immer bloß *mich* dafür einteilen!« Jetzt springt Lehrerin Frauke, gleichermaßen ungeplant wie ungewollt, ebenfalls auf den Pflichtverteidigungszug auf und befindet sich augenblicklich mittendrin im schönsten Verhandlungszirkus: »Also das ist doch *überhaupt* nicht wahr, weil letzte Woche hab' ich …!«

Nun ist es für uns an der Zeit, eine gnadenreiche Zäsur einzubauen, weil die Geschichte zwar hoffentlich zum Schmunzeln anregt, aber dennoch langsam anstrengend wird. Das haben Diskussionen so an sich:

Sie strengen einen an, besonders wenn man sie gar nicht haben möchte! Nun stellen Sie sich vor, Sie hätten im realen Leben eine permanent diskussionsfreudige Katharina vor sich stehen! Eine überaus spannende Vorstellung, nicht wahr?

Um unsere Gemüter zu schonen, klinken wir uns an dieser Stelle endgültig aus und dürfen zur Belohnung ganz tief durchatmen. Etwas, das Frauke S. noch lange nicht tun kann, weil sie, wie sie mir später erzählt, solcherlei Diskussionen oft eine ganze Pausenlänge hindurch »erleiden« muss.

Eine der späteren Schlussfolgerungen der Pädagogin: »Furchtbar, diese Kids! Wer bringt denen nur bei, alles infrage stellen zu müssen? Das kostet mich dermaßen viel Kraft, dass ich schon nicht mehr weiß, wie ich damit umgehen soll!« Jetzt aber, mit Verlaub, meine persönliche Schlussfolgerung: »Hausgemacht, liebe Frau Kollegin! Dass die Göre ständig mit Ihnen diskutiert, haben Sie offensichtlich jedes Mal selbst erlaubt und das tyrannische Verhalten damit aktiv gefördert!« Ein verblüffter Blick von Frauke, Schweigen im Lehrerzimmer. Habe ich da nicht obendrein einen bitterbösen Blick von der Seite her wahrgenommen? Ja, ja, so ein pädagogischer Berater verbreitet nicht immer nur Freude im Raum. Sei's drum! Ich kläre die Sache ja schon auf!

»Diskussions-Go«

Es ist nun mal an uns allen ein zutiefst menschlicher Zug, dass wir mit unseren Zeitgenossen gerne und möglichst oft kommunizieren wollen, ja sogar *müssen*. Entwicklungspsychologen beschreiben schon bei ganz kleinen Kindern die »kommunikative Grundorientierung« als einen der wichtigsten Urinstinkte. Die allermeisten Mütter und Väter dieser Welt haben das irgendwann durchgemacht: Sobald die Kinder endlich etwas Kommunikatives mit ihrem Stimmchen anfangen können, gebrauchen sie es auch ausgiebig und plappern uns ab diesem Zeitpunkt häufig weitgehend unterbrechungsfrei zu – allerdings nur, wenn *wir* Erwachsene ihnen nicht wortreich zuvorkommen. Aber das ist eine andere Geschichte ...

Mit diesem Wissen ist für uns jedenfalls nur allzu verständlich, wenn *jedes* kommunikative Signal, das wir aussenden, von unserem Gegenüber als *klare Aufforderung* interpretiert wird, sich möglichst ohne Hemmungen in die Kommunikation einzuklinken: »Ich habe dir gerade eine Antwort gegeben, jetzt erwarte ich unverzüglich die *deine*! Nur zu! Quatsch mich ab jetzt ruhig voll!«

Ein solches Signal nenne ich augenzwinkernd ein »Diskussions-Go«. Nun darf ich Sie, wie gewohnt, mal wieder zum kurzen Nachdenken einladen: Welche Signale fielen Ihnen denn spontan ein, die als Diskussions-Go wirken könnten? Um Ihre Denkpause spannender zu gestalten, dürfen Sie jetzt gerne an den Anfang unseres Fallbeispiels »Erlaubnis« zurückkehren und kurz nachsehen, welche Signale Frauke S. ausgesendet haben könnte, wodurch die so beklagenswerte kräfteraubende Diskussion überhaupt erst in Gang gekommen ist.

Sicherlich haben Sie den Kern der Sache rasch und zielgenau erkannt: Frauke hat bereits mit ihrer ersten Antwort versucht, sich zu *rechtfertigen*. Kein guter Plan, gute Frau, wenn Sie eigentlich überhaupt keine Diskussion haben wollen! Fraukes allererste Rechtfertigung ist für die offenbar sowieso stets auf Konfrontationskurs steuernde Katharina genau genommen schon die perfekte Erlaubnis gewesen, drauflloszuverhandeln, was das Zeug hält.

! In einer gespannten Situation wird jedwede themenbezogene Antwort, die Sie geben, von Ihrem Gegenüber unterbewusst nicht nur als Rechtfertigung, sondern vor allem als Erlaubnis bzw. als Aufforderung zum Weiterdiskutieren interpretiert.

Das Schlimmste an manchen Rednern ist, dass sie oft nicht sagen, wovon sie sprechen.
Heinz Erhardt

Lösungsansätze

Für Lehrerin Frauke S. ist es Zeit, von Diskussionen, die sie selbst überhaupt nicht führen möchte, mutig Abstand zu nehmen. Seit einiger Zeit gelingt ihr das ganz gut. Sehr begierig greift sie einen Lösungsansatz auf, der ebenso unspektakulär wie hochwirksam ist: *Pausen aushalten*! Dieses Lehrbuch-Grundprinzip jedes professionellen Beratungsgespräches, aber auch jeder anderen menschlichen Kommunikation hört sich tatsächlich nicht besonders kompliziert an, ist aber schwerer durchzuführen, als man glaubt. Probieren Sie doch einmal in einer gespannten Situation Pausen auszuhalten, wenn beispielsweise die liebe, aber aktuell genervte Frau Schwiegermutter gerade voll auf wortreichem Angriffskurs ist.

Aber es ist allemal wert, diese Taktik zu trainieren, und zwar am besten vor einem großen Spiegel. Versuchen Sie, vor Ihrem eigenen Spiegelbild einfach ganz bewusst Pausen auszuhalten. Sobald Ihnen das gelungen ist, dürfen Sie später, im realen Leben, auch schon mal versuchsweise Ihrem vielleicht soeben wild plappernden Kind geradewegs in die Augen schauen, *ohne* unverzüglich eine Antwort zu geben. Damit trainieren Sie sehr effizient, vielleicht nie wieder in die Verlegenheit zu kommen, dass Ihr lieber tyrannischer Angreifer, sprich: Ihr ständig diskutierender Sonnenschein, Ihre Antwort als Rechtfertigung und damit als Schwäche interpretiert und sofort mutig zurückfeuert. Spannend, nicht wahr?

Immer noch im Lehrerzimmer

Als weiteren, sehr einfachen Lösungsansatz habe ich der Kollegin Frauke das Werkzeug der »Gegenfrage« in die Hand gegeben: »Sollte Katharina oder irgendein anderer jugendlicher Verhandlungsspezialist jemals wieder Fragen wie diese stellen ›Wieso muss immer *ich* …?‹, könnte es den alles entscheidenden Unterschied ausmachen, wenn Sie nicht rechtfertigend antworten, sondern ihrerseits völlig gelassen eine Frage stellen: ›Was glaubst *du* denn, warum ich immer dich …?‹ Wie klingt das für Sie?«

Wie? Noch nicht so überzeugend? Na, dann überlegen wir jetzt alle gemeinsam einmal, welche Antwort auf diese sehr offene Frage möglich wäre: »Klar nehme ich immer dich, weil ich mich auf dich am besten verlassen kann!«

Wenn die Sprache nicht stimmt, so ist das,
was gesagt wird, nicht das, was gemeint ist.
Konfuzius

Welche noch so notorische Tyrannin würde so ein Vorauslob wohl ausdiskutieren wollen? Ja, richtig: jemand, der auch noch etwas von seiner geliebten Bezugsperson erbetteln will. Aber das ist eine andere Geschichte, der wir uns gleich im nächsten Kapitel ebenso kritisch wie schmunzelnd widmen wollen ...

Anti-Tyrannen-Strategien

Versuchen Sie möglichst rasch zu erkennen, ob Ihr Kind sich im Diskussions-Tyrannenmodus befindet oder sich aktuell ein konstruktives Gespräch anbahnt.

Sobald Sie am Tonfall und vor allem an der Körpersprache Ihres Kindes erkennen, dass sich die Situation anspannt, obliegt es Ihrer Entscheidung, ob Sie in eine Diskussion einsteigen möchten oder nicht. Aber entscheiden Sie das bitte in Ihrem Interesse *rechtzeitig*.

Sie sind keineswegs verpflichtet, auf alles sofort zu antworten, vor allem wenn der Tonfall nicht nach einem normalen »Gespräch« klingt.

Bedenken Sie, dass Sie mit jeder Antwort Ihrem Kind eine nur allzu deutliche Aufforderung zum Weiterführen der Diskussion geben.

Je mehr Pausen Sie aushalten, desto weniger Eskalationspotenzial wird sich entwickeln.

Üben Sie in entspannten Momenten gemeinsam mit Ihrem Kind klar erkennbare nonverbale Signale ein, woran es erkennen kann, dass Sie *jetzt* keine Diskussion möchten bzw. diese *sofort* beenden werden.

Bedenken Sie, dass jede noch so gereizt geführte Diskussion eine Form der Kommunikation darstellt. Vielleicht müssen Sie dabei gar nicht alles so wörtlich nehmen und daher auch nicht unmittelbar darauf reagieren.

»Bitte, *bitte*, Mami!« – Tyrannenmodus: Bettler

Aufmerksamkeitsdefizit?

Sehen wir die Sache zuerst mal so: Das kindlich-konsequente Anbetteln von Mama, Papa und Co, eigentlich bloß eine Sonderform des unerwünschten Diskutierens, könnte man im allerersten nachsichtigen Moment mit Charme, Niedlichkeit und höchstens noch mit ein bisschen »Lästigsein« verbinden. Manch ein Elternteil oder Lehrer allerdings verknüpft das uns nur allzu vertraute hartnäckige »Bitte, bitte, aber *wieso* denn nicht ...?« schon eher mit medizinisch relevanten Problemen, beispielsweise mit Schwerhörigkeit oder dem überaus zeitgemäßen »Aufmerksamkeitsdefizit«!

Nicht ganz zu Unrecht. Wer nämlich nicht gleich beim *ersten* Mal deutlich verstanden hat, dass ein Erwachsener Nein gesagt hat, der braucht entweder Denk- oder Hörhilfen. So simpel könnte man das sehen – also *doch* ein schlichter Tyrannenmodus? Oder vielleicht bloß ein medizinischer Sonderfall, für den man noch kein Heilmittel hat finden können?

Das Auge das Betrachters

So einfach ist es nun doch wieder nicht. Vor allem, weil es stets nur auf den Blickwinkel des jeweiligen Betrachters ankommt ... So gesehen finde ich persönlich jedenfalls eine Sichtweise schon mal bemerkenswert: Die *wenigsten* Eltern, die mir in der täglichen Beratungspraxis begegnen, betrachten es als tyrannisches Verhalten, wenn sie konsequent angebettelt werden. Anstatt sich tyrannisiert zu fühlen, neigen die allermeisten eher dazu, auf Bettelorgien ihres Lieblings mit erstaunlich viel Kraftaufwand *einzusteigen*. Egal, wie viele Elternpaare, Großeltern oder Lehrpersonen ich kennenlernen darf – sie diskutieren augenblicklich munter drauflos, erklären und rechtfertigen sich oder, wenn sie schon zu den fortgeschrittenen »Einsteigern« zählen, wiederholen sich fortwährend selbst: »Ich hab' doch *vorhin* schon zum zwölften Mal Nein gesagt! *Kannst* du oder *willst* du nicht hören?« –»Letzteres, Mom! Ich *will* nicht! Hihi!« War doch klar, oder?

Jedenfalls fahren die meisten Erwachsenen ihre ganz persönlichen Laber-Programme, um ihren Lieblings-Profi-Bettler schlussendlich *doch* noch von ihrem ach so logischen Erwachsenenstandpunkt zu überzeugen und dass die »Suderei« aktuell »jetzt aber echt« keinen Sinn mehr hat.

Jeder junge Mensch macht früher oder später die verblüffende Entdeckung, dass auch Eltern gelegentlich recht haben können.
André Malraux

Dieser Versuch ist ja an sich sehr lobenswert. Was aber, wenn all die Überzeugungsarbeit erfolglos ist? Dann kann man wohl von einer klassischen, weil hausgemachten Stresssituation sprechen, nicht? Schön, das mit dem kräfteraubenden Einstieg auf eine Diskussion könnte man ja noch bleiben lassen, indem man die Blickwinkel über das Diskutieren aus unserem vorigen Kapitel beherzigt. Doch das allein wird diesen speziellen Tyrannenmodus wohl kaum nachhaltig beseitigen. Deshalb brauchen wir jetzt ein »Upgrade« für Fortgeschrittene ...

Ursachenforschung

Zahlreiche Leser meiner Bücher wissen sicherlich bereits, dass meine Betrachtungsweisen aus alter Gewohnheit mit jedem Abschnitt ein klein wenig anspruchsvoller werden. Schließlich möchte ich ja, dass Sie als Erziehende mit Ihren Aufgaben wachsen. Deswegen reicht das reine Bekämpfen sinnlosen Diskutierens nicht mehr. *Wir* sind nun schon weit genug, um nach den Ursachen für das tyrannische Betteln zu forschen. Es *muss* doch schließlich einen gemeinsamen Nenner geben, wenn Kids und auch manche Jugendliche keine Ruhe geben, obwohl diese schon klipp und klar verordnet worden ist: »Gibst du *bitte* jetzt endlich Ruhe, mein Kind?« – »Nö! Wieso?« Ruhig bleiben, bitte ...

Ich hoffe jedenfalls, es klingelt bei dieser Art der »fragenden Bitte-Formulierung« ein zartes Glöckchen in Ihnen? Wenn nicht, bitte ruhig ein paar Kapitel zurückblättern zu der Stelle mit den »Lieblings-Bitte-Sätzen«.

Mir geht es jetzt aber eher um das Training Ihrer Fähigkeit, kindliches Fehlverhalten hinterfragen zu können. Hand aufs Herz: *Wann* haben Sie zuletzt nach dem wahren Grund gefragt, wenn Sie das hartnäckige Ich-akzeptiere-dein-Nein-jetzt-sicher-nicht-Gezeter eines Kindes haben mit anhören müssen? ... Vom *Nachbarhaus*, quer über Ihre Terrasse, versteht sich!

Die nächste detaillierte Fallanalyse drängt uns solche Fragen und praktischerweise auch die passenden Antworten geradezu auf. Aufmerksamen Lesern wird es nicht entgehen, dass ich dieses Beispiel schon in meinem Buch »Das Neue Entspannt erziehen« gebracht habe. Aber weil es zahlreiche Leser witzig gefunden haben und gleichzeitig viel pädagogisches Potenzial in dem Fall steckt, erlaube ich mir, es hier noch einmal unter etwas anderem Blickwinkel vorzustellen. Und es soll ja Menschen geben, die mein »Standardwerk für erzieherische Entspannung« noch gar nicht gelesen haben. Viel Spaß also beim Aufstieg einer professionellen Betteltyrannin bis zum *achten* Taktik-Level.

⏭ Fall 11: »Chip, Chip, hurra!«

»Jenny, du machst jetzt *kein* Sackerl Chips mehr auf!«, fordert Franziska S. ihre elfjährige Tochter auf. Ende der Geschichte! Danke fürs Mitlesen!

Nein, das war kein Scherz! Eigentlich könnte hier der Fall tatsächlich schon zu Ende sein, wenn sich Folgendes abspielte: Das »Nein« ist punktgenau bei der lieben Jenny angekommen. Gut so! Das Chipspaket wandert wie von selbst zurück in den Schrank, dorthin, von wo es ursprünglich hergekommen ist. Super! Das Kind trollt sich ebenso kommentarlos wie begeistert zurück zu seinen Hausaufgaben. Großartig! Nach gleichermaßen unterbrechungsfreier wie erfolgreicher Beendigung der Schularbeiten inklusive zusätzlicher Fleißaufgaben – sagenhaft – nimmt das engelsgleiche Wesen kommentarlos seine geschlechtssensible, aber fleißige Hausarbeit auf. Galaktisch! ... und benimmt sich ansonsten gefälligst absolut schweig- und sittsam. Sensationell! Sehr braves Mädchen! – Sehr bedauernswertes Geschöpf ...

Doch jetzt wieder zurück zum realen Geschehen. Jenny hat Mama Franziskas erste Absage aufgrund ihrer »tragischen Schwerhörigkeit« offensichtlich nicht vernehmen können und legt los: »Bitte Mama, ich will aber!« – »Jenny!«, unterbricht die Mutter, schon jetzt leicht entnervt, weil sie einen neuerlichen Tyrannenangriff kommen sieht, »was hab' ich dir gerade gesagt? Muss ich's dir noch einmal sagen?« Toll! Sackgasse! Weil wir als angehende Anti-Tyrannenprofis das Phänomen schon kennen, erahnen wir spielend, was jetzt kommt: »Jep, Mami! Noch mal! So wie du's eigentlich immer tust!« *Hörbar* für die Mutter kommt allerdings bloß der zweite Bettelangriff inklusive fieser Zusatztaktik: »Aber geeeh! Der Daniel will ja *auch* Chips haben. Gerade hat er danach gefragt!« Dass Daniel, der achtjährige Bruder, sich derzeit gar nicht auf dieser Erde befindet, ist für Jenny nicht von Bedeutung. Der ahnungslose Bub fightet sich grade durch das dritte Level des Ego-Shooters »Erschieß das Universum«. Dabei zerquetscht er vor lauter ungesunder Anspannung fast den Joystick. Jedenfalls hat Daniel zurzeit wahrlich anderes in seinem Köpfchen als Chips. Aber das kann Mom ja im Augenblick nicht nachprüfen. Vor allem *wird* sie es sowieso nicht tun, so viel steht für Jenny fest. Alles schon mal da gewesen ...
Die Mutter denkt natürlich erwachsen-rational: »Ein Sackerl hat sie heute Morgen schon aufgemacht. So viele Chips sind schlecht für sie ... außerdem koche ich gerade. Nachher isst sie wieder nichts!« Somit kann es für Mama Franziska keine andere Lösung geben, als auch im dritten Anlauf noch »hart« zu bleiben: »Jenny! Ich habe doch Nein gesagt!« Das tyrannisch höchst erfahrene Töchterchen zeigt sich davon völlig unbeeindruckt: »Aber Mama, ich *koste* sie ja nur ...« – »Ja, ja, das kenn' ich!«, steigt die Mutter noch einen großen Schritt tiefer in die Diskussion ein und wiederholt sich sicherheitshalber zum vierten Mal: »Ich hab' Nein gesagt und diesmal *bleibt* es dabei!« Jenny hört mit ihren kampferprobten Ohren genau hin und vernimmt bei diesen Sätzen Mutters wundervolle Unsicherheit, die da mitschwingt. Ihre feinen Antennen signalisieren Jenny unmissverständlich, dass sie bereits auf die Siegerstraße einbiegt. Das verschafft der geübten Tyrannin den letzten Motivationsschub, ihre Mami jetzt so richtig nach Strich und Faden fertigzumachen.

Wer kämpft, kann verlieren. Wer nicht kämpft,
hat schon verloren.
Bertolt Brecht

Ring frei

Anhand der folgenden Schritt-für-Schritt-Analyse können Sie endlich mal sehr genau einem bettelnden Kind zusehen und -hören, das listenreich ganze acht Tyrannenmodus-Level aufsteigt, mit dem Ziel, seine liebe Mutter restlos weich zu kochen. Darum gebe ich jetzt den Ring frei für einige gleichermaßen verblüffende wie planvolle »Weichkochertaktiken« ...

Taktik-Level eins – schlechtes Gewissen machen:
Jenny, unsere routinierte Betteltyrannin, startet mit jener Taktik, die bei Eltern von Mehrfachplagen fast immer funktioniert, indem sie treffsicher das stets sehr heikle Geschwister-Ungerechtigkeitspendel anstößt: »Immer darf *ich* nichts machen, was ich gern mag! Aber der Daniel darf immer *alles*, was er will ...!«

Taktik-Level zwei – »beleidigte Leberwurst«:
Gleich darauf trottet das arme Mädchen mit beleidigt gesenktem Kopf und sehr, sehr langsam wie unter einer unsäglichen Last ins andere Zimmer. Dort *handelt* Jenny: Schwupp! Das begehrte Riesenpackerl Chips ist mit einem Ruck geöffnet. So gewappnet, geht Jenny zum nächsten »Frontalangriff« über ...

Taktik-Level drei – vollendete Tatsachen:
Die gewiefte Strategin schlurft, ihren treuesten Dackelblick aufgesetzt, mit der offenen Packung in der Hand wieder in Mamis Blickwinkel. Dem jetzt sehr wahrscheinlich anstehenden Kontrollverlust sieht eine dermaßen geübte Tyrannin wie Jenny allerdings eher gelassen entgegen ...
Weil Franziska jedoch alles andere als eine Profi-Tyrannin ist, hat sie nicht annähernd gleichwertige »Waffen« zur Hand, schon gar nicht so etwas wie Gelassenheit. Also setzt sie auf bewährte Nörgeltexte und – welche Überraschung – *auf Wiederholungen.* Abgesehen von

einer einzigen weniger netten Verzierung lässt sie also ziemlich wortgetreu den schon bestens bekannten Spruch ab: »Jenny! Du bist unmöglich! Ich hab' dir doch klar und deutlich gesagt, dass es heute *keine Chips* mehr gibt!«

Taktik-Level vier – Warteposition:
Jenny, nun schon im nächsthöheren Tyrannentaktikmodus, schweigt jetzt mal zur Abwechslung. Aus rein strategischen Gründen natürlich!
»Her mit dem Sackerl!«, keift die Mutter, schon hart auf die Verliererstraße eingebogen, und versucht einen flinken Zugriff. Aber Jenny hat damit gerechnet und ist schneller. Zumindest diesbezüglich hat Mom nicht den Hauch einer Chance: »Ja, ja, Mom! Unterschätz mich ruhig!«, denkt die kleine Anarchistin amüsiert, »umso *lustiger* wird es für mich!«
Was sie allerdings laut *sagt*, klingt fast schon taktisch genial: »Was *willst* du denn damit? Das Sackerl ist ja jetzt schon offen, so kannst du es eh nicht mehr wegräumen.« – »Kind! *Wann* hörst du endlich mal auf mich?«, wird die Mutter schon sehr wütend. Jetzt denkt das Mädchen wahrscheinlich etwas in der Art: »*Später, Mom*! Wenn ich die Chips durchhab'!«

Taktik-Level fünf – Zustimmung:
Laut flötet Jenny allerdings: »Ich hab' dich eh gehört! Außerdem hör' ich *immer* auf dich, im Unterschied zu anderen Leuten hier!« Strafend schweift ihr Blick in Richtung Spielzimmer, wo der soeben mit dem übelsten Rufmord bedachte Daniel gerade sein zwölftes Raumschiff an die Klingelonen verloren hat und sonst die Unschuld in Person ist. *Dieses* Mal ...

Taktik-Level sechs – Gnade:
Erneut zur Mutter gewandt, verzieht sich das Gesicht der klugen Jenny langsam in die Ich-bin-den-Tränen-nahe-Stellung: »Aber das sind doch meine Lieblingschips!« Dann bringt sie das letzte Weichmacherargument in ihre Zweikampftaktik ein: »... und ich lass' dich auch *kosten*!« Ach, wie *gnädig* Kinder doch sein können ...

»Jenny, du machst mich wahnsinnig, ich red' *nur* gegen die Wand!« – »Jop! Das kommt *mir* auch so vor!«, könnte jetzt vielleicht meine Anmerkung als diensthabender Erziehungsberater lauten. Aber ich verkneife es mir lieber und beobachte das spannende Geschehen zwar leidlich amüsiert – ich hoffe, das verzeihen Sie mir –, aber natürlich mit aller gebotenen Professionalität weiter …

Taktik-Level sieben – Mitleid erheischen:
Jenny schweigt zu all dem und bastelt an einer Träne, die zwar nicht so richtig hervorkommen will, aber ihre bedauernswerte Wirkung nicht verfehlt. Die Gedanken des Mädchens freilich sind schon absolut siegessicher: »Hast recht! Ich *mag* das, wenn du gegen die Wand redest, dann weiß ich immer, dass du *nicht mich* meinst!« Doch Mami sieht das anders und bekräftigt dies mit ihrer sechsten Wiederholung: »Jenny, ich sag's dir jetzt zum letzten Mal: Nein! Du wirst jetzt *keine* …!«
»Chip, Chip, hurra! Noch eine Sackgasse! Mom ist schon bei der *letzten* Ansage!«, denkt Jenny. Der nun ganz automatisch folgende Gedankengang ist uns ja schon aus dem Sackgassen-Kapitel bestens bekannt: »… und was ist dann *nach* deinem ›letzten Mal‹?«
Für uns ist die Antwort sicher wenig überraschend: *Gar nichts* ist nach dem »letzten Mal«, denn jetzt hat auch *diese* gute Mama wie zahllose andere, die andauernd gegen bettelnde Berufstyrannen antreten müssen, irgendwie keinen Plan mehr, um aus ihrer Sackgasse noch herauszufinden.
Franziska ist dabei, den Bettelzweikampf klar nach Punkten zu verlieren. In einem allerletzten Denkprozess, fieberhaft auf der Suche nach einer salomonischen Lösung, die ihr hilft, das Gesicht nicht zu verlieren, hat sie dann *doch* noch etwas zu sagen: »*Na gut*! Aber nur das *halbe* Sackerl!«

Na-gut-Falle
Glückwunsch! Herzlich willkommen bei einem der »beliebtesten« erzieherischen Hoppalas. Schon in meinen früheren Büchern habe ich diesem Top-Star unter den erzieherischen Ausrutschern liebevoll

den Namen »Na-gut-Falle« gegeben. Diese Falltüre schnappt immer dann zu, wenn ein kindlicher Tyrannenmodus besonders erfolgreich verlaufen ist: »Na gut, mein Schatz, damit du mich nicht weiter tyrannisieren kannst, geb' ich vorsichtshalber mal lieber nach!« Tolle Anti-Tyrannenstrategie, fürwahr!

Und was ist nun mit Jenny und ihrer Mom? Nun, das Duell ist noch nicht ganz zu Ende. Soeben steigt die listenreiche Kämpferin in das allerhöchste Level auf und feuert von dort eine zwar ultra-sanfte, aber mega-wirksame Elternruhigstellungswaffe ab. *Kinder* würden auf den jetzt folgenden fiesen Trick niemals hereinfallen! Jennys Mom leider schon ...

Taktik-Level acht – gewinnen lassen:
Die pfiffige Chips-Tyrannin setzt nun noch eins drauf, indem sie missmutig das Gesicht verzieht und losraunzt: »Na geh! Du weißt, dass ich gerade bei *diesen* Chips nicht aufhören kann!« Den Satz lässt das Mädchen allerdings so resigniert klingen, als hätte die Mutter mit ihrer salomonischen Entscheidung einen *mächtigen* Sieg davongetragen. Weil sie aber genau weiß, dass der Satz allein noch nicht restlos überzeugend ist, hat unsere listige Jenny zur endgültigen Festigung nun noch einen finalen Gnadenakt auf dem Programm: »Also gut!«, schnieft sie gekonnt, »ess' ich halt nur ein *halbes* Sackerl ...! Siehst du? Ich hör' *immer* auf dich!« Ist das nicht herzzerreißend?

Das Böse im Kind?

Gut, dass die nun tatsächlich einigermaßen zufriedengestellte Franziska ihre liebe kleine Jenny nur mehr von hinten betrachten kann, als das »geschlagene Mädchen« langsam davonzieht. Kaum ist die vorwitzige Göre aus der Küche getrottet, passiert nämlich etwas mit Jennys Gesicht. Es verändert seinen Ausdruck: Aus den leicht gequälten Zügen einer Besiegten schält sich rasch ein breites, triumphierendes Grinsen heraus, das noch lange anhält. Sogar noch, als sie oben in ihrem Zimmer die schon vorbereitete riesige Schüssel mit einem schwungvollen Ruck wieder auffüllt. Randvoll! Natürlich mit dem *ganzen* Inhalt der Chips-Packung. »Ach Mami, *mich* musst du dir nervlich erst einmal leisten können! Genial, dieses Kind oder … etwa einfach nur »böse«?

Doch halt: Letzteres steht ja eigentlich gänzlich außer Frage, denn genau *diese* beiden Komponenten machen schließlich einen Tyrannen aus: *Genialität* und *Bösartigkeit*. Besser kann man das Cover-Thema eines Buches wohl gar nicht abdecken.

Jedoch schließt sich just mit *diesen* beiden Begriffen der Kreis zu fast allen meinen pädagogischen Ansätzen: Bei allem, was unsere lieben *kleinen* oder manchmal schon etwas *größeren* Haustyrannen aufführen, ich unterstelle ihnen zwar immer mal wieder nahezu grenzenlose Genialität, *niemals* aber Bösartigkeit.

Überzeichnet?

Vielleicht denken Sie jetzt, dass mein anschaulicher Bericht über Jennys tyrannisches Fehlverhalten hie und da ein wenig überzeichnet gewesen sein mag. Mitnichten! Auch wenn ich aufgrund meiner beruflichen Schweigepflicht Jennys wirklichen Namen nicht preisgeben darf, so ist das Fallbeispiel, wie alle anderen in diesem Buch übrigens auch, ziemlich *wortgetreu* so abgelaufen. Darum ist es umso wichtiger, dass uns der tiefere Sinn dieser Ereignisse nicht verborgen bleibt. Lassen Sie uns deshalb zu unseren Schlussfolgerungen kommen und dazu gleich ordentlich hoch greifen, indem wir uns die wahrscheinlich wichtigste Frage im belebten Universum stellen …

Henne oder Ei?

Klar wirkt es tyrannisch und nervt einen als Bezugsperson ganz ungemein, wenn der kleine Liebling ständig hinterfragt, was man gerade zuvor *abgelehnt* hat. Selbstverständlich ist das ein Zustand, der sich auf Dauer nicht leicht verkraften lässt. Dafür hat sogar ein noch so gestrenger Erziehungsberater volles Verständnis.

Dennoch: Bei kaum einem Tyrannenmodus ist die Frage nach »Henne oder Ei« wohl eher angebracht als bei diesem. *Was* mag wohl zuerst da gewesen sein: das erwachsenenkompatible Wiederholen der ständig gleichen Texte oder das kindgerechte »Betteln aus Gewohnheit«? Daraus ergibt sich leider eine weitere, ebenso einfache wie schmerzliche Frage: »Könnte ausgerechnet der ach so nervige Bettelmodus nicht doch *zur Gänze* hausgemacht sein?«

Die Antwort darauf fällt praxisgerecht aus. Würde die Geschichte nicht ein so wunderbar einleuchtendes Bild eines komplett selbst gebastelten Bettelverhaltens ergeben, hätte ich mir die gesamte aufwendige Schilderung unseres Chips-Kriminalfalls sicherlich sparen können. Als sorgfältiger Verhaltenspädagoge muss ich allerdings noch ein Stück weiter, nämlich *hinter* das augenscheinliche Fehlverhalten blicken, indem ich das Verhaltensmuster des Kindes völlig wertfrei betrachte, es also weder als »gut« noch als »schlecht« einstufe.

Mit diesem kleinen, aber komfortablen Abstand zur Sache nehme ich ganz automatisch erneut unsere nun schon bestens bewährte Meta-Position ein. Wie von selbst entsteht durch diesen viel weiteren Blickwinkel in mir die Frage: »Was möchten Kinder uns eigentlich damit *sagen*, wenn sie uns hartnäckig anbetteln?« Die Antwort auf diese Frage ist zwar erschreckend einfach, sie wird allerdings ebenso erschreckend selten überhaupt in Betracht gezogen …

! Kinder oder Jugendliche, die *nach* einem klar ausgesprochenen Nein ihre Bezugsperson weiter anbetteln, sagen mit diesem Verhalten klar und unmissverständlich: »Ich nehme dich schon seit einiger Zeit *nicht* mehr ernst!«

War es jetzt also doch die *Henne*, die zuerst …? *Diese* Frage wird wohl noch lange offen bleiben.

Ja, ich weiß! Wenn man sich den vorigen Merksatz auf der Zunge zergehen lässt, ist das eigentlich schon wieder ein ziemlich schwer zu schluckender Brocken. Manch einer wird sagen: »Das stimmt doch gar nicht! Mein Kind nimmt mich *immer* ernst und bettelt mich trotzdem oft an!«

Vorsicht! Wahrscheinlich steht ihr mit diesem Standpunkt zu *nahe* am Geschehen dran! Deshalb sage ich: Watschelt doch jetzt bitte mit mir gemeinsam ein, zwei Schritte zurück. Dann dürft ihr versuchen, die Sache aus dem Blickwinkel eurer eigenen Lebenserfahrung mit »respektablen« Bezugspersonen zu sehen!

Habt ihr eure ganz persönliche Erinnerung an eine solche gefunden? Vielleicht an die eigenen Eltern oder einen dazumal hoch geachteten Lehrer? – Jetzt meine Frage: Habt ihr eine *dieser* Personen jemals hartnäckig angebettelt?

Härte oder Strenge?

Die vorige Erkenntnis soll nun keineswegs ein Plädoyer für ein vielleicht unangemessen kompromissloses Wirken unheilbar autoritärer Bezugspersonen gewesen sein. Nicht nachvollziehbare *Härte* ist schließlich weder ein hilfreicher erzieherischer Weg noch ganz allgemein jener pädagogische Ansatz, für den ich persönlich stehe. Zum erzieherischen Verhaltensmuster *Strenge* stehe ich allerdings schon! Schließlich haben mir die unzähligen »verhaltenskreativen« Kinder und Jugendlichen, mit denen ich nicht nur im familiären Kontext, sondern auch in Gruppen und Schulklassen gearbeitet habe, stets deutlich gezeigt, dass sie ausgerechnet mein *Strengsein* als unheimlich »cool« empfunden haben.

! Was immer man mit Begriffen wie Strenge, Konsequenz oder Durchsetzungsvermögen auch umschreiben mag, es bedeutet doch nichts anderes als: *Verantwortung* übernehmen!

Im obigen Merksatz geht es jedoch keineswegs um Ihre Verantwortung als Erwachsener für Ihr Kind, sondern um jene, die Sie für *sich selbst* tragen. Was immer Sie Ihrem Kind auch ankündigen oder versprechen, vielleicht auch mal »androhen« bzw. »verbieten« müssen, Sie sollten letztendlich auch voll dazu *stehen*. Sofern Ihnen das in der Situation aber nicht möglich ist, wären Sie nahezu perfekt beraten, die geplanten

Worte besser *gänzlich ungesagt* zu lassen – wozu Sie im Umkehrschluss dann natürlich ebenfalls stehen sollten.

Wir sind nicht nur verantwortlich für das,
was wir tun, sondern auch für das, was wir nicht tun.
Molière

Zum besseren Verständnis: Erinnern Sie sich noch an Franziska, Jennys Mutter, die zwar sechs Mal laut und deutlich Nein gesagt und am Ende doch bloß ein »Na gut« übrig gehabt hat? Ganz sicher hat die gute Frau viel zu nahe am Geschehen gestanden. Vielleicht hätte sie mit ein klein wenig Abstand erkannt, dass sie sich mit jeder Wiederholung, vor allem aber mit jedem »Na gut« ein kleines Stückchen *unglaubwürdiger* bei ihrem Kind macht.

Ist es für uns mit dem Wissen, das wir allein aus diesem letzten »strengen Abschnitt« gewonnen haben, tatsächlich noch eine Überraschung, wenn so ein cleverer »Satansbraten« wie Jenny auf die Idee kommt, in einen hartnäckig bettelnden Tyrannenmodus zu schalten?

! Zu einem Kind *streng* zu sein, bedeutet nichts anderes, als in allererster Linie zu *sich selbst* streng zu sein. Dieses ehrliche Übernehmen von Verantwortung spürt jedes Kind und jeder Jugendliche sofort und nimmt seine Bezugsperson ganz automatisch viel eher ernst.

Umgekehrte Sichtweise

Meine Schlussfolgerungen sollen Sie jedoch keineswegs dazu bringen, ab nun jedes Nein gnadenlos durchzusetzen oder Ihr Kind bloß als »tyrannischen Ignoranten« zu sehen, wenn es Sie mit allem ihm zur Verfügung stehendem Charme und zu Herzen gehendem Dackelblick hartnäckig anbettelt. Schließlich verträgt manch ein treuherziger Blick auch ein Lächeln oder sogar ... richtigen Spaß! Doch zu *dieser* »witzigen Perspektive« kommen wir gleichermaßen freudig wie verlässlich im zweiten Teil des Buches.

Jetzt möchte ich Sie viel lieber zur umgekehrten Sichtweise ermutigen. Wenn Sie sich bisher vielleicht viel zu oft auf Diskussionen eingelassen bzw. zahllosen Bettelversuchen mit Ihrem »Diskussions-Go« Ihre persönliche Erlaubnis erteilt haben, brauchen Sie sich ab heute nicht mehr zu wundern oder gar zu ärgern, dass der Tyrannenmodus Betteln ganz automatisch zum Standardverhalten Ihres Kindes geworden ist.

Nein! Jetzt sage ich *nichts* mehr dazu! Was höre ich da? Sie betteln um »noch mehr« Informationen? Wie oft soll ich denn noch »Nein« sagen? Das ist doch zum *Ausrasten* …

»Ich *raste* jetzt aus!« – Tyrannenmodus: Rumpelstilzchen

Kleine Gnome?

Ebenso spektakuläre wie oft unerklärliche Formen häuslichen Tyrannentums sind Ausraster, Wut- und Tobsuchtsanfälle oder wie auch immer man das nennen möchte. So oder so, ein Tobsuchtsanfall eines kleinen Rumpelstilzchens kann einem wahrlich den ganzen Tag verderben. Im fortgeschrittenen Stadium kann solch ein Verhaltensmuster sogar die ganze Familie richtig aufmischen.

Nur damit wir allesamt vom gleichen Typ reden: *Rumpelstilzchen*, das ist ein immerzu zorniger, bis zum Zerplatzen ausrastender Gnom aus einem jener grenzwertig »kindgerechten« Märchen der Gebrüder Grimm. Die beiden hätten damals wohl ihre durchaus lobenswerte Sammelleidenschaft für uralte Geschichten besser an Fantasy-Storys für Erwachsene ausgelebt.

Dass der Tyrannenmodus »Zornbinkel« nicht selten auch in Schulen bzw. ganz allgemein im Kontext Gruppe auftaucht, wird wohl jedem klar sein. Deshalb fragt sich auch manch eine Lehrkraft, was sie machen soll, wenn zwei oder gleich mehrere kleine Wüteriche in ihrer Klasse so richtig austicken. Wie also bringt man eine Eskalation wieder auf ein normales Level herunter? Fachleute nennen das übrigens »deeskalieren«.

! Alle wichtigen Blickwinkel auf das Thema Eskalation werden sofort leichter verständlich, wenn man den deutschen Begriff für Eskalation einmal kennt: »*Kontrollverlust*«.

Doch bevor wir es schaffen, diesen besonderen Tyrannenmodus durch Deeskalieren in den Griff zu bekommen, dürfen wir uns hineinfühlen, indem wir einen weiteren Kinderzimmerbesuch wagen, diesmal bei einem klassischen Rumpelstilzchen. Während Sie diesen Fall miterleben, sollten Sie eine ganz bestimmte Frage im Kopf behalten: »Können wir als Bezugspersonen mitten *in* einem Wutanfall überhaupt das ›Richtige‹ tun?«

⏭ Fall 12: »Aha-Erlebnisse«

»Mein zwölfjähriger Enkel Florian tyrannisiert mich mit seinen andauernden Wutanfällen!«, klagt Großmutter Anna K. am Telefon. »Oft wird der Junge ohne ersichtlichen Anlass wütend, beginnt herumzuschreien, stampft mit den Füßen auf. Wenn ich ihn dann nach dem Grund frage, wird er meistens *noch* viel lauter, nimmt im weiteren Verlauf oft sogar wertvolle Gegenstände in die Hand und droht mir damit, sie aus dem Fenster zu werfen!«

Denkanstoß

Ihnen ist vielleicht eine erste winzige Unstimmigkeit aufgefallen: Mich jedenfalls macht bereits jener zarte Hinweis auf den »fehlenden Anlass« stutzig, weil Kinder und Jugendliche niemals etwas *ohne Grund* tun. Es gibt für jedes Fehlverhalten einen Auslöser. Doch wie wir wissen, sehen wir hauptsächlich das augenscheinliche Symptom, für das wir natürlich keinerlei direkten Anlass orten können. Über dieses besondere Phänomen hat sich der großartige Philologe und Pädagoge Herman Nohl schon Gedanken gemacht und seine Erkenntnis niedergeschrieben:

Wir dürfen niemals von den Schwierigkeiten ausgehen,
die ein Kind macht, sondern immer nur von denen, die es hat.

Meine erste spontane Rückfrage an Florians Großmutter geht jedoch in eine ganz andere Richtung: »Sagen Sie mir bitte: Wie *oft* hat Ihr lieber Enkel denn tatsächlich schon wertvolle Dinge aus dem Fenster geworfen?« Die gleichermaßen verblüffte wie leicht beleidigt klingende Antwort der bemerkenswert jung wirkenden Oma überrascht mich irgendwie nicht: »Ääh, bis jetzt noch gar nicht!« – »Aha!«

Als ich nicht weiter darauf eingehe, vertieft Anna die betrüblichen Berichte von ihrem tyrannischen Lieblingsenkel: »Wenn ich den Jungen dann zu beruhigen versuche, wird er meistens *noch* wütender und schließt sich am Ende sogar oft im Badezimmer ein, um dort weiterzutoben!« Natürlich muss ich wieder nachfragen: »Wie beruhigen Sie ihn denn in solchen Situationen?« – »Natürlich rede ich dann mit ihm!« – »Durch die Tür hindurch?«, frage ich. – »Ja, sicher!«, klingt Oma Anna schon wieder ein wenig entrüstet. – »Aha!«

»Und *worüber* reden Sie so mit ihm?«, frage ich mit düsterer Vorahnung. – »Natürlich will ich dann meistens wissen, was ihn eigentlich so sehr wütend macht.« – »Und das regeln Sie konsequent quer durch das verschlossene Türblatt?« – »Ja, freilich!« – »Aha!«

Mit meinem letzten »Aha« scheine ich Anna K. auf die Rechtfertigungsschiene gebracht zu haben: »Na, ich *muss* doch etwas unternehmen!«, verteidigt sie sich, »was ist, wenn er alleine im Bad etwas zertrümmert und sich dabei wehtut?«

Obwohl ich schon ziemlich genau weiß, wie die Antwort lauten wird, muss ich aus professionellen Gründen jetzt dranbleiben: »Sagen Sie mir noch rasch, liebe Frau Anna: Wie *oft* hat denn der Bub schon etwas im Bad zertrümmert und sich dabei wehgetan?« Die erwartungsgemäße Antwort: »Bis jetzt eigentlich noch *nie*!« – »Aha!«

Ich merke, hier wird wirklich ein persönlicher Coaching-Termin benötigt. Nächste Woche habe ich sicherlich Zeit.

Für Sie, liebe Leser, nehme ich mir die Beratungszeit allerdings *sofort*, obwohl *Sie* ja sicherlich schon ahnen, worauf das hier hinausläuft, oder? *Meine* Schlussfolgerungen möchte ich Ihnen jedenfalls, weil schwer verdaulich, gerne in kleineren Portionen servieren …

Portion eins: Fehlversuche

Unsere liebe Anna hat unzweifelhaft vollen Einsatz gezeigt, um ihren Enkel zu beruhigen. Sehr lobenswert! Jetzt kommt natürlich das berühmte »*Aber*« ... Wie viele Fehlversuche braucht es eigentlich, bis manch ein Mutter-, Vater- oder eben auch Großelternherz dahinterkommt, dass es offensichtlich *so* nicht funktioniert? Die Antwort dafür könnte in einem bei Eltern und anderen Bezugspersonen nicht selten schon ziemlich festgefahrenen Blickwinkel liegen: »Mein Kind *tyrannisiert* mich einfach mit seinen ständigen Wutattacken! Basta!« Der »Ich-brauche-nix-zuändern-aber-mein-Kind-schon-Tag« steht dabei leider noch nicht im Kalender ...

Ich kann die Welt nicht verändern, aber einen einzelnen Menschen, mich selber.
Karlheinz Böhm

In zahlreichen Beratungsgesprächen beschweren sich Eltern, aber auch Lehrer bei mir über »unsteuerbare« Momente tyrannischer Aggression bei ihren Kindern. So weit, so gut! Dafür sind wir ja da, mein Team und ich. Aus den Details dieser Beschwerden wird aber meist rasch erkennbar, dass die engagierten Bezugspersonen während der jeweiligen Situationen eines nicht wahrzunehmen scheinen – dass alle wortreichen Interventionen die Sache bloß *anheizen*, anstatt sie abzukühlen. Erst jetzt wird das Ganze unsteuerbar!

Da darf man doch einmal nachfragen, wie *wir* Erwachsene vorgehen, wenn jemand in unserer nächsten Umgebung ausrastet? *Argumentieren* wir wirklich jedes Mal konsequent weiter, um zu »helfen«? Reden wir auf den Tobsüchtigen ein? Ja, sicher, manchmal schon, aber ich denke, die allermeisten Erwachsenen haben im Laufe ihres Lebens bereits dazugelernt ...

Also, liebe Eltern, Großeltern, Lehrer und Co, beim nächsten Wutanfall Ihres Lieblings könnte ein passendes Stichwort lauten: *sich zurücknehmen*. Was machen wir aber, nachdem wir uns zurückgenommen haben? Die dazupassenden, erstaunlich einfachen Lösungsansätze plus Lauschangriff auf die kindlichen Denkmuster in solchen Situationen bekommen Sie selbstverständlich in Kürze geliefert, keine Sorge. Jetzt aber zuerst ...

Portion zwei: Aufwertung

Sie erinnern sich noch an die Szene mit dem Badezimmer und der geschlossenen Tür, durch die hindurch die Großmutter weiter interveniert und mit dieser Vorgehensweise die Sache noch weiter angeheizt hat? Jetzt ist mal wieder mein Lieblingsblickwinkel fällig, *was* in solch einer Situation in den Gedanken eines gerade betroffenen Kindes wohl vorgehen mag. Vielleicht so etwas?

Lauschangriff

»Bitte, Oma! Hör *endlich* auf da draußen! Lass mich doch endlich in Ruhe runterkommen! Ich kann das besser ohne dein Gelaber!« Schließlich gelangt der Junge vielleicht zu einer Erkenntnis wie dieser: »Verdammt, meine Oma traut mir *überhaupt* nichts zu! Gar nichts kann ich alleine. Ich bin eh zu nichts gut!« Diese kindlich gleichermaßen genialen wie einfachen Gedankengänge bringen uns punktgenau zum Stichwort: *Selbstwertgefühl!*

Autoaggression

Haben Sie den Begriff Autoaggression schon einmal gehört? Dieses Fachwort beschreibt Zorn, Wut, Kontrollverlust oder wie immer man es nennen mag, den ein Mensch nicht gegen jemand anderen, sondern hauptsächlich gegen sich selbst richtet. Mit anderen Worten: wenn jemand wütend *auf sich selbst* ist.

Bei erstaunlich wenigen Kindern, die auffällig oft längere Wutphasen durchleben, liegt der Fokus auf fremdaggressivem Verhalten. Das heißt, sie greifen weniger andere Kinder oder gar ihre Eltern an als vielmehr *sich selbst*. Egal, ob nun körperlich oder mit Worten. Wenn man sich momentan selbst nicht leiden mag, kann natürlich beides in der Phase des Wütendwerdens ganz schön bösartig ausfallen. Das lässt ja zu unserem Thema schon einen besonders interessanten Blickwinkel zu: Ist das Wütendsein auf sich selbst nicht auch so etwas wie Tyrannei gegen die eigene Person?

Ein Gedanke, den wir vollständig zu Ende denken sollten: Das Ganze scheint also unmittelbar mit dem zusammenzuhängen, was Fachleute »Selbstwirksamkeitserwartung« nennen! Wenn Ihr Kind also häufig wütend auf sich selbst ist, können Sie davon ausgehen, dass es ein äußerst geringes Selbstwertgefühl hat. Exakt diese Diagnose trifft sehr wahrscheinlich auch auf Florian zu.

! Tobt ein Kind auffallend oft, lohnt es sich, zu hinterfragen, ob es eventuell gar nicht auf den jeweils erlebten Vorfall oder auf Sie wütend ist, sondern eher auf sich selbst.

Mit diesem neuen Verständnis schließt sich für uns auch schon der Kreis zum vorigen Abschnitt über das Zutexten. Jemand mit geringem Selbstwertgefühl kann es mit Sicherheit gar nicht verhindern, sich nur *noch schlechter* zu fühlen, sobald die geliebte Bezugsperson das Verhalten wortreich »gar nicht so gut« findet. Noch schlimmer ist es wahrscheinlich, in diesem aufkeimenden Gefühl auch noch hartnäckig befragt zu werden: »Was *hast* du denn? Warum *tust* du das? Wie kann ich helfen?« Können Sie nachvollziehen, welch mächtige Fuhre man sich auflegt, wenn man mitten im Zorn der wichtigsten anwesenden Bezugsperson alle diese Fragen befriedigend beantworten muss, während man sich gerade *selbst* nicht besonders gut leiden kann?

POWER-Modell

Ich glaube, jetzt sind Sie fit genug, um ein ganz neues Modell kennenzulernen, das sich bei allen Formen akuten tyrannischen Verhaltens bereits bestens bewährt hat und somit auch ein wunderbares Werkzeug für Rumpelstilzchen und Co ist. Auch Großmutter Anna aus unserem Fallbeispiel habe ich dieses Modell vorgestellt, weil ich ihre persönliche Fitness als Bezugsperson keine Sekunde lang infrage gestellt habe ...

Schon bei der nächsten wütenden, aufsässigen, schmollenden oder ganz allgemein unerträglichen Tyrannenattacke versuchen Sie, diese bitte nicht mehr wie gewohnt zu bekämpfen. Warten Sie stattdessen geduldig, aber aufmerksam auf die allererste wahrnehmbare *positive Veränderung*, egal wie winzig oder unbedeutend diese in Ihren Augen auch erscheinen mag. Genau jetzt ergreifen Sie aber bitte die einmalige Gelegenheit und nehmen ausschließlich jenes »klein wenig positivere«

Verhalten wahr: »Hey! Du kannst ja von ganz alleine schon viel weniger toben, mein Junge! Das finde ich toll!«

Hinter diesem Vorgehen steckt so viel erzieherische Power, also Kraft, dass ich einige Buchstaben aus den beiden Worten „*po*sitive *Ver*änderung“ zum Akronym POV-VER, geschrieben als „Power“ zusammengefasst habe. Nehmen Sie also einen kraftvollen Anlauf und wenden Sie dieses neue mächtige Werkzeug mutig an. Sie werden staunen, wie großartig es wirken kann ...

Anti-Tyrannen-Strategien

Bevor Sie diverse Wutausbrüche Ihres Kindes bewerten, stellen Sie sich bitte die oben beschriebene Frage nach eventuell zu geringem Selbstwertgefühl.

Die allermeisten Anfälle von Zorn sind Phasen höchster Empfindsamkeit, auch wenn sie nicht so aussehen. Sie dürfen daher entsprechend sensibel – zuweilen eben auch *gar nicht* – handeln.

Versuchen Sie bitte nicht mehr, auf ein Kind mit ansteigender Wut einzureden. Dieses Verhalten wird das Problem in der Wahrnehmung Ihres Kindes bloß noch mehr *aufwerten*. Das Wutgefühl wird dann in der Wahrnehmung des Kindes erst recht unlösbar.

Wenn Ihr Liebling bekanntermaßen ein routinemäßiges Rumpelstilzchen ist, vereinbaren Sie schon *vorher*, wie Sie sich bei der nächsten Wutvorstellung als »beobachtender Zaungast« verhalten werden.

Überaus bewährt hat sich, Kinder schon in einer ansteigenden Wutphase damit zu beauftragen, sich nicht wehzutun, sich von allein wieder einzukriegen, und sie dann in einem ruhigen Bereich allein zu lassen. Bedenken Sie bitte: Auch ein Wutanfall braucht Zuschauer. Wenn diese ganz unvorhergesehen verschwinden, ist der schönste Zornesausbruch meist schnell Geschichte.

Ich weiß nicht, wie es Ihnen gerade geht! *Ich* jedenfalls freue mich jetzt schon auf das nächste Rumpelstilzchen, auch wenn es sich dabei bloß um handfeste Wutattacken zwischen Geschwistern oder anderen Gleichaltrigen handelt ...

»Jetzt *verhau'* ich dich!« – Tyrannenmodus: Streithansl

Sturmwarnung?

Bisher ist es immer bloß um tyrannisches Verhalten uns Erwachsenen gegenüber gegangen. Sicher, das haben wir ja auch so gewollt, sonst läge dieses Buch nicht hier vor uns. Der Vollständigkeit halber darf aber hier auch über das Thema »Geschwisterstreit« oder, ganz allgemein, über »handfestes Streiten« gesprochen werden, weil es ziemlich sicher ist, dass viele Eltern und Pädagogen daran großes Interesse haben.

Situationsanalyse: Das Streitbarometer, ob nun gerade im trauten Familienkreis zwischen Geschwistern oder innerhalb einer Gruppe, steht mal wieder auf Sturm? Nun gut, das gehört vielleicht zum erzieherischen Alltag. Aber was, wenn die Situation in einen handfesten Tyrannenmodus abgleitet? Und vor allem: Wer stellt den Zeiger dann wieder zurück auf »Schönwetter«?

Terror im Doppelpack

Stürmischer Streit zwischen zwei ausrastenden Kids sollte als potenzieller Tyrannenmodus keinesfalls unterschätzt werden. Das Terrorpotenzial erstreckt sich dabei natürlich nicht nur auf ein liebes, aktuell immer völlig unschuldiges Geschwisterchen oder einen ebenso »völlig unbeteiligten« Sitznachbarn, sondern im Doppelpack gleich auch noch auf die nun sicherlich schlichtend eingreifende Bezugsperson, die sich gerade ganz und gar zuständig fühlt.

Die Frage stellt sich, ob das mit dem schlichtenden Eingriff hinein in einen eskalierenden Streit überhaupt so eine Spitzenidee ist, wie das manche Erziehende wohl glauben ...

⏭ Fall 13: Prügelknabe

»Die zwei streiten und raufen andauernd!«, beschwert sich Natalie R., Mutter des achtjährigen Hansi und der fünfjährigen Elisabeth, »und immer provoziert Hansi seine kleine Schwester so lange, bis sie dann laut zu kreischen beginnt. Das ist für mich kaum auszuhalten! Wenn ich die beiden aber trenne, beginnt mein Junge wiederum *mich* heftig anzuschnauzen: ›Ääh! Lass mich gefälligst los! Ich muss erst noch diese blöde, kleine Tröte verhauen ...! Außerdem hab' ich bis jetzt doch gar nichts gemacht! Geh weg!‹ Der schiere Terror für mich!«, schließt Natalie ihren Bericht, »aber es ist doch schließlich meine Pflicht, zu verhindern, dass die beiden einander wehtun!«
»Nein!« antworte ich der zunächst vollkommen verdutzten Mutter, »das ist *nicht* Ihre erste Pflicht! Schon gar nicht, dass sie bei jedem einzelnen Aufeinandertreffen der beiden trennend eingreifen. Ist Ihnen schon aufgefallen, dass Sie mit Ihrem alarmierten, hektischen Eingreifen nichts anderes tun, als eine schon laufende Eskalation mit einer weiteren Eskalation zu beantworten? Was denken Sie denn, wo das hinführt?« Vorsichtig holt Nathalie eine Bestätigung ihres konkreten Verdachts bei mir ein: »Dass es für mich mit der Zeit immer schwerer wird, einen Streit zu beenden?« – »Ganz richtig, liebe Mama!«, versetze ich und bin einigermaßen erfreut darüber, dass Natalie so schnell begreift, worum es hier geht.

Probleme kann man niemals mit derselben Denkweise lösen,
durch die sie entstanden sind.
Albert Einstein

Aber ich bin noch nicht fertig: »Was denken Sie, passiert mit dem Streit, wenn Sie eingreifen und die zwei tyrannischen Streihansln mit Ihrer persönlichen Muskelkraft getrennt haben? Wird der Streit dann beendet sein?« – »Wahrscheinlich nicht!«, antwortet Nathalie zaghaft. »Richtig! Er wird nur verlagert und ganz automatisch sogar verschlimmert, weil er in diesem Moment in der Wahrnehmung der Kinder bereits *aufgewertet* und als ›irgendwie unlösbar‹ verankert wird: ›Puhh!‹, denkt Hansi vielleicht, ›wäre Mom jetzt nicht dazwischengegangen, ich hätte der Kleinen sicherlich alle Haare ausgerissen!‹ Mit diesen Gedanken hat der Bub auch schon voll akzeptiert, dass er *seine* persönlichen Muskelkräfte gar nicht mehr zurückhalten muss, weil das sowieso jedes Mal die liebe gute Mama für ihn tut!« Keine gute Entscheidung, das mit dem dauernden Eingreifen, liebe Natalie ...

Zu mancher richtigen Entscheidung kam es nur,
weil der Weg zur falschen gerade nicht frei war.
Hans Krailsheimer

»Was denken, Sie, liebe Natalie? Wie wird das Konfliktpotenzial für die nächste Streitrunde dann wohl ausfallen? Geringer oder eher höher?« Jetzt bleibt Nathalie mir die Antwort schuldig. Ihr Blick jedoch spricht Bände ...
In das entstandene Schweigen hinein platziere ich noch zwei wichtige Botschaften: »Warum, denken Sie, *kreischt* Ihre kleine Tochter bei jedem Streit so irre laut los? Weil sie schon heftig verletzt am Boden liegt? Nein, sondern damit Sie gefälligst auf der Bildfläche erscheinen: ›Her mit dir, Mami! Aber pronto!‹ Ein unausgesprochener Befehl, dem Sie dann ja auch jedes Mal ganz brav nachkommen! *Das*, liebe Mama, ist die *eigentliche* Tyrannei, die Ihnen aber offensichtlich überhaupt nicht auffällt: Nicht Hansi hat Sie mit seiner wiederkehrenden Lust auf Streit vollständig in der Hand, sondern die kleine immer unschuldige Heulboje namens Elisabeth. Unterstützen Sie diesen Tyrannenmodus weiterhin, wird sich bei dem bisher immer gleichen Streitverhalten der beiden auch keinerlei Änderung einstellen!«
Immer noch bringt die staunende Mutter keinen Ton heraus. Das muss ich gnadenlos weiter ausnützen. Deshalb setze ich mit einem kräftigen Atemzug zum Finale an: »Noch eine Kleinigkeit: Auch wenn es für Sie nach endloser gegenseitiger Tyrannei und wilder Ablehnung aussieht, ist es doch das genaue Gegenteil. Streit zwischen Kindern und besonders unter Geschwistern ist gleichermaßen normal wie gesund und weist obendrein darauf hin, dass die beiden einander im Grunde ihres Herzens furchtbar lieb haben. Was die Kinder da unter sich andauernd regeln und immer neu festlegen,

nennt man in der Fachsprache ›Rangdynamik‹. Ohne diese frühen kindlichen Rangkämpfe hätten wir in unserem späteren Leben nicht die geringste Chance, uns selbst zu behaupten.«

Interessenvertretung

Unschwer lässt sich erkennen, wie wichtig es ist, dass Kinder lernen, ihre eigenen Interessen *selbst* zu vertreten, anstatt sich allmählich darauf zu verlassen, dass andauernd wir Erwachsene es für sie tun. »Eigenkompetenz« nennen Pädagogen und Entwicklungspsychologen das, im Idealfall wird mit der Zeit daraus sogar eine »Lösungskompetenz«. Streit haben und ihn auch bis zu einem sich auflösenden Ende durchführen zu können ist eine Fähigkeit, die für uns Menschen solch immense Bedeutung hat, dass wir ohne sie gar keine soziale Lebenskompetenz mehr hätten. Das wird allgemein »Konfliktfähigkeit« genannt, ein für sich selbst sprechender Begriff ...

Können Sie, liebe Eltern, sich vorstellen, dass diese spannende Fähigkeit, die wir in unserer frühesten Kleinkinderzeit schon zu trainieren beginnen, allmählich verloren geht, wenn jeder Streit in der größten Eskalation sowieso von außen abgedreht wird, *klick, aus, vorbei*! Keinerlei Kompetenz mehr gefragt! »Aber wenigstens kann ich meine Wut ja jetzt an meiner Mom auslassen!«, denkt beispielsweise Hansi spontan. Kleine Tyrannenattacke gefällig?

! Die für ein späteres Leben so dringend notwendige Konfliktfähigkeit geht durch fremdes Eingreifen allmählich verloren, weil Streithähne sich immer öfter auf den Abbruch von außen verlassen.

Aber auch, wenn wir ab jetzt weniger physisch eingreifen wollen, wir stehen wahrscheinlich immer noch *zu nah* am Geschehen dran. Für solch tiefe Einblicke ist aber natürlich eher Gundula, unsere Haus- und Hofphilosophin, zuständig ...

Alle sind Irre; aber wer seinen Wahn zu analysieren versteht,
wird Philosoph genannt.
Ambrose Bierce

Wisst ihr eigentlich, *was* eure Kids während jedes einzelnen Streits außerdem noch besonders gut trainieren? Die tolle Fähigkeit, auch die Interessen *des anderen* wahrzunehmen, zu »beachten«. Schließlich müssen sie ja während eines laufenden Streits aufpassen wie die Hürdenläufer, sonst rennen sie gleich in die nächste ankommende Faust. Spannend, nicht? Aber gleich wird es noch interessanter ...

So seltsam das jetzt für euch klingen mag: Egal, wie heftig eine Auseinandersetzung auch sein mag, das Gefühl des gegenseitigen *Achtens* und *Beachtens* ist dabei immer voll da und bestimmt sogar die ganze Szene. Wäre das nicht so, gäbe es nämlich gar keinen Streit. Ohne den »Gegner« zu beachten, kommen Konflikte ja überhaupt nicht zustande. Klingt wie ein Widerspruch in sich, ist es aber nicht! Ihr glaubt mir das nicht, ihr flügellosen, notorischen Zweifler? Dann versucht doch mal, mit jemandem zu streiten, der euch vollständig ignoriert. Habe ich jetzt eure ungeteilte Aufmerksamkeit? Dann habt ihr euch Nachschlag verdient ...

Zurückzukeifen, sich zu wehren, beleidigt zu reagieren, bedeutet ja eigentlich nichts anderes, als den anderen *wahr*zunehmen. Das wiederum heißt nichts Geringeres, als zu beachten, was der »Gegner« eigentlich gerade will, und dann darauf möglichst lebensverlängernd zu reagieren. Lebenskompetenzübung in ihrer schönsten »Darreichungsform«.

All so etwas erkennt man aber nur, wenn man mutig genug ist, ein paar Schritte weg von der unmittelbaren Streiterei zu machen. Perspektivenwechsel aus Sicht einer kleinen, unbedeutenden Gans wie mir ... Irre, oder?

Um klar zu sehen, genügt oft ein Wechsel der Blickrichtung.
Antoine de Saint-Exupéry

Zuständig oder nicht?

Dass wir Eltern, aber auch Pädagogen während jedes aufflammenden Streits augenblickliche Zuständigkeit und höchsten Stress empfinden, kommt zu allermeist bloß aus einer bestimmten »Gefühlsecke«: unserer *eigenen* Angst! »Was *da* jetzt nicht alles passieren könnte!«, denkt beispielsweise Theresa, eine Grundschullehrerin, als während einer Pause schon wieder handfester Streit zwischen zwei Mädels aufflammt. »Und wenn die beiden einander jetzt die Hälse umdrehen? Kann ich dann noch rechtzeitig eingreifen?« Schon sieht die Gute ein röchelndes Kind am Boden liegen. Doch beim letzten Mal, als Theresa gar keinen Pausendienst gehabt hat, ist ein noch viel wilderer Streit abgegangen und niemand hat geröchelt, höchstens ziemlich schwer geatmet. Aber das soll ja gut für die Lunge sein ...

Vertrauen Sie mir an dieser Stelle getrost: Kaum ein Streit, besonders zwischen Geschwistern, die einander ja bis ins letzte »unmerkliche Augenzucken« kennen, nimmt solche Ausmaße an, wie Sie sie vielleicht gerade im Kopf haben mögen! Kinder haben dafür nämlich viel mehr Sensibilität als Erwachsene. Wenn zwei gestandene Männer oder auch genügend »aufgeladene« Frauen miteinander ernsten Zoff haben, geht das allerdings nahezu immer mit Verletzungen einher! Auch *solche* Bilder tragen wir in unseren Köpfen mit herum, weshalb wir auch ständig dazu neigen, diesen »begründeten Verdacht« beim Auftauchen von Handgreiflichkeiten unserer Kinder gleich mit hineinzuinterpretieren.

! Eine erstaunliche Tatsache ist, dass es eher öfter zu ernsthaften Verletzungen kommt, wenn Kinder bereits daran gewöhnt sind, dass stets »helfende Hände« in ihren gerade so schön losbrechenden Streit eingreifen.

Entwarnung

Eine erste Entwarnung darf ich hier, obendrein gestützt durch wissenschaftliche Ergebnisse, geben: Geschwister, die regelmäßig streiten, dass die Fetzen fliegen, können nicht nur in den »übrigen«, ganz alltäglichen Lebenssituationen viel besser aufeinander eingehen, sondern befestigen damit auch ihre gegenseitige Zuneigung.

Das glauben Sie immer noch nicht so ganz? Auch nicht den Wissenschaftlern? Na gut, dann lassen wir halt all die Studien außen vor. Für mich zählt sowieso mehr die Erfahrung aus der harten Realität. Genau von dort stammt auch das folgende Fallbeispiel, welches augenscheinlich völlig ohne jeden Tyrannenmodus auskommt ...

⏭ Fall 14: »Zuneigungsfrei«

Die zwölfjährige Larissa und ihr achtjähriger Bruder Tommy streiten niemals! Außerdem fällt kaum je ein lautes Wort zwischen den beiden. Handgreiflichkeiten hat es jedenfalls noch kein einziges Mal gegeben. Gut so! Was für brave Kinder, könnte man meinen! Doch was mich immer wieder ziemlich bedrückt, wenn ich die beiden zusammen erlebe, ist, dass die Geschwister auch sonst kaum ein Wort miteinander wechseln. Wie sehr würde sich Sonja, die Mutter der zwei, wünschen, ihre Kinder endlich mal streiten zu sehen. So seltsam es klingen mag: Durch die spürbare gegenseitige Ablehnung ihrer Kinder und die damit oft verbundene gedrückte Stimmung fühlt Sonja sich oft regelrecht tyrannisiert, wirkt deshalb nicht selten ebenfalls gestresst! »Ja, da sieht man es wieder!«, denkt Larissa, »wir Kinder können es doch *keinem* Erwachsenen recht machen! Jemandem unklar, welche von den beiden Müttern eigentlich entspannter sein darf, Sonja oder Natalie?

Noch einmal bei Hansi und Elisabeth

»Gratuliere also«, verkünde ich Mama Natalie abschließend, »wenn Sie zwei Kinder haben, die gelernt haben, ganz allein nach Herzenslust zu streiten und auch ganz allein damit wieder *aufzuhören*. ›So, jetzt mag ich dich nicht mehr hauen!‹, hört man da beispielsweise von Hansi plötzlich. Jetzt könnten Sie auch schon das zuvor bei Rumpelstilzchen eingeführte POWER-Modell anwenden und diese positive Veränderung augenblicklich wahrnehmen: ›Danke Hansi, dass du Lisi heute überhaupt nicht wehgetan hast! Wenn das ab jetzt immer *so* abläuft, dürft ihr zwei Rabauken streiten und hauen, so viel ihr wollt!‹« Das breite, aber herzliche Grinsen der zwei ewig streitenden Tyrannen entschädigt Mama Natalie zwar nicht für alles, aber für vieles ...

Nichts in der Welt ist so ansteckend wie Gelächter und gute Laune.
Charles Dickens

»Ja, gut«, zwinkert Lisi ihrem Bruder zu, »gehen wir jetzt spielen?« Erst jetzt kann auch Mama Natalie den aktuellen Streit wahrlich als »beendet« betrachten ...

Anti-Tyrannen-Strategien

Lassen Sie Ihre Kinder möglichst oft ihren Streit austragen! Die offene Auseinandersetzung, in der ein Kind sich lautstark für seine Belange einsetzt, verhindert Rückzug, Frustration, langfristiges Schmollen, Aufsässigkeit oder gar Verbitterung.

Laufen Sie nicht bei jedem Geschrei gleich zu Ihren Kindern. Der Streit könnte so vielleicht bloß deswegen noch heftiger werden, weil es jetzt auf einmal wichtig ist, Ihre Aufmerksamkeit erzwungen zu haben.

Machen Sie von Anfang an klar, dass Sie sich nicht mit hineinziehen lassen. So bleibt die Verantwortung für jede einzelne Auseinandersetzung, auch für deren »unblutigen« Verlauf, weitgehend bei den Kindern: »Klärt bitte eure Angelegenheit allein!« Positiver formuliert hört es sich in etwa so an: »Ich *freue* mich, wie ihr das alleine löst! Erzählt es mir dann, ja?«

Ergreifen Sie bitte im Streitfall nicht Partei! Wir Eltern sind weder Detektive oder Anwälte noch Richter.

Ihre Stellungnahme kann, wenn Sie selber nicht von Anfang an dabei gewesen sind, höchstens in eine Richtung gehen: »Tut mir leid, mein

Schatz! Was ich nicht selbst gesehen habe, kann ich auch nicht beurteilen!«

Wenn Sie glauben, dass Verletzungen vorprogrammiert sein könnten, verhalten Sie sich während der laufenden Eskalation ganz gelassen und beobachten Sie den Konflikt zwar bereit zum Eingreifen, aber dennoch aus »sicherem« Abstand.

Setzen Sie schon im Vorfeld klare Handlungsgrenzen, indem Sie erklären, wie man »richtig« rauft, ohne sich gegenseitig nachhaltig zu verletzen.

Brechen Sie bei kleineren Kindern nicht gleich ein Spiel ab, bloß weil eines der Kinder mal stößt, beißt, kratzt oder gegnerische Haare zum Zugmechanismus degradiert. Kinder müssen ja schließlich schon *vor* der Entwicklung ihrer Sprachfähigkeiten kommunizieren. Ein zarter Bodycheck sagt eben mehr als zehn weniger zarte Worte ...

Wir können keine großen Dinge vollbringen –
nur kleine, aber die mit großer Liebe.
Mutter Teresa

So, nach diesem handfesten Streit wollen die Kinder aktuell von uns gar nichts mehr wissen und machen einfach zu. Unter uns Pädagogen würden wir sagen: »Dieses Kind blockiert ...!«

Ob *das* gut ausgeht?

»Kein Anschluss unter *dieser* Nummer!« – Tyrannenmodus: Blockierer

Reizend

Das besonders »reizende« Verhalten, welches wir *jetzt* besprechen, kann einen schon auch ziemlich tyrannisieren: Da redet man mühevoll auf eine Person ein, zum Beispiel auf jemanden, den man vor ein paar Jahren in diese Welt gesetzt hat, und diese niedliche Person gibt alles, außer eine Antwort. Klar ist das überaus mühsam und nicht selten auch Grund genug für Rat- und Mutlosigkeit bei Eltern und sonstigen Bezugspersonen.

Hineinversetzen

Sollte Ihnen persönlich so etwas noch nie passiert sein, würde ich gerne zwei sehr entspannende Vorgehensweisen vorschlagen: Erstens, lehnen Sie sich jetzt zurück und genießen Sie das kurze Kapitel, das Sie *überhaupt nicht* betrifft, und lächeln Sie bitte ein wenig nachsichtig. Zweitens, versetzen Sie sich intensiv in solch eine fiktive, aber prickelnde Situation: *Sie* reden, Ihr Kind *schweigt*. Sie wollen irgendetwas von ihm und was tut der kleine Tyrann? *Nichts*! Nicht mal mit der Wimper wird gezuckt.

Furchtbar zermürbend so etwas, nicht wahr? In der Fachsprache wird das Phänomen übrigens als »Rapport-Verlust« bezeichnet. Ein spannendes Thema. Jedoch nur, solange es Sie als Elternteil tatsächlich nicht selbst trifft. Aber zum Glück brauchen Sie sich das Ganze hier bloß nur bildhaft *vorzustellen*.

Das ignorante Tyrannenverhalten geht also in die nächste Runde. Egal, was Sie gerade ausprobieren, Ihr süßer Fratz oder Ihre Frätzin zeigt weiterhin derart geringe Reaktionen, dass Sie schon daran denken, beim Emergency-Room anzurufen: »Herr Doktor, kennen Sie sich mit Wachkomafällen bei Kindern aus? Mein armer Liebling scheint genau *das* zu haben. Bitte sofort mit Notfalltrage und Spritze ausrücken!«

Fieser Trick

Sie können es sich wahrscheinlich schon denken: Genau solche Worte werden Ihr Kind mit an Sicherheit grenzender Wahrscheinlichkeit augenblicklich aus seiner medizinisch bedenklichen Starre befreien. Jetzt ist die Chance groß, nicht nur eine Reaktion, sondern auch eine sogenannte *Interaktion* zustande zu bringen. Cooler, aber fieser Trick. Zugegeben! Sollten Ihnen jedoch im Moment Ihre Anti-Tyrannen-Strategien ausgegangen sein, weil Sie so eine pfiffige Lösung gerade auch nicht zur Hand haben, dürfen Sie gespannt sein auf die noch kommenden Lösungsansätze, Tipps und ... Fallbeispiele.

⏭ Fall 15: Blockadebrecher

Der fünfjährige Kilian hat soeben eine Diskussion mit seinem Großvater verloren. Wir lassen allerdings jetzt bewusst beiseite, *worum* es wohl gegangen sein mochte, weil wir uns nicht mit unnötigem Ballast beladen wollen. Es ist allerdings auch nicht weiter wichtig. Viel bedeutsamer ist das reaktive Muster, das der kleine Mann *nach* seiner Niederlage zeigt: Er hockt auf dem Boden der Küche, zieht einen Flunsch und gleichzeitig die Augenbrauen zusammen, hat die Ärmchen vor dem Körper verschränkt und stiert geradeaus. Aber solche Situationen kennen Sie sicherlich ... vom *Nachbarskind*, ich weiß!

Opa Robert interveniert: »Na toll, jetzt hockst du auf dem kalten Boden und holst dir wieder einen Schn...!«

Stopp! Zwischenfrage: Wie fühlt sich allein schon dieser erste Satz für Sie an? Darf ich vielleicht *beklemmend* sagen? Für den Jungen wird es jetzt allerdings noch enger, weil Opa klarerweise noch ein erweitertes Programm auf Lager hat: »Was hast du denn *jetzt* wieder? Kannst du denn nicht *ein Mal* das tun, was ich sage?« Überaus hilfreiche Worte zum Herausfinden aus einer Blockade, die durch nichts anderes als Worte ausgelöst worden ist! Dann aber feuert Robert in seiner Not auch noch das hilfreichste aller erzieherischen Satzgebilde auf seinen ohnehin schon leidlich hilflosen Enkel ab: »Wenn du *jetzt* nicht gleich aufstehst und tust, was ich dir sage, dann setzt's was!«

Aha! Na, da bin ich ja mal gespannt ... Aber diese besondere Art einer verbalen Sackgasse haben wir ja schon im entsprechenden Kapitel kennengelernt. Auch hier werde ich keinen großartigen Lösungsansatz vorstellen, weil unsere Anti-Tyrannen-Strategien für Kilians Fall ausreichend Perspektiven bieten.

Zwei Modi, ein Vorgang?

Da wir ja nun schon Profis auf dem Tyrannensektor sind, schließt sich für uns hier ein weiterer Kreis: diesmal zum Wütendwerden. Sie erinnern sich an das Kapitel über Rumpelstilzchen und Co? Auch dort haben wir uns mit der Erkenntnis auseinandersetzen müssen, dass es bloß aufwertet, wenn man mitten im Wütendsein auch noch angequasselt wird. Besonders, wenn es sich um Vorwürfe handelt. Auch der Blickwinkel auf ein geschwächtes Selbstwertgefühl ist da wie dort überaus bedeutsam. Ich bin daher mutig und getraue mich, einen erkenntnistheoretischen Ansatz hier erstmals zu veröffentlichen:

! Ein Kind mit hohem, weil konsequent gefördertem Selbstbewusstsein wird nur sehr selten, wahrscheinlich gar nicht dazu neigen, zu blockieren.

Aus diesem neuen Wissen können wir als Draufgabe gleich den nächsten überaus wichtigen Merksatz ableiten, im praktischen Kombipack inklusive einer wirksamen Anti-Tyrannen-Strategie ...

! Blockieren ist zumeist ein allerletzter Ausdruck von Ohnmacht, gleichzeitig aber auch eine Sonderform des Kontrollverlusts, weshalb dieses spezielle »Fehlverhalten« auch genau wie ein Wutausbruch zu behandeln ist.

Tyrannisches Lebensgefühl?

Zum Abschluss darf ich einige weitere spannende Ansätze zum Nachdenken einbringen: Wird sich ein Kind, das sich soeben aus jeder Kommunikation ausgeklinkt hat, wohl so richtig *gut* dabei fühlen? Wird es froh drüber sein, wenn es gerade keinen Weg gibt, mit seiner geliebten Bezugsperson zu *kommunizieren*? Denken Sie jetzt auch, dass ein gerade blockierendes Kind bestrebt sein wird, solche Momente möglichst nicht allzu lange beizubehalten?

Haltung lässt sich leichter bewahren als wiedergewinnen.
Thomas Paine

Hallo, ihr Lieben! Hört sich das mit dem Blockieren für euch nach jenem tollen Lebensgefühl an, das ein Tyrann wohl haben muss, der sein Vorgehen sehr wahrscheinlich genießt? Nein? Dann liegt ihr richtig: Die kommunikative Grundorientierung ist bei Kindern nämlich eine der stärksten Triebfedern für ihr gesamtes Verhalten den Eltern und Bezugspersonen gegenüber. Sie wollen kommunizieren, möglichst viel, intensiv und, wenn's geht, harmonisch. Am liebsten übrigens in Form von *Fragen*. Aber das ist eine andere Geschichte. Eine für den zweiten Buchteil!

Redestopp

Ich kann mir also kaum etwas Schlimmeres für ein Kind (oder einen Jugendlichen) vorstellen, als dass es eine Zeit lang keinen Weg finden kann, um mit seinem geliebten Vater, seiner Mutter oder einer anderen geachteten Bezugsperson wieder reden zu können.

Also kann man von einem überaus positiven Blickwinkel ausgehen, den ich jetzt gleich in den für diesen Abschnitt letzten Merksatz verpacken muss, weil er so wichtig ist.

! Blockieren ist ein klarer Hilferuf an die involvierte Bezugsperson: »Bitte gib mir eine *andere, leichtere* Möglichkeit, mit dir wieder zu kommunizieren! Mach es mir leicht, mein selbst gewähltes Ausklinken aufzugeben! Ich brauche *jetzt* deine Hilfe!«

Dass ein Menschenkind, das ansonsten eher gesprächig ist, mit einer totalen Redeblockade eigentlich zu sich selbst nicht gerade nett ist, sollte Sie abschließend vielleicht gänzlich mit dem Tyrannenmodus Blockierer versöhnen. Der große Kreis um die Frage zum mangelnden Selbstwertgefühl hat sich hier jedenfalls mit einem deutlichen »Einschnappen« geschlossen.

Seltsamerweise hängt unser Selbstwert stets von der Beachtung durch die anderen ab.
Alfred Paul Schmidt

Anti-Tyrannen-Strategien

Lassen Sie für sich den Gedanken zu, dass Ihr Kind Sie sicher nicht tyrannisieren oder gar provozieren möchte, wenn es blockiert.

Sobald Sie ein Blockieren als Hilferuf erkannt haben, versuchen Sie sich behutsam einzufühlen, welche Art Hilfe angebracht wäre.

Reden Sie jetzt so wenig wie möglich.

Sehr bewährt hat sich nach dem völligen Abschalten des Kindes eine nonverbale Kommunikation.

Finden Sie nun vielleicht auch noch einen ungezwungenen und somit möglichst authentischen Weg, den Bonus, Spaß hinzuzufügen, dem wir im zweiten Teil des Buches übrigens unsere ganze Aufmerksamkeit widmen werden.

Auch für diesen Tyrannenmodus gilt: Es wird Ihnen sicherlich viel leichter fallen, im Blockadefall konsequent zu reagieren, wenn Ihr Kind schon *vorher* darüber Bescheid weiß, wie die Reaktion höchstwahrscheinlich ausfallen wird.

Jetzt müssen wir nur noch auf die nächste totale Blockade unseres süßen Fratzen warten … und diese dann mal mit etwas Abstand zur Sache aushalten. Gundula lässt grüßen!

Wenn du im Recht bist, kannst du dir leisten, die Ruhe zu bewahren; und wenn du im Unrecht bist, kannst du dir nicht leisten, sie zu verlieren.
Mahatma Gandhi

Gratuliere, ihr tapferen, sportlichen Erwachsenen und Mitspieler! Schon wieder haben wir gemeinsam einen ganzen Tyrannenmuster-Block durchgestanden, und so wie es aussieht, dürfen wir erhobenen Hauptes und in aller Ruhe auch noch den letzten angehen.

Ich sehe keine Gefahr mehr, weil die allgemeine Stimmung der Kinder und Jugendlichen in unserem großen Stadion während des letzten großen Abschnitts deutlich angestiegen und hie und da fast schon in Begeisterung umgeschlagen ist. Und das alles nur, weil die jungen Seelen spüren, dass wir sie jetzt schon so viel besser verstehen können. Wegen *dieser* Show sind die Kids ja schließlich allesamt ins Stadion gekommen … Aber leider erhält die beginnende Hochstimmung aktuell schon wieder einen kleinen Dämpfer, weil es jetzt um ein Thema geht, das für die meisten Kids und Teenies nicht so prickelnd ist: *Lernen!*

Tyrannenmuster: Wenn sie nicht lernen wollen ...

Unschwer lässt sich erahnen, für wie viele Eltern, Lehrer, Hortbetreuer und sogar Kindergartenpädagogen sich hier vielleicht sogar das wichtigste aller Tyrannenthemen eröffnet. Schule und Lernen, besser gesagt: Nicht-Lernen!
In Zeiten, in denen Worte wie »Bildungsstandards« und »Überforderung« schon in den überlasteten Köpfen ganzer Familien herumgeistern, ist es fast eine Selbstverständlichkeit, auch über diese Verhaltensmuster hier gemeinsam einiges zu lernen.
Aber seien Sie gewarnt: Dies hier nimmt eine ganz andere Wendung, als Sie es sich vielleicht gedacht haben mögen.

Nur wenige wissen, wie viel man wissen muss,
um zu wissen, wie wenig man weiß.
Werner Heisenberg

»Lernen ist für *Schwächlinge*!« – Tyrannenmodus: Faulsack

Lustlos

Jetzt, wo der Auftritt der Tyrannen bald seinen Abschluss findet, darf ich mich endlich jenem Thema widmen, auf das viele Neugierige und vor allem unmittelbar Betroffene sicher schon sehnlich gewartet haben: der *Schule* und dem *Lernen*! Ich habe meine Blickwinkel dazu in den zwei Kapiteln, welche den Abschluss des ersten Buchteils bilden, handlich verpackt und werde versuchen, dabei manch einem notorischen Schul- und Lernverweigerer auf die Schliche zu kommen. Jedenfalls eine gute Gelegenheit, uns gemeinsam hemmungslos über lerntechnisches Tyrannenverhalten unserer Sprösslinge auszulassen. Schon geht's los!

Ja, es kann zuweilen ziemlich tyrannisch rüberkommen, wenn Junior und Prinzessin ihrer jeweiligen diensthabenden Bezugsperson ständig auf der Nase herumtanzen, indem sie etwas ganz Bestimmtes konsequent machen – nämlich *nichts*! Schließlich muss ein Tyrannenmodus ja nicht immer direkt mit lautstarken, fiesen oder frechen Attacken eines Westentaschenterroristen zu tun haben. Es geht auch lautlos ... oder vielmehr: *lustlos*.

Ganz schlimm wird das Fehlverhalten aber, wenn zu all dem Nichtstun hochoffiziell beurkundete Lernschwächen hinzukommen und der nette Sprössling zu allem Überfluss dann auch noch mit ignoranten Sprüchen aufwartet. Beispielsweise mit einem wie diesem: »Na und? *Mir* doch egal!«

⏭ Fall 16: »FS-Syndrom«

Vor drei Monaten

Der zwölfjährige Peter hat gröbere Lernschwierigkeiten. Seit Wochen gibt es *nur* noch schlechte Nachrichten von der Schulfront. Neulich hat Mama Sabine G. schon wieder einen Rapport bei der Klassenlehrerin von ganzem Herzen genießen dürfen, indem sie sich einen der heiß begehrten Standardrüffel für Eltern von Kindern mit klassischem »FS-Syndrom« abgeholt hat: »So kann das nicht weitergehen mit Ihrem Sohnemann, werte Frau G.!«

Wie jetzt? Von einem FS-Syndrom haben Sie, liebe Leser, noch nie gehört? Na gut! Dann eben *jetzt*: FS steht für »Faulsack«. Das unerklärliche Faulsack-Syndrom scheint weltweit pandemieartig immer mehr Kinder und Jugendliche zu befallen. Jedwede moderne Hirnforschung ergebnislos! Jegliche medizinische Hilfe zwecklos!

Peters Lehrerin kennt sich mit diesem gefährlichen Virus offenbar gut aus und bringt es darum schließlich knallhart auf den Punkt: »Ihr Junge ist nur noch stinkfaul: Er bringt keine Hausarbeiten, schreibt und arbeitet im Unterricht kaum noch mit. Aufpassen kann er sowieso immer nur ein paar Minuten lang und mit seiner Merkfähigkeit scheint es auch zu hapern. Vielleicht hat er ja ein Aufmerksamkeitsdefizit? Dabei sage ich ihm oft, dass er sich nur ein bisschen anstrengen müsse. Aber es ist ihm ja immer *egal*, was ich sage! Seit Neuestem tyrannisiert er mich mit dem kecken Standardspruch: ›Lernen ist was für Schwächlinge!‹ So kann das auf keinen Fall weitergehen!« Na, wenn das *so* ist, liebe Frau Lehrerin, dann ist die Tyrannenwarnstufe ja schon im dunkelroten Bereich. Da muss natürlich etwas geschehen ...

Das *tut* es dann auch, als Mama Sabine in ihrer Not bei *KiddyCoach*, unserer Beratungsstelle, anruft: »Können Sie uns auch *dann* noch helfen, wenn wie bei uns der Fall von notorischer Faulheit schon so weit fortgeschritten ist? Meinem Jungen scheint bereits alles egal zu sein! Wenn ich von seinen schlechten Zensuren anfange, sagt Peter jedenfalls immer wieder solche Sachen wie: ›Na und? Mir doch egal!‹ Jede Aufforderung zum Lernen scheint beim einen Ohr rein und beim anderen wieder raus zu gehen! Kann man da noch etwas machen?«

Notfallkoffer

Aber klar! Man kann *immer* etwas machen ... oder zumindest *versuchen* kann man es. Jedenfalls packe ich vorsichtshalber diesmal meinen »Mixturenkoffer« gegen Notfälle wie das heimtückische FS-Virus! Glauben Sie mir: Ich habe da drin sogar gegen dieses extrem hohe Tyrannenmodus-Level ein paar ganz schön wirksame Rezepte verborgen.

Wirklich egal?

Besonders die strikten Ansagen, die sowohl von der Klassenlehrerin als auch von der Mutter gekommen sind, haben mich sehr neugierig auf Peter, den »hoffnungslos faulen und gleich dazu auch noch lernschwachen« Jungen, gemacht. Vor allem eines hat meine Neugier geweckt: Ist es ihm *wirklich* vollkommen egal, wenn die Lehrerin oder seine Mutter ihn ermahnt? Kann Peter sich *tatsächlich* nichts merken? Ist seine Lernschwäche pathologisch, wie die Lehrkraft es angedeutet hat? Sicher ist bis jetzt nur dies: Peters Liebe zur Schule wächst derzeit mit dem Quadrat der Entfernung. Punktum! So weit ist das nichts Neues für mich. Deshalb müssen jetzt erst mal nähere Infos her ...

Im Gespräch mit den Eltern tun sich bald ganz neue Blickwinkel auf, die förmlich nach unserer guten, alten Freundin Gundula schreien: Der Junge scheint nämlich hochoffiziell *nur* noch aus Schwächen zu bestehen! Eine bereits in der Volksschulzeit diagnostizierte »Lese-Rechtschreibschwäche« ist bald nach dem Schulwechsel um die Diagnose »Dyskalkulie« erweitert worden. Letzteres bedeutet übrigens, dass man nicht so gut mit Zahlen umgehen kann. Na ja ... welche Überraschung, wenn die Kids schon ab dem fünften Lebensjahr sofort ihren smarten Handy-Rechner konsultieren, wenn sie mit eins, zwei, drei, viele schon überfordert sind. Ich nenn' das eher liebevoll: »Dys-Tippsonie«.

Aber gut: All das ist Peter, dem kleinen Ignoranten, jedenfalls offenbar vollkommen egal, weil er sein FS-Syndrom inklusive Standardsprüchen weiterhin voll auslebt. Wahrlich ein hoffnungsloser Fall, oder?

Keineswegs, liebe Leute! Als ich Peter kennenlerne, sehe ich einen pfiffigen, munteren, erstaunlich sprachgewandten und fantasiebegabten, aber auch einen sehr sensiblen Jungen, der allerdings bei der bloßen Erwähnung des Themas Schule sofort sichtbar einknickt. Dabei stellt sich beim ersten kurzen Gespräch, bei dem Peter sich erstaunlich schnell öffnet, heraus: Es ist dem Pfiffikus *überhaupt nicht* egal, wenn ihn die Lehrerin ständig wegen seiner »Faulheit« oder wegen seiner Schwächen ermahnt. Der Junge ist sogar völlig fertig deswegen. »Meistens«, erzählt er sehr kleinlaut, »sagt sie solche Sachen nämlich *vor* allen anderen Schülern! Danach krieg' ich dann gar nichts mehr in mein Hirn rein und mag eigentlich auch nicht mehr!«

! Wenn Ihr Kind mit Aussagen wie »Na und? Mir doch egal!« so etwas wie Ignoranz zur Schau trägt, dürfen Sie davon ausgehen, dass dies nahezu *immer* ein Schutzmantel gegen schmerzliche Einflüsse ist, die der wunden jungen Seele aktuell ganz und gar *nicht gleichgültig* sind. Es ist nichts anderes als ein ungeschickter *Hilferuf* …

Ob da meine Rezeptchen helfen? Derweil lasse ich meinen Koffer sicherheitshalber noch zu. Man will sich ja schließlich nicht den »magischen Finale-Effekt« verderben …

Erst mal muss ich in die Schule und dort nach dem Rechten sehen. In den allermeisten Fällen nehmen Lehrer fachgerechte Unterstützung von außen recht gern an, weil dann in allfälligen Gesprächen manch ein emotionaler Mama-Auftritt, zuweilen auch ein entrüsteter Papa-Eingriff wegfällt. Also nichts wie hin …

Tadel im Überfluss?

Nach ersten »Sondierungsgesprächen« an Peters altehrwürdiger Schule habe ich erstaunlich rasch ein ziemlich klares Bild gewonnen: Mindestens drei der engagierten Lehrkräfte sind tatsächlich so unzufrieden, dass sie andauernd Beschwerden und Tadel über den ignoranten Jungen regnen lassen. Dazu stehen sie allerdings auch und lassen dabei, ohne es zu merken, einen recht ansehnlich gereizten Ton auch über mir als eher Unbeteiligtem aus ... Wie war das mit der emotionalen Komponente?

Lösungsansatz

Es sollte wohl niemanden von uns überraschen, dass unter *diesen* Umständen der Wille eines Kindes zum Lernen und ganz allgemein zum Mitmachen schon ab und an mal ein klein wenig abhandenkommt. Haben Sie vielleicht bereits irgendwo den Ausdruck Circulus vitiosus gehört? Sinngemäß hieße das auf Deutsch »Abwärtsspirale« oder eben auch »Teufelskreis«. Etwas, das nur allzu leicht passieren kann, wenn Kinder ständig zu hören bekommen, dass sie eigentlich sowieso nicht funktionieren. Das könnte nun für manch einen die große Überraschung sein: Aber genau dann *tun* sie es auch bald nicht mehr ...

Egal ob du denkst, du schaffst es, oder ob du denkst,
du schaffst es nicht: Du hast recht!
George Bernard Shaw

Wieder daheim bei Peter

Genau das bestätigt Peter bei unserem Gespräch mit einer geradezu erschütternden Aussage: »Es ist sowieso *egal*, was ich mache, weil ich eh ein kranker Psycho bin!« Sofort wird mir klar, dass der Junge mit dieser Selbsteinschätzung nur die bei ihm schon lange offiziell festgestellten Lerndefizite meinen kann, die ihm nicht nur in der Schule, sondern leider auch daheim bei seinen Faulsack-Syndrom-Anfällen nur allzu häufig vor Augen und Ohren geführt werden: »Jetzt hast du sowieso schon deine Lernschwächen, da müsstest du dich doch *umso mehr* anstrengen, damit du das ausgleichst!«, so ein O-Ton des Vaters.

Eines liegt auf der Hand: Dieser junge Mensch muss dringend *aufgebaut* werden! Genau jetzt scheint der passende Zeitpunkt gekommen zu sein, mein Köfferchen mit den Geheimrezepten aufzumachen. Mal sehen, welche Mixturen ich darin so finde. Da wäre zunächst mal ein Fläschchen »tiefes Verständnis«. Damit wir uns richtig verstehen: *Nicht* das Kind bekommt davon zu kosten, sondern ich! Riechen tut's schon mal ganz gut. Aber ob es bei mir auch *wirkt*?

Das tut es: Ich verstehe augenblicklich zutiefst, dass Peter keineswegs der allgemeine Wille oder gar die Fähigkeit zum Lernen abhandengekommen ist, sondern schlicht und einfach sein Selbstwertgefühl. Um das wieder aufzubauen, setze ich diesmal auf ein weiteres bewährtes Geheimrezept aus meinem Anti-FS-Koffer: Ich nenne es die »Mini-Erfolge-Methode« ...

Der kleine Poet

Jetzt werden wir erkunden, wie gern und effizient Kinder und Jugendliche unter ganz bestimmten, oft jedoch nur *winzig kleinen* Bedingungsänderungen auf einmal fleißig und gut lernen, wo sie sonst nur Schwächen und im Kombipack oft auch fiese Tyrannenattacken gezeigt haben. Eine dieser Bedingungen werde ich jetzt schaffen, indem ich versuche, bei Peter irgendeine »unbedeutende Stärke« zu finden.

»Also«, denke ich, »sehen wir doch mal nach, was der Junge abseits allen Lerndrucks sonst so draufhat!«, und klopfe höflich an Peters Zimmertür. Ich habe zwar sowieso schon den Ich-mag-dich-gerne-Bonus bei dem »faulen Kerl« eingeheimst, aber trotzdem finde ich, gehört sich diese zurückhaltende Höflichkeit auch bei Kids im Tyrannenmodus. Aber halt, was schreibe ich denn da für eckiges Zeug? Die Sache wird erst richtig rund, wenn man sie umkehrt: *Gerade* bei diesen gehört sich das ...

> *Habe mich dann am meisten lieb, wenn ich es am wenigsten verdiene,*
> *denn dann brauche ich es am meisten.*

Respekt durch einen Erwachsenen ist eine Botschaft, die der Junge bisher nur selten erlebt hat und sich deshalb wahrscheinlich für später gut einprägen wird: »Schau an! Zwar ist der Typ ein Fremdling für mich, aber er respektiert meine Privatsphäre. *Cool!* Das werd' ich später vielleicht *auch* mal so machen!« So muss es natürlich nicht laufen, liebe Leute, aber es *kann!* Dieses kleine »Risiko« ist es mir allemal wert.

Nachdem ich die Erlaubnis zum Eintreten erhalten habe, brauche ich nicht einmal drei Minuten, um zu erkennen, was ich wissen muss. So einfach ist es klarerweise nicht immer, aber geht man mit offenen Augen für das Wesentliche zu seinen kleinen Klienten, fällt es von Mal zu Mal leichter.

Es ist gar nicht schwer, einen Ansatz für meine Mini-Erfolge-Methode zu finden, denn *jedes* Kind hat verborgene Stärken. Mir ist sofort aufgefallen, dass Peter an den Wänden seines Zimmers zahlreiche Zettel mit von ihm selbst geschriebenen Versen und Gedichten hängen hat. Der Junge liebt es, Texte in Reimform zu bringen, und scheint hierfür großes Talent zu besitzen. Noch etwas fällt auf: In seinen pfiffig gereimten, lustigen zwei- und Vierzeilern tauchen kaum Rechtschreibfehler auf. So viel zur »Lese-Rechtschreib-Schwäche«!

Warum überrascht mich das jetzt bloß nicht?

Eines meiner Vorbilder, der deutsche Heilpädagoge und geniale Anthroposoph Henning Köhler, bringt das, was ich wahrscheinlich mit dem ganzen aktuellen Kapitel nur unzureichend beschreiben kann, präzise auf den Punkt:

Eine Schwäche ist bloß der Widerhall einer Stärke.

Genau *das* haben wir Peters Klassenlehrerin und auch dem bisher ungeliebten, jetzt aber nur staunenden Deutschprofessor nähergebracht. Nun ja, einige gute »Verkaufsargumente« und einiges an Überzeugungsarbeit sind schon nötig gewesen. Aber letztlich habe ich den Deal unter Dach und Fach bringen können ...

Heute

Seither sind annähernd drei Monate vergangen. Peters Selbstbewusstsein hat einen großen Sprung nach vorne gemacht. Sobald klar geworden ist, dass er unter allen Klassenkameraden am besten Gedichte schreiben und überhaupt reimen kann und diese Fähigkeit nun »offiziell« als schulischer Erfolg wahrgenommen wird, sind erst mal die Lese-Rechtschreib-Schwächen in Deutsch dahingeschmolzen wie Butter in der Sonne. Dazu ist überhaupt nicht viel Aufwand nötig gewesen. Anfangs hat Peter sein Talent bloß in zwei Deutschstunden unter Beweis stellen dürfen. Es ist schließlich »schnurzpiepegal«, ob man ein Referat in Prosa oder Poesie vorträgt. Raten Sie mal, welche Vortagsweise unser früherer Faulsack Peter sich ausgesucht hat? Aber so eine gravierende Veränderung muss man einem Lehrer halt erst mal verkaufen. Doch sieh mal einer an: Plötzlich *ist* der Junge gar kein Faulsack mehr. Zumindest bei allem, was Deutsch und Sprachen ganz allgemein betrifft.

Dass sich kurz darauf auch in anderen Gegenständen auf wundersame Weise kleine Erfolgserlebnisse eingestellt haben, mag für Sie, liebe Eltern, Großeltern und vor allem Lehrer, ein Ansporn sein, genau *diese* Methode der Mini-Erfolge während einer eventuell auftauchenden »Faulsackphase« Ihres Kindes ebenfalls zu versuchen. Nehmen Sie sich also für das Entdecken und Fördern kleinster Stärken und Potenziale Ihres Kindes ein wenig Zeit. Je weiter diese vom Schulnormalbetrieb weg sein mögen, desto besser. Nehmen Sie einfach diese »kleinen Leistungen« glaubhaft positiv wahr. Dann könnten Sie – egal ob mit fremder Hilfe oder allein – auch schon mal den Weg in die Schule Ihres Kindes wagen. Es spricht jedenfalls überhaupt nichts dagegen, eine Lehrkraft Ihrer Wahl in dieser Weise anzusprechen: »Geschätzte Lehrperson, würden Sie bitte meinem Kind ein wenig helfen, um das Talent meines Sprösslings in irgendeiner Form kurz in Ihren Unterricht einzubauen?«

Sie dürfen nicht nur den Lehrern, sondern auch sich selbst versichern: Diesen kleinen Zeitaufwand bekommen Sie hundertfach zurück, und ehe Sie sich's versehen, ist der zuvor noch so lähmende »Tyrannenmodus Faulsack« auch schon Geschichte.

Der Anfang aller Erziehung *heißt: Zeit haben für das Kind.*
Friedrich Wilhelm August Fröbel

Anti-Tyrannen-Strategien

Wenn es Ihnen wichtig ist, dass Ihr Kind irgendwann aus eigenem Antrieb seine »Lernfaulheit« aufgibt, nehmen Sie bitte nicht fortwährend ausschließlich die Schwächen, sondern eine Zeit lang hauptsächlich die Stärken wahr, die es auch bei *Ihrem* Kind ganz sicher gibt.

Auch wenn sich eine bestimmte Fähigkeit von Ihrem Standpunkt aus eher »unwichtig« anfühlen mag, sie ist niemals zu gering, um nicht positiv wahrgenommen werden zu können.

Versuchen Sie, daheim lerntechnische Wege zu beschreiten, welche sich vom bisherigen, wahrscheinlich immer gleichen Schema deutlich abheben.

Versuchen Sie Ihr Kind nicht mit Geldspenden oder anderen »Entlohnungen« zu ködern, um damit vielleicht dessen Faulheit zu verringern.

Versuchen Sie zuweilen auch Ihre *eigene* Sichtweise zu hinterfragen, die man nicht selten aus seiner eigenen Schulzeit mitgenommen hat: Lernen ist keine unangenehme Pflicht für die Schule, sondern ein großartiger, universeller Prozess, den erst mal *Sie selbst* »toll« finden müssen, damit Ihr Kind das ebenfalls kann.

Andauerndes Erinnern an das Lernen wird den Arbeitseifer Ihres Lieblings eher nicht beflügeln. Vertrauen, Lob und Zuversicht sind schon wesentlich effizientere Stilmittel.

Auch wenn manch einer jetzt zum Musterschüler geworden ist, heißt das noch lange nicht, dass wir nun ein ganzes Stadion voller fleißiger Kinder haben. Die meisten von ihnen finden Lernen nämlich immer noch nicht besonders lustig ...

»Lernen ist nicht *lustig*!« – Tyrannenmodus: Lernverweigerer

Faul oder unwillig?

Klar war das vorhin beschriebene »Faulsack-Syndrom« nicht der einzige Tyrannenmodus rund ums Lernen. Gerade wenn es sich um das oft leidige Thema Schule und Hausarbeiten dreht, haben unsere kleinen Anarchisten ihre größte Palette mit nervigen Programmen für uns Eltern auf Lager, die aber letztendlich bloß auf eines hinauszulaufen scheint: auf Lernverweigerung! Deswegen möchte ich mich in meinem letzten Kapitel rund um die verschiedenen Spielarten häuslicher Tyrannei mit dem sicherlich auch schon jahrhundertealten Lernunwillen bei Kindern ... und Erwachsenen beschäftigen.

Nicht bei uns!
Aber bitte mit gehörigem Abstand und selbstverständlich tiefer Entspannung, denn zum Glück haben *wir* ja nicht annähernd so einen Härtefall zu Hause. *Unser* Kind büffelt wie verrückt, täglich bis zu sieben Stunden, und tut das auch noch *freiwillig* und total gerne! Großartig!

Der alte Hut allerdings ist immer noch aktuell und verhilft uns zum entspannteren Blickwinkel: Bei *den Nachbarn* haben wir in letzter Zeit *schon* ein paar Mal höchste Zoff-Level wahrgenommen, wenn es ums Thema Lernen gegangen ist. Für die armen, gestressten Kids da drüben gilt offenbar täglich die leistungsorientierte Parole: »Los! Steckt eure Nasen in die Bücher und zieht euch die ultra-wichtigen Inhalte dort schnellstens rein! Am besten bis zum Umfallen! Wir wollen ja schließlich alle gute Schulnoten sehen!« – Tatsächlich? Wollen wir das wirklich *alle* ...?

Aber so ist das nun mal: Bei zahllosen Eltern dürfte das Thema Lernen zu so etwas wie einem beliebten Dauerbrenner in der Hitparade der täglichen Ermahnungen geworden sein. Deswegen habe ich es ja auch in mein »Jahrtausendwerk« aufgenommen. Dementsprechend weniger populär ist das Ganze allerdings beim sowieso schon schulgestressten Nachwuchs, der dann – wen wird's überraschen – mit klassischer Verweigerung reagiert. Tyrannenmodus im Anmarsch ...

⏭ **Fall 17: »Lernstopp«, Teil 1**

Vor ein paar Wochen

Das macht auch der zehnjährige Stefan, indem er sich immer öfter hör- und sichtbar gegen die »blödsinnige Lernerei«, wie er es ausdrückt, auflehnt, besonders wenn es um Mathe geht. Sobald Mama Fiona versucht, durch konsequentes, oftmals lautstarkes Einfordern die Lernschraube etwas stärker anzudrehen, gibt es immer häufiger tyrannenkompatible Ausraster mit allem Drum und Dran. Kürzlich hat Stefan während einer sehr »harmonischen« gemeinsamen Mathe-Übung, natürlich mit Mom in der Rolle der Hauslehrerin, einfach das ganze Heft zerrissen. *So* ein kleiner Terrorist aber auch!

An Wochenenden wird es allerdings schon etwas stiller, denn Vater Gerold lässt Zornausbrüche und stundenlanges Diskutieren rund ums Lernen nicht durchgehen. Dafür sieht es dann innen drin, im Gemüt des zum Schweigen verurteilten Jungen, nicht gerade rosig aus. Von Paps mit harschen Worten zum Brüten über den Mathe-Heften verdonnert, brodelt die Verweigerungshaltung weiterhin ebenso konsequent wie kraftvoll vor sich hin, womit der aufgebrachte Bub sich allerdings bloß selber tyrannisiert: »So ein Mist!«, denkt Stefan gerade wütend, aber machtlos, »da lassen die mich blöde lernen und selber liegen Mama, Papa und das Ich-helfe-dir-immer-gerne-Großmaul von einer Schwester draußen am Pool und ignorieren mich völlig!«

Doch Stefans Gemüt leidet nicht nur kindlich-typisch unter dem Nichtwahrgenommenwerden. Sein Unterbewusstsein signalisiert ihm obendrein: »Eigentlich ist bis jetzt noch rein *gar nichts* bei mir hängen geblieben! ... und so, wie sich das anfühlt, wird es auch so bleiben! Ich check' überhaupt nix, außer das mit den Textaufgaben. Die sind leicht! Aber was soll's, wenn ich jetzt meine zwölf Bruchrechnungen nicht mache, gibt es nachher mächtig Ärger mit Paps. Hilfe! Ich *will* eigentlich gar nicht mehr!«

In der Übersetzung für euch gestandene Eltern heißt dieser ganze Gedankengang nichts anderes als: »Leute, in meinem Hirn nimmt der Platz für Lerninhalte mit dem Quadrat der hier abgesessenen Zeit dramatisch ab. Eigentlich könnt ihr das Projekt mit dem ›Da setz dich gefälligst hin und lerne‹ eh vollständig vergessen!«

Da kann ich jedenfalls nur zustimmend »quack« sagen! Das heißt in *meiner* Sprache: »Recht hat er, der Knabe, und man sollte ihm diesbezüglich vielleicht auch einmal zuhören!« Ja, die Gänsesprache ist ziemlich cool: sehr wenige Worte, aber sensationell viel Inhalt. Könnt ihr das auch, ihr flügellosen Menschen, oder ist es bei euch vielleicht meistens eher ... *umgekehrt*?

Nochmals zum Mitdenken: Dieser pfiffige Junge, wie heißt er noch gleich – Stefan –, scheint also tatsächlich voll ins Schwarze getroffen zu haben. Exakt diese Art von Lernauftrag würde nämlich bei *mir* auch so gut wie gar nichts nützen ...

Na schön, ich bin vielleicht kein Maßstab, aber ihr wisst sicher schon, worauf das hier hinausläuft, oder? Richtig: Nehmt ein bisserl mehr Abstand zu der Sache ein und denkt um ... Eine *Veränderung* muss her!

Wie wär's zum Beispiel mit einer nagelneuen Lernmethode? Ich denke da gerade an eine mit ganz besonderem Pfiff, die wir euch aber erst ganz zum Schluss, am Ende des zweiten Buchteils, verraten werden! Ein bisschen Spannung darf auch in einem Sachbuch mal sein. Aber wenn ihr diese pfiffige Idee mal ausprobiert, werdet ihr bald jede Menge Spaß beim Büffeln haben und euer Nachwuchs nur noch super Zensuren, das verspreche ich euch!

Ich weiß nicht, ob es besser wird, wenn es anders wird.
Aber muss es anders werden, wenn es besser werden soll?
Georg Christoph Lichtenberg

Vor zwei Wochen

Klar kommt beim ersten Gesprächstermin mit Stefans besorgten Eltern postwendend die Frage: »Kann man gegen diese massive Verweigerungshaltung wirklich noch etwas tun?«

Meine knappe Antwort: »Jep! Kann man! Ich verrate Ihnen schon mal einen grundsätzlichen Weg: Wenn Sie beim Lernen weitestgehend auf Söhnchens Tyrannenverhalten verzichten möchten, dann muss die Initiative zum Erwerb neuer Erkenntnisse von Ihrem Kind *selbst* ausgehen! So etwas Abwegiges nennt man dann Wissbegier oder auch Lust am Lernen!«

»Also, *das* wird sicher *niemals* passieren!«, schnappt Mama Fiona, was mich kein bisschen überrascht. Jetzt bin ich mal gespannt, wie gut mein Pädagogenherz dagegenhalten kann ...

»Das Erste, was gegen diese Es-ist-und-bleibt-alles-schlecht-Denkweise spricht, ist schon mal der bemerkenswerte Fakt, dass in den allermeisten Fällen das vorausgesagte negative Ereignis auch zutrifft. Sie kennen sicher den Ausdruck: ›selbsterfüllende Prophezeiung‹? Wenn Sie also sagen: ›Mein Kind ist halt ein sturer Tyrann, der wird *nie* von selber lernen!‹, wird es wohl auch *ganz* genau so ablaufen.«

> *Achte auf deine Gedanken und Worte,*
> *sie sind der Anfang deiner Taten.*
> Chinesische Weisheit

Die Eltern staunen erst mal eine Runde. Dabei bin ich noch gar nicht fertig. »Zweitens drücken Sie, liebe Fiona, damit aus, dass Sie Ihrem Sohnemann, was das Lernen betrifft, nicht *eine Sekunde lang* über den Weg trauen. Keine gute Anti-Tyrannen-Strategie, sage ich Ihnen, und drittens sollten Sie einiges zum Thema ›Lerndruck‹ bzw. ›Lernstress‹ erfahren. Lehnen Sie sich also entspannt zurück, liebe Fiona, lieber Gerold, aber auch Sie, liebe Leser, und lassen Sie unseren Tyrannenmodus-Block mit spannenden Infos über das Lernen ganz allgemein ausklingen!«

Lerndruck auf dem Prüfstand

Es ist wissenschaftlich längst erwiesen, dass andauernder Lern- und Leistungsdruck sowie das rigorose Einfordern von besseren Ergebnissen das *genaue Gegenteil* des Beabsichtigten auslösen können. Dem Kind werden das Lernen und sogar das Behalten von Inhalten erschwert. Das hat mit den chemischen Prozessen im Gehirn beim Auftauchen von Stress zu tun: Wir Menschen sind seit Jahrtausenden darauf programmiert, bei

Gefahr das Wertvollste zu retten, was wir haben – unser Leben, nichts sonst. Unsere Gehirne reagieren da sehr ökonomisch. Mitten im höchsten Stress fahren sie alle nicht lebensnotwendigen Denkfunktionen wie zum Beispiel die *Merkfähigkeit* drastisch herunter. Dafür sorgt das Stresshormon Adrenalin, das für unsere Gedächtnisleistung in solchen Momenten wie ein fetter, gnadenloser Radiergummi wirkt.

So muss der Denkapparat unter Lerndruck – der ja nichts anderes als Stress bedeutet – umso *mehr* arbeiten, um das geforderte Ziel zu erreichen. Genau das aber fühlt sich für unsere Sprösslinge nicht besonders gut an. Das Ergebnis: Abwehrreaktion, Verweigerungshaltung, Aufbegehren: »Wäh! Ich mag nicht lernen!« Da haben wir es: Tyrannenmodus eingeschaltet. Eine geradezu geniale Reaktion, wenn man es streng betrachtet. Das kindliche Gehirn unterscheidet nämlich sehr genau in seiner Aufnahmebereitschaft zwischen Lernen-*Wollen* und Lernen-*Müssen*. Ein Kind kann also gar nichts dafür, wenn Lernen unter Druck zu spürbarem Unwillen, zu Misserfolgen und schließlich zu tyrannischen Abwehrreaktionen führt. Kein guter Plan also ...

Dauerbrenner: Teufelskreis

Genau wie im vorigen Kapitel über das FS-Syndrom haben wir auch hier eine typische Abwärtsspirale vor uns: Schlechte schulische Leistungen führen oft zu *noch* höherem Druck durch Lehrer und Eltern und somit meist trotz gesteigerter Mühe des Kindes zu noch *geringerem* Lernerfolg. Ein dauerbrennender Teufelskreis zwischen Forderungen und Erfolglosigkeit! Da wundert es mich nicht mehr, wenn Kindern zuweilen die Lust auf noch mehr neues Wissen ein wenig vergeht. Wie, Sie meinen, das stimmt nicht? Dann fragen wir lieber mal, wie Gundula das von ihrem entfernten Standpunkt aus sieht ...

Woran ihr erkennen könnt, ob eure Kids vielleicht gar nicht mehr so begierig nach neuem Wissen sind? Ganz einfach: daran, dass sie aufgehört haben, euch andauernd Fragen zu stellen!

Ganz sicher wisst ihr es noch oder erlebt es gerade bei eurem eigenen Vorschulkind: Die Hemden- und Hosenmätze stellen unentwegt Fragen: »Mami, warum dies? Papa, wieso das? Oma, warum und wieso?« Das könnte man bei manch einem Kind fast schon in den Sektor Tyrannenmodus einordnen, so heftig nerven Minis ihre Eltern und Großeltern mit ihrem unbändigen Wissensdurst mitunter. Bei den meisten eurer Kinder allerdings hört das schlagartig auf ... sobald sie die ersten paar Wochen in der Schule zugebracht haben. Was für ein seltsamer Zufall aber auch ...!

Fragen und Antworten

Danke, liebe Gundi! Schöner hätte ich das mit dem unerklärlich »fragenden Drang« der Kids auch nicht erklären können. Der schon erwähnte Henning Köhler, von dem es auch großartige entwicklungspsychologische Ansätze gibt, hat dafür übrigens den Begriff »fragende Grundorientierung« geprägt. Weil Kindern aber, kaum dass sie still in einer Klasse sitzen müssen, ihre ständige Fragerei systemrelevant »wegamputiert« wird, kommen sie auch sehr bald gar nicht mehr darauf zurück. Grundorientierung abgelegt, Erwachsenenprogramm erfolgreich angenommen!

Im Leben lernt der Mensch zuerst gehen, dann sprechen. Später lernt er dann, still zu sitzen und den Mund zu halten.
Marcel Pagnol

Na super! Heißt das, es gibt nun *gar* keine Auswege aus dem tyrannenverdächtigen Teufelskreis? *Doch*, die gibt es ...

Freiwillige vor!

Nach nunmehr über 30 Jahren in der operativen Arbeit mit schwierigen Kindern und Jugendlichen, aber auch aus der Erfahrung als Elternteil kann ich klar zusammenfassen: Gute Lernerfolge und verlässliche Erfüllung von Hausaufgaben haben sich stets ausschließlich unter dem Kontext von *Freiwilligkeit* und ausreichender *Freude am Lernen* eingestellt! Schon kommt mit Riesenschritten der erste Lichtblick auf uns zu. Können Sie sich einen Tyrannen vorstellen, der Freude am Lernen hat? Oder Freude an irgendetwas? Im Umkehrschluss wird es sogar noch besser:

Es ist nämlich unvorstellbar, dass jemand, der an etwas echte Freude empfindet, auch noch ein Doppelleben als Tyrann führen möchte. Nie im Leben!

Ist diese Perspektive nicht großartig? Da freut man sich doch gleich auf die nächste Phase der Lernunwilligkeit von Junior oder Prinzessin. Geben Sie es ruhig zu! Es ist *Ihnen* doch auch gerade kurz so ergangen, wie?

Aber nur *ganz* kurz, denn augenblicklich kommen wir darauf, dass noch eine winzig kleine Frage offengeblieben ist: »Wie, zum Donnerwetter, bekommt man *das* mit der Freiwilligkeit nur hin?« Bleiben Sie locker: Hier folgt schon eine mögliche Antwort ...

Spaßvögel

Kinder haben eine natürliche Disposition für Spaß am Lernen. Sie sind, gleichzeitig ausgestattet mit nahezu unerschöpflicher Neugier, geradezu wissbegierige Spaßvögel. Ihr einziger Lebenszweck besteht ja schließlich darin, möglichst viel von uns Erwachsenen für ihren eigenen späteren Lebensweg mitzubekommen, sich möglichst vieles abzuschauen und vieles aufzuschnappen. All diese hilfreichen Tätigkeiten haben einen Sammelbegriff: *Lernen!* Manchmal aber nehmen *wir selbst* ihnen diesen genetisch programmierten Spaß an der Sache nach und nach wieder weg.

! Kinder lernen jeden beliebigen Inhalt am nachhaltigsten und natürlich am liebsten spielerisch oder zumindest unter den Bedingungen Lust, Spaß, Kurzweil, Vertrauen und Erfolgserlebnis.

Wenn man Spaß an einer Sache hat, dann nimmt man sie auch ernst.
Gerhard Uhlenbruck

Funktionslust

Wenn die Bedingungen aus dem Merksatz erfüllt sind, kann jeder Lernprozess wie von selbst in einen regelrechten Fluss geraten. Wissenschaftler nennen dieses Phänomen darum auch »Flow« oder »Funktionslust«.

All das wird sofort noch besser verständlich, wenn man weiß, dass Lernfreude und Merkfähigkeit im menschlichen Gehirn durch den »aufweckenden« Belohnungsstoff Dopamin stimuliert werden. Dieser erstaunliche Botenstoff hat im Gegensatz zum vorhin erwähnten Adrenalin den Job, uns die volle Dröhnung Wohlgefühl, Begeisterung, aber auch Aufmerksamkeit zu schenken. Der Haken an der Sache: Das Zeug wird nicht geliefert, wenn negativer Stress im Spiel ist. Wieder hat sich ein Kreis geschlossen. *Alles klar?*

Weil Sie nach der kleinen Dosis Theorie sicherlich schon sehnlich auf Lösungsansätze für spaßiges Lernen warten, habe ich, wie gewohnt auch jetzt, am Ende des Kapitels ein paar griffige ...

Anti-Tyrannen-Strategien

Lernen ganz ohne Lernstress ist problemlos möglich, sobald Sie die beiden mächtigsten Werkzeuge, nämlich Spaß und Spiel, gezielt einsetzen.

Nehmen Sie sich zuerst bitte ein wenig Zeit, um für sich selbst die wichtigsten Lerninhalte zu verinnerlichen. Schon haben Sie die erste Blockade bei Ihrem Kind gelöst: Es ist jetzt mit all dem schwierigen Lernstoff nicht mehr wie bisher ganz allein.

Vergessen Sie den Spruch: »Setz dich endlich hin und lerne!« Heute wird Englisch mit Ballwürfen erspielt: »Ein Wurf, ein Wort!«, Mathe wird mit Naturstäbchen, Blättern und Laufschritten *erlebt* und nicht »erpaukt«, Bio und Geo in Rollenspiele verpackt usw.

Was spricht dagegen, Vokabeln oder Formeln via Walkie-Talkie per »Fernaufgabe« oder via »Schnitzeljagd« durchs ganze Haus zu vermitteln und dabei unter Verwendung von Geheimcodes und Suchspielen so richtig Spaß zu haben?

Ein Schlüsselsatz passt zu all diesen Strategien punktgenau: »Lernen, ohne es zu bemerken!«
Wie gefällt Ihnen diese Idee?

Lehre tut viel, aber Aufmunterung tut alles.
Johann Wolfgang von Goethe

Aufweckplan

Lasst uns mit all diesem neuen Wissen doch zumindest mal unseren kleinen Lernmuffel Stefan ein wenig »aufwecken«!

Weil das aber ganz eindeutig in unser zweites wichtiges Themenfeld »Spaß am Erziehen« fällt, lasse ich Sie damit – gemein, wie ich nun mal bin – bis zum allerletzten Bonus-Level des zweiten Buchteils warten, genau wie Gundula es auch schon angekündigt hat. Erst dann versuche ich, gemeinsam mit Stefans Eltern, den Fall »Lernstopp« in Wohlgefallen aufzulösen und so auch noch den allerletzten Tyrannenmodus abzuschalten.

Klick! Licht aus! Weit und breit *kein* Tyrann mehr zu sehen ... *Was* für eine tolle Veränderung! *Was* für eine heile Welt! – *Was* für ein fades Leben für uns Eltern!

Jetzt ist das erste Mal echter Jubel angesagt, nicht nur hier, im Stadion, wo einige Kinder schon vor Freude auf ihren Sesseln stehen, sondern auch in Ihren Herzen. Sie haben erfolgreich alle vorgesehenen Tyrannenmodi durchlaufen.

Jetzt bleibt mir nur noch, Ihnen für den nächsten Buchabschnitt eine Kleinigkeit zu wünschen: *Viel Spaß!*

Das Leben ist schwer – ein Grund mehr,
es auf die leichte Schulter zu nehmen.
Emil Gött

TEIL 2

KANN ERZIEHUNG NOCH SPASS MACHEN?

Nach all den gnadenlosen Tyrannenattacken geht es in diesem Abschnitt endlich »ans Eingemachte«, wie man so schön sagt! Ganz ernsthaft stellen wir uns nun nochmals die Titelfrage zu diesem Buch: Kann Erziehung heutzutage eigentlich noch Spaß machen oder nicht?

Die allermeisten diensthabenden Bezugspersonen werden berechtigterweise sagen: »Es kann doch in der Erziehung nicht alles andauernd lustig sein!«

Gut, so weit ist das nur allzu verständlich.

Ununterbrochene Heiterkeit verlangt ja auch niemand. Allerdings wäre es schon ein Gewinn, wenn beispielsweise nur die Hälfte oder vielleicht auch nur ein Zehntel der bisher ach so ernsthaften Tyrannenangriffe ein kleines bisschen lustiger würden – oder schlichtweg ... ein bisschen mehr Leichtigkeit bekämen als bisher.

Schon klar, dass diese etwas »leichtfertige« Sichtweise zum jetzigen Zeitpunkt noch gar nicht so einfach anzunehmen ist, aber im Verlauf jenes teilweise ziemlich »verrückten« Abschnitts zum Thema Spaß werden Sie feststellen: Wenn man ebenso mutig wie täglich gegen häusliche Tyrannei antreten möchte, dann bringt einen übermäßige erzieherische Ernsthaftigkeit auch nicht viel weiter.

Die meisten Dinge des Lebens sind ernste Dinge. Wir machen sie nicht lustiger, wenn wir sie ernst behandeln. Die einzigen Dinge, über die es sich lohnt, ernsthaft zu sprechen, sind lustige Dinge.

Curt Goetz

Spaß-Level null

Vom Zulassen und Einlassen – Spaß am Umdenken?

Wenn Erziehung wirklich noch Spaß machen soll, werden wir ohne solide Basis nicht auskommen. Diese wiederum errichtet man am leichtesten mit einer wohldosierten Mischung aus positiven Sichtweisen und zuversichtlichen Ansätzen. Deswegen starten wir hier auch bei Level null …

Was wäre, wenn es eine paar handverlesene Blickwinkel gäbe, die es Ihnen ganz leicht machten, manch einen Tyrannenmodus, auf den Ihr Nachwuchs gerade eingeschwenkt sein mag, mit Leichtigkeit und Humor zu quittieren anstatt mit Ärger, Abwehr oder sofortigem Einstieg in das sonst übliche Kampfgeschehen?
Schon werden einige fragen: »Ist so etwas überhaupt möglich?« Klar ist es das, Leute! Und es macht obendrein deutlich mehr Spaß!

Lustige Aussichten

Damit Sie nicht zu lange auf lustigere Aussichten warten müssen, beantworte ich wenigstens einen Teil unserer kniffligen Frage jetzt gleich: Spaß ist der *einzige* wirklich effiziente »Killer«, den Sie auf jeden beliebigen Tyrannenmodus ansetzen können. Sogar täglich, wenn Sie wollen! Mit Humor oder, anders gesagt, mit Geist und Witz, schlussendlich je nach Lust und Laune sogar mit Blödeln an alle bisher geschilderten Gesichter der Tyrannei heranzutreten und ihnen so den Wind aus den Segeln zu nehmen, ist wohl wirklich eine Art »lustiger Hattrick für Fortgeschrittene« auf dem Weg zum spannungsfreien Zusammenleben.

Wenn Sie diesen besonderen Blickwinkel einigermaßen annehmen möchten, erkennen Sie sicherlich rasch, dass Ihre bisher ach so schwierigen eigenen Kinder oder Jugendlichen, Schülerinnen und Schüler, Hort- und Kindergartenkinder mit einem Mal gar nicht mehr so professionelle Tyrannen sind. Klar, wer gerade lustig drauf ist oder diesen wundersamen Zustand von Herzen zulässt, kann wohl kaum gleichzeitig jemanden tyrannisieren wollen! Das wäre viel zu anstrengend und wahrscheinlich auch ein Multitasking-Wunder erster Ordnung ...

Durchschnittsmeinungen

Sandra L., eine Berliner Grundschullehrerin, kann diese viel zu positive Sichtweise aber offenbar nicht ganz teilen und kontert kurz und bündig: »Bei all diesem tyrannischen Fehlverhalten in meiner Klasse ist mir schon lange der Spaß vergangen!« Auch Robert H., Vater zweier unhaltbarer Naturgewalten im Alter von sieben und zwölf Jahren, argumentiert ähnlich: »Also bei *diesen* grundsätzlichen Dingen verstehe ich absolut keinen Spaß!« Zuletzt meldet sich noch Eva S., eine Hort-Erzieherin aus meiner Heimatstadt Wien, zu Wort: »Die Kinder in meiner Gruppe *müssen* sich einfach anpassen! Wo kommen wir denn da hin, wenn jeder sein Späßchen triebe?«

Diese noch nicht ganz so spaßigen Ansichten einiger ganz normaler Erziehender repräsentieren so etwas wie den Durchschnitt, wenn man im Gespräch das Thema Spaß erwähnt. Deswegen ist es durchaus sinnvoll, wenn wir genau *diese* ernsten Standpunkte erst mal in aller Ruhe zulassen, um sie dann von mehreren Seiten betrachten zu können. Eine dieser durchschnittlichen So-ist-es-nun-mal-Einstellungen vertritt auch die leidgeprüfte Mutter aus unserem nächsten, offenbar aussichtslosen Fall.

Der Hoffnungsvolle hat viele Perspektiven, der Hoffnungslose nur eine.
Fritz P. Rinnhofer

⏭ Fall 18: »Fangfrage«

Heike W. ist stolze Mutter eines trotz seiner erst acht Lebensjahre bereits hochtalentierten Hausdespoten namens Moritz. Heikes kleiner Prinz scheint auch ohne einen dazugehörigen Max daheim einen harten Kurs zu fahren: Er schreit seine Mama an, schmeißt Sachen durch die Gegend, gehorcht nie und geht erst ins Bett, wenn ihn der Sandmann mit dem Schaumgummiknüppel k. o. schlägt. Das allein ist ja schon magengeschwürtauglich, wenn man es bloß liest, oder?

Genau *deswegen* zeigt Mama Heike derzeit eher wenig Begeisterung für Humor und beschreitet – wen wird's überraschen – den einfachsten Weg: Sie hat sich mit dem Dauertyrannenmodus längst abgefunden und versucht jeden Tag in aller Bescheidenheit, eine glückliche Mutter zu sein ... sobald ihr Kind eingeschlafen ist. Hilfe hat sie dennoch gesucht und stellt mir deshalb schon beim ersten Telefonat ein paar ziemlich herausfordernde Fragen, hinter denen ich spürbare Resignation erkennen kann: »Sie wollen mir also so einfach ein paar neue Blickwinkel auf den einen oder anderen Tyrannenmodus verpassen und dann soll alles *leichter* gehen? Wie soll das funktionieren? Schön und gut, ein paar Sichtweisen kann ich ja akzeptieren und mich auch bemühen, Ihr Buch aufmerksam durchzuackern. Aber was ändert das daran, dass mein Sohnemann immer noch ein herrisches Oberkommando bei uns zu Hause führt und seinen Vater, die Großeltern und vor allem ... *mich* ... rücksichtslos weiter tyrannisiert! Wie, bitte schön, soll ich da noch so etwas wie ›Spaß‹ aus dem Ärmel zaubern, können Sie mir das mal erklären? Oder darf ich umgekehrt fragen: Sie meinen, ich solle das ewige Genörgel, das laute Gebrüll, die endlosen Einschlafinszenierungen sowie das permanente Gegeneinander-Ausspielen von uns Eltern tatsächlich mit Lustigkeit bekämpfen, wo ich doch schon lange keinen Spaß mehr verstehen kann? Und da sind ja auch noch die argen disziplinären Schwierigkeiten in der Schule inklusive ziemlich schlechter Zensuren? Das alles wollen Sie mit *Humor* lösen?«

Gut, dass Heike mit ihren ausführlichen Fangfragen doch noch fertig geworden ist, bevor schon jetzt die vorreservierten Seitenzahlen für mein Buch zur Neige gehen. Weil der Platz trotzdem knapp ist, geize ich mit *meiner* Antwort ein wenig: »Jep! Will ich!« All das und noch viel mehr ...

Schonzeit

Nach diesem ersten praxisnahen Einblick in eine resignierte Elternseele gibt es jetzt zumindest für uns Schonzeit, denn so einfach wie die arme

Heike wollen *wir* uns mit so einer Dauertyrannei nicht abfinden. Vielleicht können wir ja auch diese entnervte Mutter später noch gemeinsam ermutigen und sie motivieren, ein paar neue Wege auszuprobieren. Wir aber treten erst mal, wie gehabt, ein paar Schritte zurück, um das Ganze aus gesunder Distanz zu betrachten.

Spaßverlust

Sie erinnern sich an die vorigen Da-verstehe-ich-keinen-Spaß-Aussagen? Wenn ich bei einem derartigen Stimmungsbild mit solch wahnwitzigen Ideen wie »Humor beim Erziehen« oder gar mit abwegigen Empfehlungen wie »Spaß statt Standpauke« anfange, bekomme ich auch schon mal so etwas wie das hier zu hören: »Was *verlangen* Sie da von mir? Ich bin ja *jetzt* schon am Limit meiner Belastbarkeit. Wo soll ich da noch die Kraft für Humor hernehmen? Nein, es bleibt dabei: Derzeit *kann* ich in erzieherischen Dingen einfach keinen *Spaß* mehr vertragen!«

Wie wäre es, lieber Papa, liebe Mama, lieber Lehrer, wenn du es so sähest: Wahrscheinlich ist es genau umgekehrt! Vielleicht hast du irgendwann im täglichen Erziehungsstress deine bisherige wunderbare Fähigkeit für Humor und Spaß im Umgang mit deinem Kind ein wenig »anbrennen« lassen? Wenn *das* bereits passiert ist, kann es in der Folge wirklich schnell gehen, dass du plötzlich überhaupt keinen Spaß mehr verstehst.

Dann natürlich ist es nur allzu verständlich, wenn manch eine knifflige erzieherische Situation für deine empfindlich gewordene Nase etwas brenzlig riecht. Vielleicht hat dein armes Nervenkostüm sein belastbares Limit also ausgerechnet aufgrund *chronischen Spaßverlusts* schon erreicht?

Finden Sie nicht auch, liebe Leser, dass allein schon diese Perspektive eine tiefere Betrachtung lohnt? Jedenfalls bringe ich mit Gundulas klugem Perspektivenwechsel die allermeisten gestressten Eltern und Pädagogen, die vertrauensvoll zu mir kommen, ein klein wenig zum

Nachdenken und auch dazu, ein paar neue Wagnisse einzugehen. Genau das möchte ich gerne auch jetzt bei *Ihnen* bewirken!

Nicht weil es schwer ist, wagen wir's nicht,
sondern weil wir's nicht wagen, ist es schwer.
Lucius Annaeus Seneca

Zurück zum Start

Denken Sie, dass ich vielleicht zu viel verlange, wenn ich Sie nochmals darum bitte, sich zu erinnern? Diesmal aber nicht an irgendeinen vorangegangenen Text, sondern: an Ihre *eigene* Kindheit. Ich weiß, das ist nicht ganz so leicht, wie es sich schreibt. Zu viele eigentlich starke Gefühlsmomente aus der eigenen Kinderzeit sind schon lange nicht mehr präsent. Man muss sie erst mühevoll wieder ausgraben. Dennoch mache ich es Ihnen in diesem Fall eher leicht, weil ich nur eine einzige, ganz einfache Frage stellen werde: »Was war es, auf das Sie während Ihrer eigenen Kindheit und wahrscheinlich auch noch in der Jugend am meisten Lust gehabt haben?« Oder anders gefragt: »Wovon haben Sie damals nicht genug bekommen können?«

Die Antwort ist geradezu verblüffend einfach, obwohl die schiere Erkenntnis für manch einen trotzdem überraschend sein könnte: *Spaß!* Jede Menge! Zu *jeder* Zeit! Stimmt's? Eine ziemlich risikolose Antwort. Man braucht wirklich nicht viel nachzudenken! Es entspricht einfach dem Grundkonzept des Kindseins. Warum also sollte es Ihren eigenen Kids anders gehen? Um sich also auf dem gleichen Spaß-Level zu treffen, hilft wahrscheinlich am besten ein kleiner Schritt zurück.

! In nahezu allen kniffligen pädagogischen Situationen oder schlichtweg dann, wenn wir uns mal wieder zu einem harten Kampf gegen kindliche Tyrannei rüsten, lohnen sich folgende selbstkritische Fragen: »Wie hätte *ich* damals als Kind in solch einer Situation reagiert? Worauf hätte ich *eher* positiv reagiert: auf Spaß oder auf Ernsthaftigkeit?«

Andere erkennen ist weise. Sich selbst erkennen ist Erleuchtung.
Laotse

Also zurück zum »Level null«, liebe Leute! Zurück zur Natur! Zu Ihrer *eigenen Frohnatur* und zum gesunden Spaß von früher. Wäre es nicht wunderbar entspannend, wenn wir als Erwachsene noch genauso viel Talent zum Spaß haben könnten wie damals, als wir noch Kinder gewesen sind? Wir bekommen es nur manchmal eben nicht mehr so richtig hin. Die Fähigkeit dazu ist aber in jedem von uns immer noch erhalten, macht sie doch einen Gutteil des typisch Menschlichen an uns aus. Dafür sind wir geboren. Schließlich wollen wir alle doch die positiven, die schönen, die lustigen Momente auskosten. Oder stehen Sie mehr auf den viel besungenen »Ernst des Lebens«? Auch gut! Dann wäre das ja noch nicht weiter erwähnenswert, aber Vorsicht: So eine Einstellung kann, ehe man sich's versieht, eins zu eins auf die Kinder übergehen und man kommt in die Verlegenheit, sich fragen zu müssen: »Hab' ich das eigentlich so gewollt?«

Besser, wir schauen gleich mal im »wirklichen Leben« nach, wie rasch so etwas gehen kann …

Fall 19: »Ernst des Lebens«

»Morgen beginnt für dich der Ernst des Lebens, mein Junge! Streng dich an, damit wir stolz auf dich sein können!«, ermahnt Viktor L. seinen sechsjährigen Sohn Patrick vor Beginn seines ersten Schultags. Schon nach dieser kurzen Weissagung dürfen wir uns fragen: Was für schulische Horrorszenen mag Paps bei diesem Spruch wohl im Sinn gehabt haben? Hat der gute Viktor sich *vor* dieser ernsthaften Ansage in die Gedankenwelt seines Sohnemanns eingefühlt oder hat er in der Eile darauf vergessen?

Wir aber vergessen nicht darauf und erkennen deshalb sofort, dass sich postwendend eine allererste Folge für den Jungen eingestellt hat. Leider bekommt sie keiner mit. Nur der lautlose Logiksektor in Patricks Gehirn schreit auf: »Aua! Wenn also morgen der Ernst und die Anstrengung des Lebens für mich beginnen, heißt das dann wohl, dass ab heute der Spaß für mich *zu Ende* ist, oder? Ach übrigens, ward ihr bis jetzt eigentlich *nicht* stolz auf mich?«

Keine gute Anfangseinstellung für den bevorstehenden Eintritt in ein riesiges unbekanntes und vor allem witzloses Haus. Aber leider ist da im Moment niemand, der den verständlichen Fehlschluss für den Jungen richtigstellt. Schade! Wenn sich das nicht rasch aufklärt oder sich die neue Klasse für Patrick nicht sofort als absolut spitzenmäßig präsentiert, könnte dem verwirrten kleinen Mann bald manch ein Tyrannenmodus zum Thema Schule einfallen.

Unschwer ist zu erkennen, dass schon unbedeutende Standardformulierungen durchaus den *Anfang vom Ende* des Spaßes einläuten können. Unterschätzen Sie das bitte nicht: Kinder nehmen solcherlei, wenn es von ihren geliebten Bezugspersonen kommt, sehr genau!

Lösungsansatz

Papa Viktor hätte zwar mit etwas Mut, aber ohne viel Aufwand die »Kirche im Dorf« und den bei Kindern so unbeliebten Ernst außen vor lassen können: »Ab morgen, mein Sohn, beginnt ein ganz *neuer Spaß* für dich!« – »Wir freuen uns schon, welche netten Freunde du kennenlernen wirst!« – »Hoffentlich hast du auch nur annähernd so einen lustigen Lehrer wie ich damals!«

Wie fühlt sich das an? Besser? Das will ich meinen! Aber wohin ist Patrick verschwunden, damit wir den Irrtum ...? Zu spät – der schwitzt schon im derzeit beängstigend stillen Klassenzimmer, weil er auf all den Ernst des Lebens wartet!

Nachdem wir einen kleinen Einblick in die Macht der Worte genommen haben, lassen wir zum Ausklang unseres Basis-Levels ein paar Taten folgen.

Kampftaktiken

Sicher haben Sie meinen persönlichen Standpunkt zum Thema »erzieherische Kämpfe« schon erkannt, der sich nicht nur durch dieses Buch, sondern vielmehr durch *alle* meine Werke zieht ...

Mit *Bekämpfen* geht bei unseren lieben Kleinen oder auch den manchmal »weniger lieben« Größeren so gut wie *gar nichts* und wenn, dann nur mit erheblichem Kraftaufwand, ohne Aussicht auf Nachhaltigkeit.

Kurz gesagt, ich halte nichts vom Ausfechten täglicher Ich-bin-deutlich-größer-und-stärker-als-du-Kämpfe. Allerdings setze ich *einige* ganz bestimmte »Kampfmethoden« immer wieder gerne und mit großem Erfolg ein: *Gelassenheit, Augenzwinkern, Spaß* und schließlich auch sehr zielgenau *das Blödeln*. Letzteres jedoch nur bei fortgeschrittenen und deswegen schon ziemlich mutigen Eltern. Diese Kampftaktiken haben nicht nur den Vorteil, dass sie extrem wirkungsvoll sind und dabei viel *weniger Kraft* und persönliche Ressourcen verbrauchen als alle anderen erzieherischen Winkelzüge. Sie treffen auch noch absolut zielsicher jeden noch so harten Kern eines beliebigen Minityrannen und hebeln jeden Modus aus, in welchem er sich auch befinden mag. Obendrein sind diese Taktiken beliebig oft wieder verwendbar und können sogar im absoluten Ernstfall eingesetzt werden.

Einfach so?

Noch immer werden sich viele fragen: »Aber geht das Umstellen der ganzen Erziehungsarbeit einfach so?« Da muss ich jetzt leider einräumen: »Nicht *ganz* so einfach, liebe Leute!« Man kann das nämlich nicht einfach so *verordnen*: »Achten Sie doch einfach darauf, dass Sie mehr Spaß mit Ihren Kids haben! Punktum!«

Sicher, für manch einen kann das allein schon ausreichen, aber als pädagogisches Stilmittel oder noch wichtiger: als gezielte Anti-Tyrannen-Strategie würde diese »Verordnung« wohl nicht ausreichen. Also sehen wir uns ab Level eins nun immer anspruchsvollere Erscheinungsformen und »praxistaugliche Anwendungen« für Spaß so richtig genau an. Sie werden erstaunt sein, wie viele vergnügliche Facetten Sie in Ihre erzieherischen Herausforderungen einbauen können, besonders dann, wenn bisher einiges an Belastung mit im Spiel gewesen ist.

Wer weiß? Vielleicht können wir am Ende sogar gestressten Müttern wie Heike oder ernsthaften Vätern wie Viktor herzhaft lächelnd aus der Misere helfen. Lassen Sie uns also miteinander so richtig Spaß erleben ...

Es gibt keine Leute, die nichts erleben, es gibt nur Leute,
die nichts davon merken.
Curt Goetz

Spaß-Level eins

Von Gelassenheit und Zuversicht – Spaß durch Unbekümmertheit?

Dass wir mit diesem ganzen zweiten Buchabschnitt geradewegs Kurs auf möglicherweise unerwünschte Nebenwirkungen, zum Beispiel in Form von »ernsthaftem Spaß« an der täglichen Erziehungsarbeit, nehmen, haben Sie sicherlich schon glasklar erkannt. Aber es sollte Ihnen außerdem klar sein, dass auf diesem Weg noch ein paar weitere neue Blickwinkel auf uns warten. Zwei der wichtigsten können wir nach erfolgreichem Abschluss von Spaß-Level eins gewiss kinderleicht einnehmen ...

Was wäre, wenn es zuweilen allein an unseren eigenen wundersamen Sichtweisen läge, ob ein Kind sich nun tyrannisch aufführt oder nicht? Was würde sich ändern, wenn wir auf unserem Weg zum Spaß bloß ein paar wichtige Haltestellen, wie beispielsweise jene der Zuversicht, besuchen müssten und schon ertrügen wir jeden Anflug von Tyrannei mit jeder Menge Gelassenheit?

Du bist so jung wie deine Zuversicht, so alt wie deine Zweifel,
so jung wie deine Hoffnung, so alt wie deine Verzagtheit.
Albert Schweitzer

Streifzug?

Für ein tieferes Verständnis dieses ersten aufbauenden Spaß-Levels genügte es eigentlich schon, nochmals einen aufmerksamen Streifzug durch den ersten Buchteil zu unternehmen. Dort gibt es bereits so viele positive Blickwinkel, entspannte Lösungsansätze und Anti-Tyrannen-Strategien, dass wir reichlich »Stoff« hätten, um für zahlreiche tyrannische Situationen wieder ein wenig *Leichtigkeit* und *Gelassenheit* erübrigen zu können. Deshalb verlasse ich mich in diesem fortgeschrittenen Stadium ein wenig darauf, dass Sie sich aus dem »Tyrannenteil« schon einige für Sie persönlich gut passende Ansätze herausgesucht haben. Aber keine Sorge, ich packe Ihnen noch so manchen Meter teilweise schweren Stoffes obendrauf. Hier kommt schon das erste Paket ...

Originelle Tyrannen auf dem Vormarsch?

Dazu stellen wir uns mutige Fragen wie diese: Hat das immer häufigere Auftreten kindlicher Tyrannei oder, vorsichtiger formuliert, die Häufung »ziemlich origineller Verhaltensweisen« schlichtweg mit der heutigen Zeit zu tun, vielleicht gar mit der gefährlichen Erderwärmung oder ähnlichen Elementarereignissen? Das käme dann klarerweise einem ganz und gar unabänderlichen Schicksal gleich. Pech gehabt! Oder hängt es eventuell viel eher mit so etwas wie wachsender Verständnislosigkeit zusammen? *Verstehen* wir Erwachsene vielleicht viele kindliche Besonderheiten nicht mehr so richtig? Haben wir unseren »schwierigen Kindern« schlichtweg zu wenige kindgerecht-einfache, leicht verdauliche Verhaltensmuster entgegenzusetzen? Wenn das so ist, wird es allerdings Zeit für ein neues Selbstverständnis ...

Stopp! Was habe ich denn da schon wieder für seltsame Anforderungen? Wer braucht denn heutzutage schon ein neues Verständnis oder so etwas Mühsames wie immerzu gelassene oder gar »spaßigere« Umgangsweisen? Es gibt doch buchstäblich für *jedes* unpassende Verhalten mittlerweile hochwirksame Hi-Tech-Medikamente. Die stehen rund um die Uhr unseren betroffenen Kids zur Verfügung und schaffen in derselben Zeit praktischerweise auch gleich alles aus der Welt, was uns vielleicht gerade *an uns selbst* nicht passen mag. Vom ersten Schmerzlein an über Schlaffheit in *allen* Erscheinungsformen bis hin zum bedenklich zuckenden Augenlid. Willkommen in unserer modernen Wir-haben-für-alles-eine-Pillenauswahl-aber-keinen-Alternativplan-Gesellschaft!

Sogar überaus pfiffige und obendrein sehr wichtig klingende Namen stehen schon für alles zur Verfügung: ADHS, ADS, früher HKS, oder POS, ODD, typisches oder atypisches Asperger, Erschöpfungsdepression, auch unter dem hippen Namen »Burn-out« bekannt, Borderline, Dyskalkulie,

Legasthenie und viele ähnliche schweben als mögliche Störungsbilder über den Häuptern von völlig ahnungslosen Kids samt deren noch ratloserem erwachsenen Anhang. Beispielsweise brauchen Eltern, die mit einem grässlich nervenden Wirbelwind von Junior gestraft sind, bloß in einem der aktuellen Symptomeratgeber zu blättern und finden dort bei einiger Hartnäckigkeit höchstwahrscheinlich irgendein Krankheitsbild, welches eine passende medizinische Diagnose inklusive maßgeschneiderter Pillenversorgung zulässt.

Diagnosen im Trend?

Aber da haben wir es mal wieder: Anscheinend gehöre auch ich zu den vielen Leuten, die Wasser predigen und Wein ... auch nicht vertragen. Schließlich habe ich *selbst* ebenfalls erst vor Kurzem einen kompakten Ratgeber mit tieferen Einblicken in die ADHS-Symptomatik und -Behandlung herausgebracht, ganz abgesehen von meinem früheren umfangreicheren Werk »Warum zappelt Philipp?«, über deren Erfolg ich sehr glücklich bin. Meine Schreibwut ändert aber nichts daran, dass es für Eltern wie Kinder immer einen Hauch von »Endgültigkeit« hat, wenn plötzlich eine der oben aufgezählten Trenddiagnosen im Raum steht. Dort steht sie dann nämlich in den allermeisten Fällen *für immer* rum!

Dabei hat es Defizite dieser Art in der Geschichte unserer Spezies wohl schon immer gegeben, mit dem kleinen, aber feinen Unterschied, dass sie nicht zu allen Zeiten notwendigerweise gleich als »Krankheit« angesehen worden sind, sondern – was für ein Wahnwitz – phasenweise sogar als *Begabung*! Genau dieser Blickwinkel aber gefällt mir: Einige der ach so schwierigen Verhaltensweisen könnte man tatsächlich eher als »gesellschaftlich nicht anerkannte Potenziale« sehen denn als krankhafte Veränderungen.

Wenn die Ärzte eine Krankheit nicht heilen können,
geben sie ihr wenigstens einen schönen Namen.
Voltaire

Manch einer wird es allerdings so sehen: »Mit unserer modernen, flächendeckenden Anti-Tyrannen-Medikamentenversorgung sind wir wirklich gut dran. Man stelle sich bloß vor, wir hätten keinerlei medizinische Gehhilfen gegen ›zu aufgeweckte‹ oder zu aggressive Kids, gegen zu schlappe Anpassungs- oder Arbeitsmoral und zur Verlängerung einer viel zu kurzen Aufmerksamkeit. Das wäre ja furchtbar! Stünde nämlich *gar keine* andere Möglichkeit mehr zur Verfügung, müssten sich alle terrorisierten Erwachsenen ganz neue chemie- und rezeptfreie Strategien für den Umgang mit ihren verhaltenskreativen Kindern einfallen lassen! Schreckliche Zukunftsaussichten ...!«

Leidensdruck

Mir persönlich ist allerdings sehr wichtig, dass wir einander in diesem heiklen Punkt nicht falsch verstehen: Selbstverständlich *gibt* es die meisten der weiter oben erwähnten „multifaktoriellen Störungsbilder", wie Fachleute es nennen, tatsächlich und sie können auch einen gehörigen Leidensdruck erzeugen. Allerdings lohnt es sich auch hier, immer sehr genau nachzuschauen, *wer* wirklich darunter leidet, wenn beispielsweise ein kleiner Zappelphilipp oder eine echte Chaosprinzessin andauernd mehrere verschiedene »Absonderlichkeiten« gleichzeitig an den Tag legen. Tendenziell sind eher alle beteiligten Erwachsenen darüber ganz aus dem Häuschen, viel mehr als das jeweils so schrecklich unangepasste Kind selber.

Keinesfalls darf aber hier der Eindruck entstehen, dass ich einen echten Leidensdruck nicht einzuschätzen wüsste. Mir ist sehr wohl klar: Hat ein Kind wirklich unter einem ganzen Sammelsurium von Symptomen, einem sogenannten Symptomcluster, zu leiden, kann man das wohl kaum als »Begabung« bezeichnen. Aber eines kann man immer – möglichst wertfrei, aber kritisch nachdenken und die vielleicht versteckten Potenziale zumindest wahrnehmen, später herausfiltern und im Idealfall sogar fördern! Genau deswegen habe ich diesen Absatz geschrieben – um Sie, liebe Leser, zu jener offenen und zutiefst positiven Sicht- und Herangehensweise zu motivieren, egal wie viel Leidensdruck gerade anstehen mag.

Von meiner Seite gibt es über medizinisch ausreichend begründete Behandlungsansätze sowieso keine grundsätzliche Gut-oder-schlecht-Sichtweise, weil ich Schwarz-Weiß-Denken ganz allgemein problematisch finde, speziell aber, wenn es die Pädagogik betrifft.

Krankgeschrieben

Doch was mich und wohl, wie ich hoffe, auch viele andere »Nachdenker« stutzig machen sollte, ist der derzeitige Hype, der es zulässt, dass jedes Kind, welches sich nur irgendwie unangepasst aufführt oder einfach längere Zeit unglaublich nervt, kinderleicht pathologisiert, sprich: »krankgeschrieben« werden kann. Dabei kommen genau *jene* psychoorganischen Krankheiten, über die derzeit so auffallend viel geredet wird, in Wahrheit vergleichsweise selten vor. Mediziner sprechen dann von einer »geringen Prävalenz« und meinen damit, dass ein bestimmtes Störungsbild eben nicht allzu viele Kinder gleichzeitig betrifft. Für uns alle, die wir neugierig genug sind, darf also eine zusätzliche Frage durchaus erlaubt sein: »Sind all die vielen Fälle *wirklich* medizinisch begründet oder sind sie nur ›begründete Annahmen‹?«

Ich möchte meine Antwort so formulieren: Gerade bei der Beurteilung der menschlichen Psyche werden wir uns *niemals* zu 100 Prozent sicher sein können, weshalb es sich auch bei der gründlichsten Diagnose immer um nichts anderes als eine möglichst genaue Annäherung handeln wird, keinesfalls um eine unumstößliche Tatsache. Der Ausdruck »erhärteter Verdacht« würde es wohl am ehesten treffen. Ein Fakt, den die allermeisten Spezialisten vermutlich auch kaum bestreiten werden.

Es gibt ebenso wenig hundertprozentige Wahrheit wie hundertprozentigen Alkohol.
Sigmund Freud

Doch selbst wenn ich die ganze Sachlage noch so gut zu erklären versuche, regt sich bei Gesprächen mit besorgten Eltern oftmals weiterhin leiser Widerstand: »Wieso aber sind dann all die kindlichen Störungsbilder wie ADHS und Co trotzdem so pandemieartig auf dem Vormarsch?«

Halb leer?

Darauf könnte die Antwort gleichermaßen kurz wie verblüffend einfach sein: Weil Menschen schon evolutionsbedingt und deshalb nur allzu verständlich dazu neigen, im Fall des Falles eher ein *halb leeres* als ein *halb volles* Glas vor sich zu sehen!

Zweifel? Dann fragen Sie sich bitte Folgendes: Was *sehen* wir denn, wenn sich in unserem Blickfeld ein Kind gerade unsagbar »falsch verhält«? Einzig und allein das Fehlverhalten, nichts anderes! Wie viel Zuversicht bleibt uns denn noch übrig, wenn wir ein kleines tobendes Rumpelstilzchen vor uns haben? Wie viel Gelassenheit oder gar *positive Aspekte* können wir einem vor unseren Augen herumalbernden, unbezähmbaren Wirbelwind noch entgegenbringen? Nicht viel, meiner Erfahrung nach! Zumindest nicht ohne die richtige Einstellung und selten ohne etwas vorherige Übung.

Spannende Erkenntnisse

An der »richtigen Einstellung« basteln wir aber ohnehin gerade fleißig. Die Selbsterkenntnis, dass wir Erwachsene zu allermeist nur die augenscheinlichen Symptome sehen, haben wir ja bereits gewonnen. Jetzt fehlt uns nur noch die wertvolle Fähigkeit, eher auf die *Ursachen* zu blicken, die garantiert hinter jedem Fehlverhalten stehen. Dass kein einziges Kind irgendein schlechtes Verhaltensmuster *grundlos* an den Tag legt, ist uns als hoffentlich spannende Erkenntnis aus dem »Tyrannenteil« geblieben.

Leider gehört das Schauen hinter die Kulissen eines Fehlverhaltens bei vielen erziehenden Menschen eher nicht zum Standardprogramm. Vordergründig geht es zumeist bloß darum, das aktuelle tyrannische Verhalten möglichst rasch abzustellen. Punktum! Für mich ist dieses »typisch erwachsene« Reaktionsmuster aber immer noch absolut verständlich und deswegen auch nicht weiter beklagenswert.

Halb voll!

Was ich aber bei dieser Vorgehensweise häufig so sehr vermisse, ist ein konsequenter *Wille zur Zuversicht*. Sobald man diese Denkart anwendet, ist nämlich erstaunlich oft ein klassisches »Abstellen des Tyrannenmodus« gar nicht mehr notwendig. Stellen Sie sich vor, Ihr stürmischer Liebling hüpft schon eine halbe Stunde lang laut johlend kreuz und quer durchs Haus und strapaziert damit in böser Absicht nicht nur Ihre eigenen Nerven, sondern gleich auch noch die der halben Nachbarschaft. Reaktionen auf Ihre gestrengen Einwände: null! So weit, so üblich! Was aber spricht dagegen, dass Sie diesmal nicht standardgemäß ein Glas ergreifen, dessen Inhalt wegen der letzten bewegten Standpauke schon wieder *halb ausgeleert* ist, sondern endlich mal ausschließlich ein *halb volles* Glas vor sich hinstellen: »Mein Schatz, ich freu' mich, dass du heute so unglaublich gut drauf bist! Ehrlich! Gute Laune kann ich selber auch gerade gut gebrauchen!«

Wahrscheinlich haben Sie allein durch diesen zutiefst positiven Zugang wenig später einen Ansatz zur Hand, der schon viel unbekümmerter klingt als jede Zurechtweisung: »Aber denkst du nicht auch, dass wir zwei gleich noch *viel* besser drauf sein werden, wenn das Ganze ein bisserl leiser abgeht?« Dann noch eine kleine Portion Zuversicht obendrauf, vielleicht durch eine aufrichtig gemeinte Aufforderung zur Eigenkompetenz: »Was hättest *du* denn für eine geschmeidige Idee, wie du das hinkriegen kannst?«

In einem guten Wort ist Wärme für drei Winter.
Mongolisches Sprichwort

Jede Wette: Daraufhin wird der kleine Springinsfeld seine Ohren viel eher spitzen als bei jedweder Standpauke, bei welcher ja schon rein gewohnheitsmäßig die Lauschlappen wie von selber zugehen: »Kein Anschluss unter dieser Nummer, Mom!«

Dieses unbekümmerte Vorgehen wirkt mit an Sicherheit grenzender Wahrscheinlichkeit um ein Vielfaches stärker und wird Ihnen obendrein weitaus mehr Spaß machen als alle Abstellversuche. Deshalb möchte ich dieses kleine, aber feine Paket hier, in unserem aktuellen Spaß-Level der Unbekümmertheit, mit dem Begriff »positive Steuerung« umschreiben.

Übrigens ist der Vorfall mit dem kleinen Springinsfeld gar keine Fiktion gewesen, sondern hat vor Kurzem tatsächlich genau so stattgefunden.

Deshalb darf ich Ihnen zum Abschluss auch noch von der geradezu rührenden Antwort jener bisher unhaltbaren kleinen menschlichen Haustrompete berichten: »Hm! Wie wär's mit einer Runde kuscheln, Mami?« – »Aber *gerne* doch, mein Liebling«, grinst jetzt die Mutter glücklich, »wenn du das in Flüsterstimmung hinkriegst?« Nun? Klingt das nicht schon um ein paar Dezibel leiser? ... und kräfteschonender!

Glauben Sie mir: Das Glas ist *immer* auf irgendeine Art halb voll! Sie brauchen nur, mit ein wenig Zuversicht im Herzen, etwas genauer hinzusehen ...

Man kann in Kinder nichts hineinprügeln,
aber vieles herausstreicheln.
Astrid Lindgren

Für die nächste Evolutionsstufe der »positiven Steuerung« brauchen wir jetzt aber *noch* ein bisschen mehr persönlichen Abstand zum Geschehen. Aber dafür habt ihr ja mich, meine Lieben! Ich glaube, dass ihr aufgrund eurer Nähe zum tyrannischen Geschehen viel zu oft die pfiffigste aller Lösungen überseht, die das Getümmel für euch und eure Lieblinge augenblicklich viel erträglicher und vielleicht sogar lustiger machen könnte: nämlich *ausschließlich* das *nichttyrannische* Verhalten nach Kräften zu *fördern*!

Dazu habe ich gleich mal einen konkreten Vorschlag. Gleich beim nächsten geplanten Kampfeinsatz gegen eine fiese Tyrannenattacke eures Lieblings lasst ihr euren tollen Schlachtplan erst mal sausen und übt euch stattdessen lieber kurz in Geduld. Jetzt braucht ihr eine kleine Portion Zuversicht in eurem Gepäck, mit der ihr dann sofort auf die allererste positive Veränderung im Verhalten eures kleinen Plagegeistes reagieren könnt, egal wie winzig die Verbesserung auch sein mag. Was denkt ihr, wäre die beste Reaktion? Für die Änderung *loben*, Leute! Das *könnt* ihr doch, oder? Versucht es ruhig, das macht Spaß und schiefgehen kann auch nicht besonders viel!

Aber halt! Da habe ich doch gerade ein Flashback: Haben wir für dieses pfiffige »Vorgehen mit Abstand« nicht vor einiger Zeit ohnehin schon das neue POWER-Modell kennengelernt? Zur Sicherheit: Nachlesen, staunen, ausprobieren!

Gut gesprochen, Gundi, du alte Daunenfeder!

Positive Förderung

Können Sie nun besser nachvollziehen, dass die ausschließliche Förderung der positiven Verhaltensänderung oder der bisher unerkannten Stärken Ihnen einen weitaus liebevolleren Zugang zu Ihrem Kind erlaubt als das kämpferische Austreiben der allzu auffälligen Schwächen und »bösen Verhaltensmuster« mit allen Mitteln?

»Also *ich* kann das total gut nachvollziehen!«, schnattert Freundin Gundula noch einmal live aus ihrem Gänsehimmel dazwischen, weil sie ja bislang schon so viel Spannendes dazugelernt hat. Vielleicht erinnern Sie sich ja sogar an das indische Sprichwort, wo das Bekämpfen des Bösen zur Sprache gekommen ist? Einer der berühmtesten Pädagogen der Geschichte hat vor mehr als 200 Jahren einen ganz ähnlichen Satz gesagt ...

In der Kindererziehung sollten wir lernen, nicht das Negative auszutreiben, sondern das Positive zu fördern.

Johann Heinrich Pestalozzi

Für alle besonders selbstkritischen Eltern und Pädagogen drängen sich zu guter Letzt natürlich wie von selbst folgende Fragen auf: »Machen wir es uns eventuell viel zu *einfach*, indem wir nahezu immer bereit sind, unsere schlimmen Kinder zu verändern, uns selbst aber nicht so gern?« Daraus wiederum ergibt sich eine spannende Perspektive: »Sollten wir nicht, anstatt die Kinder ihrer Umgebung anzupassen, lieber *uns* den Kindern und all ihren Besonderheiten angleichen?«

Das verursacht ein Stöhnen? »Schon wieder müssen wir alles ändern?« Ja, warum denn nicht? Diese Perspektive ist doch ganz allgemein viel zuversichtlicher, als ständig das Kind tyrannisch finden zu müssen ...

Haltestelle Zuversicht

Schön langsam beginnen wir also zu »verdauen«, dass eigentlich gar nichts dagegenspricht, auch den unerträglichsten Moment, die härteste Tyrannenattacke und das am wenigsten angebrachte Fehlverhalten mit einer kleinen Portion Zuversicht zu sehen! Hier gleich noch zwei Praxisvorschläge: »Was du da gerade gemacht hast, war jetzt zwar nicht so prickelnd, aber ich freue mich schon drauf, wie du es gleich *besser machen* wirst.« Oder anders: »Ich bin *ganz* sicher, dass du dein Zimmer aufräumst, da brauch' ich gar nicht mehr nachzuschauen. Trotzdem freue ich mich, wenn du's mir nachher zeigen magst.« Wie fühlt sich das an? Könnte das eventuell ein kleines bisschen mehr Spaß machen als all die Standpauken aus dem früheren Leben?

Sie haben immer noch ein wenig Zweifel, dass solches Gesülze funktioniert? Dann kann ich nur ein weiteres Mal dazu auffordern, es einfach auszuprobieren. Aber bitte, wie immer: glaubhaft. Mehr als *gar nichts* kann kaum passieren. Eskalation jedenfalls ausgeschlossen. Tyrannenattacken auch ...

Für jene, die sich an der Haltestelle Zuversicht schon jetzt gut aufgehoben fühlen, hätte ich gleich für den nächsten untragbaren Auftritt Ihres Sprösslings einen Vorschlag, den ich gerne den Schön-dass-es-dich-gibt-Ansatz nennen möchte. Er ist einer *meiner* ganz persönlichen Favoriten unter den Verhaltensmustern, die für viel mehr Gelassenheit und damit mehr Spaß am Erziehen sorgen. Mich erstaunt es sehr, wie häufig Eltern auf dieses eigentlich unersetzliche Element der Beziehungsarbeit vergessen, nur weil sie sich von ihren Kindern gerade massiv tyrannisiert fühlen. So wie Mama Miriam ...

⏭ Fall 20: »Trotzdem«

Vor ein paar Tagen

Miriam O. gehört zurzeit ebenfalls in die Kategorie der vollzeittyrannisierten Eltern. Willkommen im Club, liebe Mom! Dass sie bei uns Mitglied ist, nehmen wir natürlich gerne, aber mit durchwachsenen Gefühlen auf. Ihrer siebenjährigen Tochter Carina, der unumschränkten Hauskommandantin, teilt sie ihren Beitritt in den Club der entnervten Eltern auch ausgiebig mit. Inmitten aufflammenden

Zorns und eröffneter Abwehrkämpfe gegen ihr widerspenstiges Kind kommen dann Feststellungen wie diese: »Ich mag dich *gar* nicht, wenn du so bist!« – »Du gehst mir damit auf die Nerven!« – »Deine Meckerei ist ja nicht auszuhalten!« Einen ganz besonders fiesen Kampftext hat Mama Miriam sich erst vor Kurzem einfallen lassen und diesen bereits, wie ich später erfahre, mehrmals angewendet: »Wenn du dich nicht bald änderst, geb' ich dich in ein Heim!«
Was die nette Carina alles aufgeführt hat, um sich solche Ansagen verdient zu haben, soll uns an dieser Stelle nicht weiter interessieren. Erstens kennen wir mittlerweile ja schon genug nervende Verhaltensmuster, zweitens ist das für den späteren Lösungsansatz dieser augenscheinlich verfahrenen Situation unerheblich.
Ich hoffe, Sie denken jetzt nicht, dass die vorigen Zitate allesamt weit überzeichnete, eventuell sogar völlig unrealistische Äußerungen seien, weil moderne Eltern und Bezugspersonen so etwas heutzutage ohnehin kaum noch zu ihren geliebten Kindern sagen. Wenn dem so ist, darf ich Sie nun wahrscheinlich gleich zweifach verblüffen. Das erste Mal, weil ich Ihnen durchaus recht geben muss: Diese Sprüche sind *wahrlich* übertrieben und ich halte sie, genau wie Sie, für gleichermaßen unangemessen wie untauglich. Die zweite Verblüffung könnte sich einstellen, weil leider *nichts* davon erfunden ist! Diese speziellen Formulierungen sind auch nicht zufällig hier gelandet, sondern zählen zu den häufigsten, dafür aber noch lange nicht heftigsten, die ich in letzter Zeit vernommen habe. Der Fairness halber muss ich freilich betonen, dass nicht *jede* einzelne Aussage allein von Miriam O. stammt. Aber wenn die zwei Mädels streiten, dann haben sie es beide verbal eben ganz schön drauf und schenken einander nichts ...

Lösungsansatz

Heute

Nach kurzen, aber sehr aufschlussreichen Einzelgesprächen mit Miriam und Töchterchen Carina habe ich ein klares Bild vor Augen. Deshalb biete ich der jungen Mutter anstatt der mittlerweile gänzlich ausgereizten

Beschimpfungstaktik eine völlig neue Vorgehensweise an, die nicht nur augenblicklich alles Liebevolle und Positive in der Beziehung der beiden zum Vorschein bringt, sondern vor allem den Vorteil hat, dass die zwar immer tyrannisch-aufsässige Carina, die jedoch im Grunde ihres Herzens total anlehnungsbedürftig ist, nicht im Geringsten mit so etwas rechnet. Hören wir also zu, was Miriam heute mit gelassener Miene und einem warmen Lächeln zu sagen hat, während Kommandantin Carina mal wieder eine endlos nervige Einschlafzeremonie in Angriff nimmt: »Weißt du was, mein Mädchen? Ich find' zwar dieses endlose Hinauszögern grade nicht besonders lustig, aber ich hab' dich *trotzdem* sehr, sehr lieb! Das hab' ich dir wohl schon länger nicht gesagt. Ach ja, noch etwas, mein Schatz, *schön, dass es dich gibt*!«

Das erste Glück eines Kindes ist das Bewusstsein, geliebt zu werden.
Don Bosco

Dass die heute gut vorbereitete Mama während dieser Worte auch gleich das Licht abgedreht hat, ist der vollkommen verblüfften und seit langer Zeit endlich mal sprachlosen Göre gar nicht mehr so wichtig. Kein Wunder, wenn man mitten in der Schnappatmung steckt. Da hat man ganz andere Gefühle! Hoffentlich schöne ...

So einfach und *ohne* jede Aufregung kann es manchmal gehen. Denken Sie auch, dass wir hier bereits einen weiteren ganz brauchbaren Ansatz dafür haben, damit Erziehung vielleicht doch Spaß machen kann?

Erinnern Sie sich noch an den Ansatz der »unerwarteten Interaktion«? Das, was Miriam da soeben erfolgreich ausprobiert hat, war schon wieder so eine »unexpected interaction«. Niemals hätte unsere kleine Carina mitten im höchsten Streit-Level mit so etwas gerechnet. Im weiteren Verlauf des zweiten Buchabschnitts werden wir dieses hochwirksame Werkzeug noch viel besser verstehen lernen.

Etappenziel

Zum Abschluss unseres zuversichtlichen »Level-eins-Schnupperkurses« machen wir uns doch noch einmal voller Zuversicht bewusst, welche *positiven Verhaltensmuster* unsere Lieblinge trotz möglicherweise gerade eingeschalteten Tyrannenverhaltens noch so draufhaben. Vielleicht hat

Ihr Nachwuchs seine schönsten, lustigsten und liebenswertesten Verhaltensmodi bloß schon länger nicht gezeigt. Aber sie sind ganz sicher da, versprochen! Falls Ihnen jedoch gerade nichts Passendes einfallen mag, wage ich hier eine freilich noch unvollständige, aber durchaus ...

Zuversichtliche Aufzählung

Beispielsweise hätte Ihr Liebling sicherlich mitunter auch *so* etwas im Programm: Charme-Modus, Kuschel-Modus, Frage-Modus, Anlehn-Modus, Grinse-Modus, Kitzel-Modus, Vertrauens-Modus sowie den Ich-lasse-dich-mit-meinem-Dackelblick-schmelzen-Modus. Der für alle Erziehenden wohl schönste aller möglichen positiven Zustände ist aber zweifelsfrei der Schlaf-Modus. Nur ein Kind, das schläft, ist frei von allen tyrannischen Gedanken.

Sind Sie nun schon etwas zuversichtlicher? Na bitte, geht doch!

Weil moderne Erziehung so selten von großer Hoffnung beseelt ist,
wird so selten ein großes Resultat erreicht.
Bertrand Russell

Spaß-Level zwei

Vom Anzünden und Einklinken – Spaß mit Eigenleben?

Das nun folgende nächsthöhere Level könnte Ihre Sichtweise in Bezug auf tyrannisches Verhalten dermaßen radikal ändern, dass Sie später vielleicht einmal verwundert den Kopf schütteln werden: »Weshalb macht mir die Erziehung meiner Kinder eigentlich jetzt so viel Spaß? Was hat sich geändert?« Wenn Sie sich diese Frage stellen, ist es wohl Zeit, genau dieses Kapitel, vielleicht aber auch einige der anderen in diesem Teil, später nochmals aufmerksam zu lesen.
Trotz der grundsätzlichen Einfachheit der vorgestellten Ansätze wird dieses Kapitel das umfangreichste im ganzen Buch werden. Also: Holen Sie sich etwas Kühles zu trinken, bringen Sie Ihre Kinder für die nächsten Stunden bei der freundlichen Nachbarin unter und stellen Sie sich als Erstes unsere nun schon gewohnte Was-wäre-wenn-Frage ...

Was wäre, wenn es so etwas wie einen Geheimschlüssel gäbe, den Sie nur in ein dafür passendes Zündschloss stecken müssten und schon liefe der momentane »erzieherische Holperzustand« wieder einigermaßen rund? Hört sich das gut an? Etwa unglaubhaft? Dann lade ich Sie zum Kennenlernen des zweiten Spaß-Levels ein. Lukas und Albert, zwei Plagegeister, wie sie unterschiedlicher nicht sein könnten, springen jedenfalls auf solche »Zünder« erstaunlich rasch an ...

Vertrauensaufbau

Ehe wir uns auf die neugierige Suche nach dem richtigen »Zündschlüssel« gegen all diese hartnäckige häusliche Tyrannei machen, will ich ein wenig Ihr Vertrauen aufbauen: Ich selbst wende Spaß als bewusstes erzieherisches Stilmittel aus vollem Herzen nunmehr seit mehr als drei

Jahrzehnten in der operativen Arbeit an. Dass ich dabei ausschließlich mit »verhaltenseinfallsreichen« Kindern und Jugendlichen bis 19 Jahre zu tun gehabt habe, mag Ihnen die Gewissheit geben, dass wohl *etwas dran sein* muss, sonst wäre ich bereits sang- und klaglos unter unzähligen ungelöster Tyrannenattacken eingeknickt. Daraus ergibt sich Ihre erste kleine, aber feine Sicherheitsgarantie: Alle Ansätze und Tipps in diesem Buch sind in »gnadenlosen« Härtetests bereits hundertfach erprobt worden. Deshalb spricht nicht das Geringste dagegen, dass jeder einzelne Rat auch bei *Ihnen* daheim oder in Ihrer Schulklasse, Hortgruppe usw. ebenfalls praxisnah funktioniert. Lassen Sie sich also ebenso entspannt wie vertrauensvoll darauf ein. Jetzt aber erfahren wir zunächst einmal, was es heißt, von einer Sache so richtig abhängig zu sein ...

Lustiges Suchtverhalten

Bevor wir den zweiten Spaß-Level überhaupt verstehen können, muss ich endlich eindeutig klarstellen, dass Kinder »süchtig« nach Spaß sind und ihn gleichermaßen als Lebenselixier wie als Liebesbeweis wahrnehmen. Das gilt zwar grundsätzlich für alle Altersklassen, ist aber natürlich in der Kleinkinder- und frühen Schulzeit für eine solide Beziehungsbasis ganz besonders entscheidend. In vielen Kolumnen, vor allem aber in meinen Seminar-Kabarett-Programmen habe ich den Spaß schon früher als »Droge der Kinder« bezeichnet und bin damit erstaunlicherweise auf keinerlei Ablehnung gestoßen. Also erlaube ich mir diese besondere Formulierung hier erneut.

! Die Lieblingsdroge aller Kinder heißt: *Spaß*! Wenn Kinder von diesem »Stoff« nicht regelmäßig Nachschub erhalten, werden sie ziemlich rasch unrund.

Man kann es durchaus auch mit dem Wort »Entzugserscheinung« beschreiben, die verhältnismäßig rasch und heftig auftritt, falls der häusliche »Spaß-Dealer« – damit sind im Idealfall *Sie, liebe Eltern,* gemeint – den regelmäßigen Nachschub plötzlich stoppt. Das zeigt sich dann eben anhand jener Verhaltensweisen, welche uns bei manch einem »tyrannischen Kind« so sehr verärgern. Also dürfen Sie es schon mal als erste grundlegende Erkenntnis im Kampf gegen häusliche Tyrannei werten, dass Sie – so simpel das klingen mag – die Droge Spaß nicht willkürlich absetzen oder deren Nachschub stoppen sollten, um die tyrannische Gefahr deutlich zu verringern. Manches, das Ihnen bisher vielleicht als unlösbar erschienen sein mag, ist verblüffend leicht mit Spaß und Humor zu lösen. Bevor jedoch der allzu verständliche Gedanke aufkommt, dass es doch manch ernste Situation gäbe, wo Spaß absolut unmöglich sei, winke ich gleich mal ab: Setzen Sie die Droge Spaß *erst recht* dann ein, wenn Sie glauben, es ginge *überhaupt* nicht. Sie werden staunen! Und nicht nur Sie, auch Ihre Kinder kommen vielleicht bald aus dem Staunen nicht mehr heraus ...

⏭ Fall 21: Heulboje

Wochen zuvor

»Hör jetzt endlich mit dem Geheul auf«, schimpft Hubert G., Vater des knapp fünfjährigen Lukas, »das hält man ja im Kopf nicht aus! Du weißt, dass ich das nach der Arbeit nicht mag! Also sei jetzt endlich mal still!« Diese kurze, aber strenge Standpauke ist in letzter Zeit schon Routine. Erstens klingt Papa Hubert eben *immer* streng und überaus ernst, wenn er etwas einfordert, und zweitens, weil Lukas, der kleine Star, eben seit ein paar Wochen total gerne singt. Es ist allerdings schon sehr mutig, so ein angestrengt schrilles Geplärre überhaupt als »Singen« bezeichnen zu wollen. Aber, wie wir ja nun schon wissen, dürfte das alles bloß eine Frage des Standpunkts sein. Genau *diesen* Aspekt sollten Sie übrigens den gesamten Fall über im Auge behalten.

Musik wird oft nicht schön gefunden,
weil sie stets mit Geräusch verbunden.
Wilhelm Busch

Lukas reagiert natürlich sofort auf Vaters Zurechtweisung. Er blickt ihm ganz kurz ins Gesicht, wo sich wie erwartet der schon gewohnte Ich-bin-bis-zum-Abwinken-genervt-Ausdruck abzeichnet. Doch der kleine Pfiffikus erkennt mit typisch kindlicher Präzision auch noch etwas anderes in den so sehr vertrauten Gesichtszügen – einen Anflug von Unsicherheit! Papa Hubert, auch heute Abend nach seiner verantwortungsvollen Tagesarbeit wieder schwer geschlaucht, denkt wohl insgeheim: »Wird der Junge wenigstens *diesmal* auf mich hören und mir meine verdiente Erholungszeit gönnen? Aber was, wenn nicht …?«

Tja, wie das Leben so spielt, Leute: Ausgerechnet *dieser* letzte Zweifel des Vaters trifft mal wieder punktgenau ins Rabenschwarze der tyrannisch veranlagten Kinderseele unseres aktuellen Helden Lukas. Nach einem prüfenden Blick auf seine Mutter, deren ganze Haltung sowieso bloß Zweifel ausstrahlt, schaltet das innere Tyrannenprogramm erneut auf »Go«. Das Geheul setzt augenblicklich wieder ein. Natürlich lauter als vorher, dafür aber wenigstens mit strahlender Hingabe. Der kleine Schelm grinst übers ganze Gesicht.

Lösungsansatz

Behalten Sie diesen speziellen Augenblick bitte gut in Erinnerung. In ihm liegt nämlich bereits ein erster, wunderbarer »Zündschlüssel« für das lockere Anspringen eines zuvor vielleicht noch bockingen Kindes verborgen. So viel aber schon jetzt: Sie müssen nicht darauf warten, dass Ihr Kind sein breitestes Grinsen aufsetzt. Zu so einem speziellen Zeitpunkt mit Eskalationspotenzial geschieht das bei Lukas sehr wahrscheinlich sowieso nur deshalb, um die eigene aufkeimende Unsicherheit zu überspielen.

Die logische Lösung: Tun *Sie* es doch als Erster! Fangen Sie doch des Öfteren mal *von sich aus* mit dem Strahlen an, um sofort danach eine gemeinsame Basis für ehrlichen Spaß anstatt für unnötigen Streit zu finden. Dagegen spricht absolut nichts außer »alte Muster«, an denen wir ja so gerne und zuweilen unverrückbar festhalten. Mit einem einzigen strahlenden Lächeln, wo es vorher nur ein ernstes Gesicht gegeben hat, könnten sich ganz neue, entspannende Perspektiven auftun. Vielleicht können Sie mit dieser winzigen Verhaltensänderung sogar Ihre innige Liebe zu Ihrem Kind plötzlich viel intensiver auskosten und die schönen Momente mit ihm viel nachhaltiger genießen.

Zurück bei Lukas

Der Vater ist jedoch derzeit noch mehrere Lichtjahre vom Genießen entfernt, fühlt sich stattdessen – typisch erwachsen – vom Grinsen seines Kindes erst mal provoziert und wird deswegen *noch* ernster … sofern das überhaupt noch geht! Jedenfalls steigt der mutige Mann erneut in den Tyrannenbekämpfungsmodus ein: »Was hab' ich dir gesagt? Es reicht mir bald mit dir! Lass mir endlich meine verdiente Ruhe, zum Himmeldonnerwetter noch mal …!«

Den weiteren Verlauf der Eskalation möchte ich hier nicht noch mehr breittreten. Nennen wir es schlicht eine Art fortgeschrittenes »Pingpong für genervte Väter«. Es geht hin und her: Die jeweils nur kurz unterbrochenen lauten Gesangseinlagen wechseln mit den mittlerweile nicht minder lauten Bekämpfungsversuchen durch den Vater ab, während sich die Mutter *weise* heraushält. Obwohl: *So* besonders weise ist das vielleicht gar nicht, zum Donnerwetter …

Wenn man die schrille Gesangsdarbietung aus einiger Entfernung betrachtet, fällt es einem wie Gänsefedern von den Augen, dass Lukas sehr wahrscheinlich seinen geliebten Papa überhaupt nicht tyrannisieren *will*, und noch viel weniger seine Mama, die offensichtlich das Ganze viel entspannter sieht. Womöglich geht es dem Jungen allein darum, von seinem Vater, der offenbar ein Workaholic und wenig daheim ist, einfach so richtig liebevoll und vor allem *deutlich spürbar* wahrgenommen zu werden. Vielleicht genügte ja allein schon der Schön-dass-es-dich-gibt-Ansatz vom Spaß-Level eins, wer weiß?

»Ich möchte es für euch alle nochmals deutlich wiederholen«, reklamiert Gundula: »*wahrgenommen* will der Knabe werden, nicht *bekämpft!*«

Doch das war noch nicht alles! Jetzt, wo die g'scheite Gans mal losgeschnattert hat, ist sie nicht mehr zu bremsen: »Wie jetzt? Ihr habt da keinen so richtig pfiffigen Plan, wie man ein Kind am besten wahrnimmt, damit es dann auch augenblicklich damit zufrieden ist und im praktischen Kombipack vielleicht sogar auch viel schneller still? Echt nicht? Na, *das* weiß sogar ich! Dabei bin ich bloß Geflügel: Nicht mit schlechter Laune, ihr Lieben, sondern mit *guter*! Nicht mit Ernst, sondern mit Spaß! *Darauf* springen auf wundersame Weise *alle* Kids dieser Welt an, nicht auf ernsthafte Kampfansagen, vor denen sie sich bloß fürchten! Spaß ist wie ein perfekt passender Zündschlüssel, der die inneren Motoren der Kinder endlich wie gewünscht schnurren lässt ... und was, lieber Vater, könntest du dir wohl mehr wünschen, als dass der Motor deines Sohnemanns nicht weiterhin so unrund quietscht? Bei einem Kind kann es sowieso nur einen einzigen Wohlklang geben, auf den alles hinauslaufen soll und darf: lachen!

Haltestelle Herzensschlüssel

Unglaublich weise gesprochen, großer weißer Vogel! »Dumme Gans« traue ich mich zu Gundula schon lange nicht mehr zu sagen. Die flatterhafte Dame ist in ihrem jetzigen Wesenszustand immer besonders leicht eingeschnappt!

Diesmal aber soll die treue Gundi reichlich Grund zur Freude haben, weil ich sie, wo wir an dieser überaus wichtigen Haltestelle nun schon mal angekommen sind, gleich über den Klee loben werde: »Für mich, liebe schneeweiße Freundin, fühlt es sich so an, als wäre deine witzig-weise Erkenntnis eine der wichtigsten, wenn nicht überhaupt *die allerwichtigste* in diesem aufregenden Buch, weil schlichtweg *alle* Eltern wissen sollten, dass Spaß den einzig wahren Zündschlüssel zum Herzen ihres tyrannischen Kindes darstellt!«

Lösungsansätze

Vorige Woche

Klar habe ich all das mit im Gepäck, als ich daheim bei den Eltern von Lukas auftauche. Doch ich weiß, ich muss es behutsam anpacken. Wenn ein geplagter Vater mitten im Ich-komm'-gerade-von-der-Arbeit-Stress steckt und dann auch noch *Spaß* verstehen soll, ist das verständlicherweise schwer zu schlucken ... wenn es um *Kindererziehung* geht, versteht sich! Im Stammlokal mit den manchmal auch ganz schön nervigen Kumpels sieht das schon ein bisserl anders aus, egal wie lange der Arbeitstag auch gewesen sein mag. Nicht wahr, meine Herren?

Sei's drum, lasst uns diesen lauten Fall endlich lösen! Aber wie gesagt: behutsam, Schritt für Schritt und mit dem unabänderlichen Ziel vor Augen, den richtigen Zünder zu finden. Deswegen habe ich im Gespräch bald eine erste vorsichtige Frage an Papa Hubert, den offensichtlich ernsthafteren, gestrengen Teil in dieser Familie: »Sagen Sie mir bitte: *Bringen* Ihre ernsten Ermahnungen eigentlich etwas?« Die Antwort kommt wie aus der Pistole: »Nein! Eigentlich nie! *Immer* wird ein Kampf daraus!« Die nächsten zwei Fragen sind aufgelegt: »Warum *tun* Sie das dann? Verschwenden Sie gerne Ihre Kräfte?« Schweigen im Walde! Gut, wir sitzen im Wohnzimmer, aber ...

Lukas' Mutter fragt etwas zaghaft nach: »Aber wieso *hört* unser Junge nicht auf meinen Mann?« – »Dafür mache ich wenigstens drei Dinge verantwortlich!«, erwidere ich, »erstens die *spürbare* Unsicherheit des Vaters, sobald er etwas gefordert hat, zweitens die offensichtliche Uneinigkeit zwischen *Ihnen beiden*. Die dritte Sache hingegen ist gleichzeitig auch schon die allerwichtigste: Ihr Kind ›gehorcht‹ deshalb nicht, weil es darauf wartet, dass hier irgendjemand den richtigen Zündschlüssel betätigt und – bitte, Papa, sei endlich mal so gut und denke nicht typisch erwachsen, sondern ein bisschen *wie ein Kind* – etwas an dem Gesang *lustig* findet!«

Aufgabe der Umgebung ist nicht, das Kind zu formen,
sondern ihm zu erlauben, sich zu offenbaren.
Maria Montessori

Versteht ihr es, liebe Erwachsene? Die wichtigste Ausdrucks- und Kommunikationsform eines Kindes, um jemanden auf sich aufmerksam zu machen, den es innig liebt, ist, *Spaß* in diesem Menschen auszulösen. Speziell dann, wenn diese wunderbar sensiblen kleinen Herzen fühlen, dass der geliebte Mensch zutiefst gestresst oder verletzt ist. Dann wollen sie mit allen ihnen zu Gebote stehenden Mitteln *helfen*, nicht tyrannisieren! Sie wollen nicht *schuld* daran sein, dass es ihm weiterhin schlecht geht, sondern viel lieber dafür verantwortlich, dass es *besser* wird. Es entsteht dann so eine Art Ich-habe-eine-Heilung-geschafft-Euphorie. Ein überaus förderndes Erlebnis für das kindliche Selbstwertgefühl. Das Mittel der Wahl, um diesen Zustand zu erreichen, ist für ein

Kind nun mal, dass dieser jemand *endlich lacht* oder wenigstens lächelt, vielleicht auch nur ein bisschen grinst. Kleine Tyrannen sind ja bescheiden oder *werden* es wenigstens mit der Zeit ...

Ein offenes Lächeln ist jedenfalls schon Bestätigung vom Feinsten, *da* gehen Juniors und Prinzesschens Herzen auf wie die Primeln im Frühling – und »funktionieren« gleichzeitig mit diesem Aufgehen zumeist auch sofort wunschgemäß, indem sie sich erstaunlich schnell einkriegen. Wenn man aber bloß mit ihnen schimpft, machen sie sofort zu und bleiben auch zumeist ein ganze Weile in diesem Zustand. Genau *das* aber nennen wir dann schon wieder »tyrannisches Verhalten«. So einfach kann es in manchen Dingen sein, die Erlebenswelt der Kinder zu verstehen!

Wie fühlt sich das für Sie an? Gut? Freut mich ... und sicher bald auch Ihren Sprössling!

! Mit Schimpfen oder »lautem Maßregeln« erreicht man eine mögliche Verhaltensänderung bloß durch Angst, die jedoch in keinem Fall ein hilfreicher Begleiter ist.

Angst kann uns zwar daran hindern, das Unrechte zu tun;
sie bringt uns aber noch lange nicht dazu, das Rechte zu tun.
Alfred Adler

Endspurt für Lukas, vorgestern

Bei Papa Hubert ist ein zarter Schubs in die richtige Richtung angebracht: »Sind Sie sich eigentlich über zwei ganz entscheidende Wesensarten Ihres Kindes voll im Klaren?« Erwartungsgemäß fragende, aber interessierte Blicke.

»Ihr Sohn ist überaus sensibel – im Sinne von *verletzlich* – und nimmt jede Ihrer Stimmungen so stark in sich auf, dass er *sofort* etwas tun muss, sonst fühlt es sich für ihn an, als müsse er zerplatzen. In seinem Fall und in der momentanen Phase ist es eben das auffällige Geheul, das er bloß anstimmt, um Ihre für ihn buchstäblich schmerzhafte Anspannung zu lösen, nicht um Sie zu tyrannisieren! Das ist lediglich das, was

Sie *sehen*! Zweitens sollte Ihnen aufgefallen sein, dass Ihr Bub bei den meisten Dingen, die er tagsüber so tut, immerzu ein schelmisches Grinsen im Gesicht trägt und, wie ich höre, auch oft und herzhaft lacht. Verstehen Sie diese Grundorientierung Ihres Sohnes doch einfach als den ›perfekten Zündschlüssel‹ für sein Herz: Lukas will *immer* Spaß, wenn's geht. Am liebsten *gemeinsam* mit Ihnen, lieber Papa, weil er diese Droge von Ihnen zu selten bekommt. Nicht nur, weil Sie so viel arbeiten, sondern just, weil Sie immer übermäßig ernst reagieren. Was könnte also einfacher sein, als dem Jungen versuchsweise einfach mal seinen heiß ersehnten Spaß zu geben und Ihrem Liebling damit eines ganz klar zu vermitteln: Ich bin nicht deinetwegen so schlecht drauf! Im Gegenteil, *du* schaffst es meistens, dass ich mich viel schneller wieder gut fühlen kann. Schön, dass es dich gibt!«

Der zweifelnde Blick des Vaters plus zugehöriger Schlussfrage kommt nach meinem Monolog nicht unerwartet: »Und wie mache ich das?« *Das* erkläre ich natürlich sehr gerne ...

Heute

Wie jeden Tag merkt der kleine Lukas sofort auf, als an der Wohnungstüre der Schlüssel umgedreht wird: Papa kommt heim. Endlich! Wie wird er *heute* wohl gelaunt sein? Schlechter oder besser? Wie auch immer: In Kürze wird das kleine Gesangstalent ganz schön ins Staunen geraten und am Ende nicht nur er allein. Papa Hubert macht heute nämlich etwas völlig Überraschendes. Er streckt den Kopf zur Türe herein, strahlt über das ganze Gesicht und fragt sofort gut gelaunt: »Na, mein Kleiner? Hast du heute auch wieder ein tolles Liedchen für mich vorbereitet? Dann leg mal los! Ich hör' dir zu!«

Ich bin nicht ganz sicher, ob ich Ihnen das, was jetzt in dem Kind vorgeht, auch plastisch genug beschreiben kann, so wunderbar ist es. Ich versuche es mal so: Schade, dass es nicht etwas wie eine »technische Eltern-Grundausstattung« gibt, in der dann eventuell auch ein tragbares Kinder-EKG-Gerät mit eingepackt sein könnte. Lukas' Eltern könnten in diesem Fall nämlich aufzeichnen, wie das Herz des Kleinen vor lauter Glücksgefühl auf einmal mehrfach schneller schlägt: »Was? Mein lieber Paps macht Scherze, worüber er früher immer bloß geschimpft hat? Wer hat denn hier meinen Vati ausgetauscht? Aber egal, der Neue hat gerade gesagt, dass er mir auch noch *zuhören* will! Das ist ja *soo* cool! Jetzt kann ich ihn *heilen* ...!«

Finale

Diesmal zeigt sich das uns schon bekannte breite Grinsen im Gesicht des Jungen nicht erst *nach* der ersten Eskalation, sondern unmittelbar nach Papa Huberts freundlicher Aufforderung und es wirkt um vieles gelöster.

Doch für die Eltern tut sich das wahrlich erlösende Finale erst so richtig auf, als Lukas tatsächlich wie immer losträllert. Aber diesmal – man kann es kaum glauben – klingt es um ein Vielfaches leiser und behutsamer als sonst und sogar ein wenig melodisch ... solange man etwas tolerant ist und vor allem: kein Musiker. Was *meinen* »geschulten« Antennen allerdings nicht entgeht, ist, dass Lukas' Liedchen nun auch *glücklich* klingt.

Heute kommt von den Dreien keiner mehr aus dem Staunen heraus: Die Darbietung des Kindes ist ohne jede Intervention sogar plötzlich auf ein Zehntel der üblichen Zeit reduziert und niemand ist auch nur annähernd genervt. Tyrannenmodus: Heulboje? Was soll *das* denn sein?

Als ich mich verabschiede, haben alle drei ein gelöstes Lächeln im Gesicht. Lukas aber ist der Strahlemann-König, weil heute *niemand* mit ihm geschimpft hat. Hurra! Wozu auch? *Er* hat ja seinem Vater an diesem Tag erstmals buchstäblich »Spaß gemacht«!

Lache, und die Welt lacht mit dir. Weine, und du weinst allein.
Fernöstliches Sprichwort

Zwischensumme, die erste

Nach so einer detaillierten Fallanalyse haben Sie sich eine restlose Auflösung der pädagogischen Hintergründe redlich verdient. Hier ist kein seltenes Wunder geschehen, noch weniger eine idealisierte Schilderung meinerseits, sondern es ist ein ganz einfacher Prozess abgelaufen. Das vorher so tyrannische Kind fühlt sich endlich wahr- und angenommen, anerkannt, sichtbar geliebt und auf *seiner* »Baustelle« abgeholt, die ihm am besten vertraut ist. Lukas' Vater hat ohne Kraftaufwand den

Zündschlüssel für sein Kind gefunden. Dabei ist ihm endlich klar geworden, dass es seinem wunderbar feinfühligen Kind bloß immer darum gegangen ist, seinen geliebten Vater aufzuheitern, nichts weiter! Was könnte also leichterfallen, als sich beim Aufbau dieser gemeinsamen Heiterkeit tatsächlich hin und wieder von seinem Kind *helfen* zu lassen? Eine winzige Portion mutig-gelöster Grundstimmung sollte man allerdings schon mitbringen, *bevor* man die Haustüre aufschließt und diese dann noch mutiger *investieren*. Es muss ja nicht jeden Tag sein! Aber glauben Sie mir: Diese neue, spaßige Vorgehensweise lässt Sie zumindest an ausgewählten Tagen Ihren Arbeitsstress um ein Vielfaches schneller vergessen als jede noch so ernsthafte Standpauke.

Zwischensumme, die zweite

Wir wissen jetzt endgültig, dass Kinder Spaß in jeder noch so »verfahrenen« Situation und in jeder beliebigen Dosierung vertragen können. Die Schwierigkeit liegt also ganz allein bei uns Erziehenden, weil es uns meist nicht ganz so leicht gelingt, daran zu glauben, dass wir diesen Schlüssel sogar in Momenten einsetzen können, in denen er augenscheinlich am allerwenigsten passt. Klar gehört ein wenig Mut dazu!

Viel Stoff, oder? Aber es kommt noch mehr, denn für die richtige Dosierung fehlen uns noch immer ein paar Zutaten …

Ehrliche Dosis

Eine ganz besondere Zutat für eine wirklich passgenaue Dosis Spaß haben wir in diesem Zusammenhang noch nicht erwähnt und die muss unbedingt noch hinzu, sonst misslingt der ganze hübsche Ansatz: *Ehrlichkeit!* Fachleute nennen dieses wertvolle pädagogische Werkzeug, wie wir ja schon wissen, »Authentizität«. Damit will ich im aktuellen Kontext nichts anderes sagen, als dass Sie jeden Schabernack, jedes lustige Argument, sogar den zartesten Ansatz zum Blödeln auch *für sich selbst* empfinden sollten, sonst heißt es »game over«! Sollte irgendeine Art von Spaß nicht wirklich von Herzen kommen, würde Ihr Kind das sofort spüren.

Kinder empfinden ihre Umgebung mit ihren feinen Seismografen.
Bruno Bettelheim

War das alles?

Fast höre ich jemanden sagen: »Und das soll jetzt alles gewesen sein? Ein Vater, der seinen Sohn damit aufzieht, dass er sich ungezogen verhält, indem er einfach zynisch das falsche Verhalten von ihm verlangt?« – Dreimal: *Nein!*

Erstens: Wenn der Vater sein Kind freundlich ermuntert: »Leg los, ich hör' dir zu!«, kann überhaupt nur dann ein zynisches Element enthalten sein, wenn die ganze schöne Aufforderung zutiefst *unehrlich* gemeint ist. Deshalb haben wir uns ja zuvor zur Sicherheit noch die unersetzliche *Authentizität* in Erinnerung gerufen.

Zweitens: Diese Vorgehensweise ist gar nicht *meine* Idee, sondern sie wird von zahllosen Pädagogen und sogar Psychologen schon seit Jahrzehnten eingesetzt und ist in der Fachwelt als »paradoxe Intervention« bekannt. Hierbei wird das Fehlverhalten buchstäblich *eingefordert*, anstatt es wie üblich wortreich zu *bekämpfen*. Das nimmt auf einfache Weise den vorherigen Druck aus dem Fehlverhalten heraus und lässt dem Kind obendrein eine freie Entscheidung. In unserem Fall: »Singe ich nun für Paps drauflos oder lasse ich es bleiben?« Das besonders Schöne daran: *Beide* Entscheidungen sind gut! Haben Sie das erkannt? Es kann eigentlich nicht allzu viel schiefgehen. Runde Sache, nicht wahr?

Also: Paradoxe Intervention vor! Ein wahrer, wirksamer Zündschlüssel! Ich selbst wende sie nun schon mindestens zwei Jahrzehnte lang ziemlich konsequent an. Natürlich nicht immer, aber stets gern. Sie kann wirklich etwas! Diesen besonderen Tipp gebe ich übrigens nicht *jedem* meiner Klienten, sondern wähle sorgfältig aus, wer mir dazu »reif« genug erscheint. Auch hier habe ich diese Vorgehensweise nur deshalb ausformuliert, weil ich vertrauensvoll davon ausgehe, dass die allermeisten meiner Leser bereits meine früheren Werke wie »Das Neue Entspannt erziehen« oder auch »Warum zappelt Philipp?« gelesen haben und somit zu den *reifen* Fortgeschrittenen zählen. Daher hier meine Bitte: Wenden Sie dieses mächtige, aber sensible Werkzeug mit großem Respekt gegenüber Ihrem Kind und ausschließlich mit Bedacht an. Besonders ehrgeizigen Eltern und Pädagogen empfehle ich, zu diesem spannenden Stilmittel ein wenig eingehender zu recherchieren, *bevor* sie es einsetzen. Wenn Sie das gemacht haben, probieren Sie es mutig in der Praxis aus und lassen Sie es nicht in einer gedanklichen Schublade verkommen: Es kann gleichermaßen Spaß machen wie unendlich erleichternd wirken!

Jetzt bin ich Ihnen aber noch einen Punkt schuldig: Mein drittes *Nein!* Das war noch lange nicht alles. Jetzt wird es nämlich erst so richtig verrückt – Entschuldigung, ich meine natürlich: *lustig*! Wobei ab hier genau genommen beides zutrifft. Aber auch diesmal packen wir die Sache besser Schritt für Schritt an, damit es für Sie nachvollziehbar und damit praxistauglich wird. Erst mal kommt ein überaus spannender Blickwinkel auf Sie zu ...

Berechenbarkeit – Tyrannenzeit?

Haben Sie eigentlich schon einmal konkret darüber nachgedacht, warum so viele emotionale Konfrontationen mit unseren Lieben überraschend »schlecht« für uns persönlich ausgehen? Machen Sie sich in der anstehenden Denkpause bereit für manch eine schmerzhafte Erkenntnis ...

⏭ **Fall 22: »Berechenbar«**

Eine junge Mutter möchte gemeinsam mit mir über die nahezu täglichen Zusammenstöße mit ihrer 13-jährigen Prinzessin nachdenken: »Andauernd ziehe ich bei meiner Tochter den Kürzeren«, beschwert sie sich eifrig, »und sie behält sowohl beim Einfordern als auch beim Streiten immer die Oberhand, setzt dann jedes Mal ihren Willen durch. Ich kann mich doch nicht weiter so tyrannisieren lassen! Was soll ich bloß tun?« Diesmal bin ich es, der so eine Art Pistolenschuss-Antwort parat hat: »Liebe Mutter, seien Sie vielleicht zur Abwechslung mal für Ihre Tochter weniger *berechenbar!*«

Kurz sieht die geplagte Frau zwar etwas ratlos aus, dann jedoch zieht sie eher unbeeindruckt von meinem Einwand einige Vorschläge aus dem Handtäschchen: »Ist es, weil ich ganz allgemein zu wenig kämpferisch bin oder bin ich etwa bloß zu nachgiebig ...

zu gutmütig ...zu viel liebende Mutter und zu wenig Erziehende? Vielleicht, weil ich immer nicht die richtigen Worte finde und meine Tochter einfach besser *reden* kann!«
»Nichts von alldem!«, versetze ich, »ich glaube, Sie haben bei all den Konfrontationen deshalb so schlechte Karten, weil Sie, wie wir alle, bei *jeder* Ihrer Aktionen, Reaktionen und leider auch bei jeder Ihrer Interventionen für Ihr Kind so vorhersehbar handeln!« Jetzt ist sie erst mal sprachlos, die liebe, gute Mam ...

Verrückte Zündschlüssel?

Wahrlich, unser allzu typisches »erwachsenes Verhalten« ist für Kinder und Jugendliche, besonders für die von der pfiffigen Sorte, ja so unglaublich leicht vorherzusehen. Das macht uns auch zuweilen so angreifbar. Schließlich ist kein Mensch in einer Konfrontation leichter aus der Bahn zu werfen als einer, dessen Reaktionen man schon im Voraus mit einiger Zielsicherheit erahnt. Genau das aber tun unsere lieben kleinen Hosentaschenanarchisten mit uns: Sie *rechnen uns aus*! Komischerweise ist das die einzige Kalkulation, für die sie niemals einen »Tippsomaten« benötigen. Das geht auch problemlos im aufsässigen, berechnenden Köpfchen!

Tretet einen Schritt zurück, Leute, dann seht ihr auch noch einen anderen Blickwinkel vor euch. Es gibt nämlich mitnichten nur hinterhältige und beinhart berechnende Kids. Eigentlich sind das die allerwenigsten! Dafür gibt es zu Tausenden zutiefst verunsicherte, verwirrte, verletzte, überforderte Kids.

Wenn so ein Kind immer die gleiche schimpfende, labernde, mitunter lautstarke Reaktion zu erwarten hat, wenn es sich gerade mal wieder »schlimm aufführt«, wie soll sich dann ein anderes, ein besseres Muster herausbilden können? Die Schwierigkeit für solcherart missverstandene Kinder besteht bloß darin, die geliebten Bezugspersonen endlich zu einem ganz neuen Verhalten zu bewegen. Genau das erwarten ja auch die vielen kleinen Seelen hier im Stadion von uns. Alles klar so weit?

Ein Schritt voraus?

Denken wir unsere bisherigen Schlussfolgerungen also rasch zu Ende: Wenn Sie als Erziehende jedes Mal schon im Voraus berechenbar sind, wird Ihr Kind Ihnen – ja, das tut jetzt weh, aber das Leben ist eben hart – wohl *immer* einen Schritt voraus sein!

Autsch! Wirklich, das ist jetzt aber fast schon zu viel des Guten! Dabei bin ich noch gar nicht fertig ...

Der Umkehrschluss drängt sich sofort auf. Jemand, der Ihnen voraus ist, wird wohl kaum so reagieren, wie Sie sich das gerade vorstellen oder – bescheiden, wie Sie im Laufe der Zeit nun schon mal geworden sind – sich das innig gewünscht haben. Als nur allzu häufiges Szenario ergibt das dann ein klassisches Eltern-Kind-Pingpong. Damit meine ich das ständige Hin und Her zwischen Standpauken und postwendendem Ich-bin-dir-einen-Schritt-voraus-Verhalten.

Bingo! Willkommen im Tyrannenmodus! Noch Fragen? Eigentlich könnten Sie das Buch hier schon zuklappen. Es sei denn, Sie wollen noch mehr! Dann kommt jetzt anschließend endlich die längst fällige nähere Erklärung für die spannende ...

Unexpected interaction

Sie haben diesen Ausdruck doch sicherlich nicht vergessen? Hier bekommt die unerwartete Interaktion nämlich ihren bisher stärksten Auftritt. Für die ganze »berechenbare Misere« gibt es durchaus eine einfache Lösung. Wenn man die einmal kennt, ist sie wie ein weiterer einfacher Zündschlüssel, der nicht nur ein einziges Mal funktioniert, wie viele vielleicht glauben, sondern beliebig oft. Aber mit dieser letzten Anmerkung bin ich ja schon wieder einen großen Schritt voraus. Das muss irgendwie ansteckend sein! Daher zurück zur Berechenbarkeit: Sind Sie bereit für den perfekten Zünder?

! Seien Sie bei anstehenden erzieherischen Herausforderungen nicht mehr allzu leicht berechenbar für Ihr Kind. Eine angewandte »unexpected interaction« hebt genau diese »erwachsene Schwäche« vollständig auf.

Diese Vorgehensweise ist nicht nur eine der pfiffigsten erzieherischen Maßnahmen überhaupt, sondern sie hat auch das Zeug, eine gehörige Portion Entspannung und sogar Spaß für alle Beteiligten bereitzustellen, weil die emotionale Komponente völlig wegfällt. Lassen Sie sich doch Sachen einfallen, die Sie während einer heiklen Situation noch *nie* zuvor gemacht haben, auch wenn Ihnen diese zunächst »abgefahren« oder sogar völlig verrückt vorkommen. Hauptsache, es ist ein derart ungewohntes Verhalten für Ihren Liebling, dass Ihr kleiner Pantoffeltyrann aus dem *Staunen* nicht herauskommt.

Jetzt aber kommt erst der *wahre* Knüller bei diesem kleinen, aber feinen »Trick«: Kennen Sie die unvermeidbare Konsequenz, die sich für jemanden ergibt, der zufällig gerade über etwas zu staunen hat? Er *muss* Ihnen seine ungeteilte Aufmerksamkeit schenken! Das liegt in der Natur der Sache.

Aha-Effekt

Ich hoffe sehr, dass jetzt durch die Reihen meiner Leser ein spontaner *Aha-Effekt* zieht: War das zuvor nicht jenes berühmte »missing link« zu jeder Art von Tyrannenmodus? Ist es nicht genau das, wonach wir schon so lange gesucht und das wir nun endlich gefunden haben? Haben wir nicht just *dieses* ganz spezielle Buch aufgeschlagen, weil wir uns ziemlich heftig danach sehnen, dass uns diese rücksichtslosen kleinen und mittleren Racker endlich mal gnadenhalber kurz zuhören oder wenigstens zuschauen?

Na bitte: Jetzt *tun* sie es, weil sie ins Staunen kommen und ihnen deswegen gar nichts anderes übrig bleibt. Schön, wenn Ihnen soeben ein Stein vom Herzen fällt! Praxisbeispiel erwünscht? Keine Sorge, ich werde dieses vollkommen verrückt gewordene Kapitel exklusiv für Sie mit einem möglichst »ernsten« Fallbeispiel inklusive angewandter »unexpected interaction« ausklingen lassen.

Zuvor aber kann ein kurzer Rückblick nicht schaden, damit sich der Kreis zu den letzten Inputs auch perfekt schließt: Erinnern Sie sich, liebe aufmerksame Leser? Haben wir nicht vor Kurzem erst einen spannenden Fall miterlebt, in welchem ein netter, aber gestrenger Vater nichts anderes getan hat, als vertrauensvoll eine »unerwartete Interaktion« einzusetzen? Sehr erfolgreich übrigens. Klar können Sie es auch einfach kurz nachlesen! Ist ja nicht weit ...

Unsinn im Kopf

Unser erstes Fallbeispiel in diesem hoffentlich »zündenden« Kapitel hat uns also schon gezeigt, was sich entwickeln kann, wenn Eltern sich längerfristig zu ernsthaft verhalten. Da ich aber nun mal für Abwechslung bin, betrachten wir zum Ausklang des Spaß-Levels zwei noch den völlig »absurden« Fall eines viel zu ernsten *Kindes*.

Ja, ihr habt richtig gelesen: Auch *so etwas* soll es geben in eurer Welt, obwohl Kids eigentlich gar nicht auf so etwas wie betrübte Grundstimmung programmiert sind, sondern, wie die Natur es vorgesehen hat, den ganzen Tag bloß Schabernack und Unsinn im Kopf haben sollten! Alles andere ist überhaupt nicht kinderkompatibel. Die kleinen Seelen definieren beinahe ihre gesamte Persönlichkeitsstruktur über ihre lustigsten Streiche, weil jeder Schabernack, ob gelungen oder nicht, einen eigeninitiativen Lernprozess darstellt.

Ich bin zwar kein Mensch, meine Lieben, aber da wir einander schon so oft getroffen haben, erlaube ich mir jetzt mal, eine typisch menschkompatible Frage zu stellen: Hand aufs Herz, wer von euch hat die ständigen fiesen Streiche seines untragbaren Scherzkekses daheim schon mal aus *meiner* vielversprechenden Perspektive gesehen?

Spaß als Grundprogramm

Die Weisheit meiner Freundin Gundula, die sieht und spürt, was wir oft schon nicht mehr wahrnehmen, erstaunt mich immer mehr. Aber gut, dafür haben wir das Federvieh ja.

Wir sehen jetzt immer klarer, wie Kinder ticken! Am liebsten möchten sie alles lustig wahrnehmen. Stets halten sie für alles ein Augenzwinkern bereit und wünschen sich dabei sehnlich, damit ein Lachen auf die Gesichter ihrer geliebten Bezugspersonen zaubern zu können. In den kleinen Herzen wohnt zwar viel Ernsthaftigkeit, wenn es darauf ankommt, aber keinerlei Wunsch nach dem viel gerühmten »Ernst des Lebens«. Jedenfalls ist der berühmte »Schalk im Nacken« eines jeden Kindes sicher präsent genug, um bloß einen winzigen Zünder zu brauchen, auch wenn die Grundstimmung nach außen hin gar nicht so rosig wirkt. Das werden wir gleich erkennen ...

⏭ Fall 23: Ernstfall

»Unser achtjähriger Sohn Albert entpuppt sich immer mehr als so etwas wie ein Trauerkloß und findet wohl deshalb auch keine Freunde. Uns gegenüber wird er immer unfreundlicher und tyrannisiert uns oft mit seiner Launenhaftigkeit!«, berichtet eine ziemlich entnervt klingende Mutter am Telefon. »Außerdem fällt mir auf, dass mein Sohn schon längere Zeit immer nur ernst ist. Ich habe keine Ahnung, ob das bloß seiner Persönlichkeit entspricht oder ihn etwas arg bedrückt! Leider ist unser Junge zu keinerlei Gespräch bereit und reagiert auch kaum auf Routineaufforderungen oder Ermahnungen, weswegen wir dringend Ihre Hilfe benötigen. Wir hätten gerne, dass Sie zu uns kommen. Aber ich möchte Sie gleich warnen: Albert tut sich sehr schwer mit fremden Leuten, die er immer bloß ›Fremdeling‹ nennt!«

Aua, das hört sich jetzt wahrlich nicht so besonders prickelnd für mich an! Ob ich *da wirklich* hingehen sollte? Aber habe ich eine Wahl? Außerdem ist meine unersättliche Neugierde ohnehin schon geweckt. Ich *muss* hin zu diesem überaus ernsthaften Geschehen!

Heute, vor der Wohnungstür

In Gedanken mache ich mir Mut, bevor ich auf den Klingelknopf drücke: »Vielleicht brauche ich ja auch für dieses ernste Gemüt bloß mal wieder den richtigen Zündschlüssel?« Genau genommen muss ich meinen neuen jungen Klienten ja nur zu einer einzigen Sache bewegen und schon wird der schwierigste Teil meines Jobs getan sein: zu einem *Grinsen*!

Zwischensumme, die dritte

Der folgende Geheimtipp passt genau für zwischendurch und ist für alle geeignet, die einem Kind zum allerersten Mal gegenübertreten: Der perfekte Schlüsselzugang zu Kinderherzen sollte bereits innerhalb der *ersten paar Minuten* so richtig »zünden«! Danach kann es zu spät sein oder zumindest immer schwieriger werden.

Die unglaublich feinen Antennen von Kindern benötigen nämlich für einen »Rundumcheck« Ihres Gegenübers zumeist nur wenige Sekunden. Sobald der Instinkt einem Kinderverstand meldet: »Dieser Mensch ist gut und *lustig* ... oder eben *fad*«, wird in ihre interne Benotungsskala auch schon ein »Durchgefallen« oder ein »Bestanden« eingebrannt, je nachdem.

Doch auch das ist eigentlich ein alter Hut! Jeder von uns kennt sicherlich den Sinnspruch: »Der *erste* Eindruck ist der wichtigste.« Da sieht man es mal wieder, es geht uns eben *allen* so! Bei Kindern ist das freilich noch viel entscheidender und vor allem *nachhaltiger*.

Die Zwischensumme und damit die Denkpause gehen zu Ende, es wird ernst:

Heute, am Schauplatz

Ich klingle. Die Tür geht auf. Schräg hinter einer ziemlich bedrückt wirkenden Mutter erkenne ich ein schmales, aber sehr ablehnend dreinschauendes Kindergesicht, das mir auf eindrucksvolle Weise zu sagen scheint: »Du brauchst gar nicht reinzukommen, ich mag dich *jetzt* schon nicht ... und reden werd' ich mit dir sicher kein einziges Wort! Basta!«

Gut, so weit ist die Sache ja schon mal erwartungsgemäß verlaufen. Derzeitiger Tyrannenmodus: Blockierer. Für *uns* ist dieser Modus ja mittlerweile nichts Unbekanntes mehr! Ich bin jedenfalls kein bisschen überrascht. Jeder Fremdling, der etwas anderes erwartet hätte, wäre entweder ein hoffnungsloser Träumer oder er müsste augenblicklich eine Eintrittskarte mit der Aufschrift vorweisen: »Ich bin eine nagelneue, unbezahlbar teure Hyper-Spielkonsole und gehöre ab sofort dem lieben Albert ...« *Beides* habe ich leider nicht im Repertoire, aber dafür etwas, von dem der kleine mürrische Haustyrann noch nichts weiß. Mich machen Kinder, die Schwierigkeiten *bereiten*, ganz besonders neugierig, weil ich genau weiß, dass sie auch welche *haben*. Diese ehrliche Einstellung ist schon die halbe Miete, weil jedes Kind sie sofort spüren kann.

Die *andere* Hälfte hole ich mir jetzt am besten durch eine unerwartete Interaktion. Um meine nächsten Gedankengänge gut nachvollziehen zu können, bitte ich erst mal um Trommelwirbel, dann um ... erhöhte Aufmerksamkeit!

Anti-Tyrannen-Plan

Sohnemann Albert ist also ein offenbar zutiefst ernstes, möglicherweise »eigenbrötlerisches Kind. Das schreckt mich jetzt noch nicht besonders. Es bedeutet für ihn aber höchstwahrscheinlich, dass auch die Eltern von sich aus nicht viel lachen, sonst hätte das Kind diesen Lebensstil längst kopiert, keine Frage! Was natürlich auch sein kann: Vielleicht ist es ja so, dass Alberts Eltern einfach nicht mehr viel zu lachen *haben*. Wiedererkennungswert hoch, stimmt's?

Jetzt wird es erst so richtig spannend: Weil der immer noch ernst dreinblickende Albert nichts anderes gewohnt ist, erwartet er natürlich aktuell auch von *mir* eine ganz ähnliche, ernsthafte Körpersprache oder zumindest einen gestrengen Blick. Aber nichts da! Womit der Profi-Blockierer absolut nicht gerechnet hat, ist, dass ich während der Begrüßungszeremonie für die Mutter schon mit begeistertem, aufrichtigem Strahlen den Jungen fixiere und dabei auch noch heftig nicke. Ich zähle dabei voll auf das schon vorhin beschriebene untrügliche kindliche Gespür. Der Bub wird ganz sicher sofort erkennen, ob ich es ehrlich meine oder nicht.

Weil man manchmal über besonders einfache Dinge hinwegliest, wiederhole ich für Sie, liebe Leser, meinen gerade beschriebenen, absolut simplen ersten »Zündschlüssel«: aufrichtiges und deutliches *Strahlen* plus *Kopfnicken*. Wie? Von irgendwoher kommt Ihnen so ein unerwartetes Verhalten bekannt vor? Nun, beispielsweise handelt jeder wirklich gute Verkäufer genau so. Besonders die mit den »tollen Bank-Investment-Produkten«. Nein, halt ...!

Nehmen wir lieber eine preiswertere Berufsgruppe: Alle guten Kabarettisten oder »Comedians«, wie man sie heutzutage nennt, machen das auch, um ihr Publikum zum Lachen zu animieren. Besonders dann, wenn der aktuelle Gag nicht gerade der Mega-Bringer gewesen sein mag. Es ist nämlich nahezu unmöglich, auf diese körpersprachliche Kombination hin nicht auch sofort genau dasselbe zu tun. Dieses Verhalten wird im Fachkontext übrigens »Reiz-Reaktions-Muster« genannt.

Sollten Sie allerdings noch Zweifel haben, probieren Sie das bei nächster Gelegenheit doch mal gut gelaunt aus. Ein menschliches Wesen, das einem solchen lachend-nickenden Mega-Reiz vollständig und in aller Ernsthaftigkeit widerstehen kann, ist entweder schon »unmenschlich hart gekocht« oder hat gerade nicht richtig hingeschaut. Ja, gut! Ich gebe es zu: Das Ganze ist ein wenig ... nun ja: *manipulativ*. Aber warum muss eine »händische Ausformung«, so heißt dieser böse Begriff nämlich wörtlich, denn unbedingt etwas Schlechtes sein? Hier jedenfalls war es offensichtlich ein guter Plan, denn für Albert kommt meine offene, gute Laune so unerwartet, dass sein ganzes schönes Ich-mag-dich-nicht-Konzept wie ein Kartenhäuschen bei Erdbebenstufe sechs in sich zusammenbricht. Das erkenne ich sofort: Ein sicher nicht mit eingeplantes und deshalb noch etwas zaghaftes Grinsen stiehlt sich in Juniors Gesicht. Obendrein sehe ich, wie das erwartete Reiz-Reaktions-Muster perfekt klappt. Unmerklich *nickt* auch der Junge und merkt es nicht einmal bewusst. Super! Ziel eins erreicht – das Grinsen steht schon mal!

> *Siege werden bald erfochten; ihre Erfolge befestigen, das ist schwer.*
> Leopold von Ranke

Also ist es Zeit für den zweiten, festigenden Zünder. Während ich noch die Hand des Vaters schüttle, rufe ich Albert fröhlich zu: »Hey du! Hand, Nase oder Fuß?« Jetzt ist der junge »Ernstfall« dermaßen verdutzt, dass der uns schon bekannte Ich-muss-jetzt-'ne-Runde-staunen-Prozess einsetzt. Jetzt habe ich nicht nur Alberts volle Aufmerksamkeit, sondern auch schon sein halbes Vokabular: »Hä, was meinst'n du?« Dass er damit punktgenau in eine ebenfalls nicht eingeplante Konversation mit mir eingestiegen ist, fällt ihm auch nicht mehr auf, so neugierig ist der smarte Knabe. »Na, ich meine, ob du mir auch bloß die Hand zum Guten-Tag-Schütteln reichst oder lieber deinen Fuß oder die Nase?«, erkläre ich mit neugierigem Ton in der Stimme.

Schon sind wir mitten im Gespräch, und als sich das Grinsen im Gesicht des Kindes verbreitert, belohne ich das auch augenblicklich: »Aber *womit* du mich begrüßt, ist egal, mich freut jedenfalls schon mal, *dass* du mich begrüßt hast! Das ist lieb von dir! *So* schnell hätte ich das gar nicht erwartet!« Gut, das ist jetzt – ich will ehrlich mit Ihnen sein – die erste und einzige Lüge dieses Tages gewesen, denn klar habe ich das erwartet. Dieses Vorgehen funktioniert nahezu jedes Mal. Aber bitte verraten Sie all das nicht gleich brühwarm an jeden kleinen Haustyrannen in Ihrer Nachbarschaft weiter, sonst muss ich mir bald ganz neue »So-kann-Erziehung-Spaß-machen-Manipulationen« einfallen lassen ...

Was soll ich noch von Albert erzählen? Der Rest ist Routine und baut auf meiner schon bekannten positiven Steuerung auf. Das heißt, ich verwende weiterhin behutsames Loben als Bonus zum Festigen unserer Ich-mag-dich-ja-doch-ein-bisschen-Beziehung, anstatt dem Jungen seine ernstes Gebaren austreiben zu wollen.

Während das Lächeln in Alberts Gesicht nun auch seine Augen erreicht, weiß ich, dass der Bub seinen perfiden Plan, durchgängig abweisend zu mir zu bleiben, wohl nicht wird durchziehen können. Also erklimme ich nun auch mutig das nächste »unerwartete« Level: Blödeln! Auch das scheint mir hier absolut kein Hinderungsgrund mehr für einen guten Beziehungsaufbau zu sein. Deshalb tun wir genau *das* in Alberts Zimmer nur kurze Zeit später ausgiebig und sind fürs Erste ein Herz und eine Seele. Habe ich da nicht aus dem Augenwinkel zwei offen stehende Münder am Familientisch sitzen sehen? Wahrscheinlich bloß eine optische Täuschung ersten Ranges! Mein Fehler ...

Von wegen viel *zu ernstes* Kind! Von wegen *kontaktarm*! Albert liebt guten, gesunden Spaß in der gleichen ungesunden Dosierung wie jedes andere Kind auch, egal von wem dieser kommen mag. Er wird deshalb sicher später nicht Nein sagen, wenn die »lustige Initiative« auch mal von seinen Eltern ausgeht und wird sich dankbar einklinken. Ich habe sowieso die Erfahrung gemacht, dass Kinder umso dankbarer positive Veränderungen ihrer Verhältnisse annehmen, je längere Zeit sie schwierige Lebensphasen durchgemacht haben.

Lösungsansatz

Aber keine Sorge, Sie müssen jetzt nicht gleich eine professionelle Sammlung neuer Tricks anlegen. Sie, liebe Eltern oder Lehrer, sind ja schließlich keine Lebens- und Sozialberater, wie der Beruf bei uns heißt. Das verschafft Ihnen mir gegenüber einen unschätzbar wertvollen Vorteil: Sie dürfen *längere Zeit herumprobieren*, ich hingegen darf mir immer nur *einen* einzigen Versuch erlauben, sonst ist das Vertrauen futsch! Versuchen Sie also immer wieder Ihr Glück, bis Sie den passgenauen Zündschlüssel zum spaßbereiten Herzen Ihres Kindes gefunden haben.

> Fürs Erste dürfte mir das bei Albert wohl gelungen sein, denn der Junge hat mir heute beim Abschied das höchste Lob mitgegeben, das aus seinem Vokabularvorrat lieferbar ist: »Kommst du bitte bald wieder?« Das ist ja mal eine nette Geste für jemanden, der »Fremdelinge« grundsätzlich nicht mag! Mal sehen, ob ich bald wieder Zeit für den verkappten Trübsalbläser habe! Aber vielleicht ist mein Erscheinen ja gar nicht mehr notwendig, jetzt, wo alle wissen, dass der bisher so »schwierige« Junge bloß einen winzigen, aber pfiffigen Spaßzünder braucht?

Ernsthafter Trend?

Denken Sie bitte bloß nicht, dass diese »wundersame Begegnung« erfunden wäre. Ganz im Gegenteil, in letzter Zeit begegnen uns in der täglichen Praxis immer häufiger Kinder und Jugendliche, die auffallend trübe dreinschauen. Ich weiß es nicht: Liegt es an den erhöhten Leistungsanforderungen, an den immer öfter fehlenden Geschwistern, den selten gewordenen gemeinsamen Zeiten aufgrund dieses überbordenden Leistungs- und Kapitalwahns oder vielleicht bloß am erhöhten CO_2-Gehalt in der Luft? Egal, irgendeinen mystischen Grund wird es schon geben. Oder darf ich zum Abschluss lieber noch nach einer verhaltenspädagogischen Ursache für diesen wahrlich ernsthaften Trend suchen?

Übungssache

Könnte es sein, dass unsere lieben Kids das Lachen und das *Spaßhaben* schlichtweg zu wenig in der täglichen Praxis trainieren und es deshalb zuweilen etwas verkümmert, um später vielleicht sogar in tyrannisches Verhalten umzuschlagen? Wäre es möglich, dass wir, die armen überarbeiteten Erwachsenen, in genau demselben Dilemma stecken? Auch *unsereins* hat neben den zwei Lebenskomponenten als Eltern und »berufliches Arbeitstier« immer seltener Gelegenheit, intensive Lachtrainingsstunden auskosten zu können. Das Schmerzhafte daran ist: Trainieren *wir* unsere Fähigkeit zum Witzigsein nicht wirklich ausgiebig, verlieren wir naturgemäß auch die Fähigkeit, im Härtefall den Spaßmotor bei unseren Kids spontan anwerfen zu können.

Tut weh! Ich weiß! Aber Sie wissen ja schon, dass ich dieses Buch nicht nur geschrieben habe, um permanent Freude zu verbreiten ...

Mich wundert es jedenfalls nicht so besonders, wenn ohne permanentes Training die Fähigkeit zum herzhaften Ausschütten vor Lachen und überhaupt zum »Witzigsein« ohne permanente Übung mitunter ein wenig antrocknet. Das betrifft Geist und Körper ganz allgemein: Sorgt man nicht aktiv dafür, dieses biologische Wunderwerk am Laufen zu halten, steht bald manch ein herber Verlust ins Haus ...

Use it or lose it.
(Gebrauche es oder verliere es!)
Englisches Sprichwort

Freunde oder friends?

Wer rückblickend auf den letzten Fall gut aufgepasst hat, dem wird eine der ersten Aussagen von Alberts Mutter nicht entgangen sein: »... findet wohl auch deshalb keine Freunde!« So etwas höre ich in letzte Zeit alarmierend oft. Sehr viele Kids und Teenies leiden unter dem Mangel an Freundschaften.

»Wieso? Das stimmt doch gar nicht!«, protestiert eine 14-jährige Gymnasiastin in einem ganz ähnlichen Gespräch, »ich hab' jetzt doch schon mehr als 200 friends und über 150 followers ... am Smart-Klon!« Meine Gegenfrage ist aufgelegt: »Aha! Und wie viele davon kennst du persönlich?« Die Antwort fällt erwartungsgemäß aus: »Nur drei aus meiner Schule.« Na gut! Aber eine Frage muss ich dann doch noch stellen: »Wie oft triffst du denn die drei aus deiner Schule privat?« Die vollkommen ernsthafte Antwort kommt ebenso erwartet wie erschreckend: »Wozu *treffen*? Wir chatten ja eh andauernd!« Ja, wenn das *so* ist ...

Da kann man nur hoffen, dass es für das lebensnotwendige Spaßtraining von Mensch zu Mensch bald eine täuschend echte »Cyborg-App« geben wird. Dann würde sich der Kreis zum Thema »Übungssache« wenigstens schließen ...

Zwischensumme, die letzte

Bei so viel neuem Input ist es sicherlich nicht verkehrt, noch eine letzte Zwischensumme zu ziehen, inklusive einem neuerlichen Aufruf zum achtsamen Umgang: Auch das zuletzt öfter strapazierte Stilmittel der *unerwarteten Interaktion* ist besonders gut für Fortgeschrittene geeignet. Aber schließlich sind wir schon in Spaß-Level zwei und deswegen sicherlich auch fit genug für eine angemessen behutsame Anwendung dieses wirkungsvollen Elements.

Sicher ist, dass Werkzeuge wie diese schon allein aufgrund des gegen null gehenden Eskalationspotenzials jedem Erziehenden automatisch viel mehr Spaß machen als die »bewährten« Alternativen. Doch wie immer Sie meine Tipps einsetzen mögen, bedenken Sie eines ...

Ich habe euch nur die Werkzeuge gegeben. Die Handwerker seid Ihr selber.
Albert Einstein

Spaß-Level drei

Vom Mitmachen und Entspannen – Spaß im Doppelpack?

Dieses Level bezeichne ich gerne als »praxisgerechten Spaß-Hattrick«. Wenn Sie sich auf die folgenden Ansätze erneut vertrauensvoll einlassen, darf ich Ihnen guten Gewissens schon jetzt prophezeien: Sie werden es bald nicht mehr erwarten können, bis sich Ihr lieber kleiner Haustyrann mal wieder »unmöglich« verhält. Was nutzt es schließlich, wenn man so wirksame Werkzeuge in die Hand bekommt und sie dann nicht genussvoll einsetzen kann?

Was wäre, wenn Sie sich über den nächsten Schabernack Ihres Kindes gar nicht mehr aufregen müssten ... ja nicht einmal mehr *dürften*? Wäre es für Sie einigermaßen entspannend, wenn sich das nächstbeste Fehlverhalten gar nicht mehr so schlimm anfühlte, weil Sie es miteinander *geteilt* haben?
Noch zu unklar? Dann begleiten Sie doch mit mir einige Gewohnheitstyrannen, wenn sie – zunächst noch ziemlich einsam – ihre fiesen Streiche machen.

Teilen bedeutet nicht halbieren, sondern verdoppeln.
Thomas Romanus Bökelmann

Nervender Spaß?

Im vorigen Kapitel hat uns Gundula mit der Nase darauf gestoßen, dass Kinder eigentlich *immer* Unsinn im Kopf haben ... sollten. Das wäre jedenfalls absolut normal und hat nur in den allerseltensten Fällen mit der bewussten Absicht zu tun, jemanden wirklich tyrannisieren zu wollen – selbst wenn es noch so sehr danach aussehen mag. Das Problem sowohl für uns als auch für unsere Sprösslinge ist, dass es ihnen eben nicht immer *erlaubt* wird, ihren Schalk im Nacken auszuleben. Genau genommen hangeln sich die jungen Schelme den lieben langen Tag nur so von einem Verbot zum nächsten: »Tu *dies* nicht! Hör mit *jenem* auf! Nimm dich endlich *zusammen*!« Irgendwer aus der Spezies der Erwachsenen ist immer genervt und findet, dass sich der aktuelle kindliche Streich gerade *absolut unpassend, ungehörig, provokant* und schlussendlich eben *tyrannisch* anfühlt. Basta! Die allzu verständliche Konsequenz kennen wir ja schon: Dieses unmögliche Verhalten muss unverzüglich rigoros bekämpft werden, keine Frage!

Wir hier in unserem Stadion voller ehemaliger Tyrannen sind allerdings, was diesen »kampferprobten« Blickwinkel betrifft, natürlich schon ein gutes Stück voraus. Jetzt aber gehen wir mit dem Vermeiden vieler bisher unvermeidlicher Konfrontationen noch einen großen und mutigen Schritt weiter, indem wir nicht nur auf unsere üblichen Kampfansagen verzichten, sondern sogar mit »wehenden Fahnen« die Seite wechseln.

Keine Sorge, das viele Schreiben hat mitnichten meinen klaren Verstand vernebelt! Ganz im Gegenteil: Die Route für die weitere, zuweilen abenteuerliche Entdeckungsfahrt und ihre wichtigsten Haltestellen sehe ich bereits glasklar vor mir. Sie brauchen dieser nur vertrauensvoll zu folgen …

Nicht immer

Für unseren Ansatz »Spaß im Doppelpack« greifen wir zunächst einmal ein geläufiges Sprichwort auf: Nicht *immer*, aber *immer öfter* … sollten Sie vielleicht gerade bei *jenen* unmöglichen Späßen oder gar »Provokationen« Ihrer tyrannischen Kinder, über die Sie sich bis jetzt bloß geärgert haben, *selber mitmachen*!

Welch fantastische Perspektive täte sich auf, wenn Unfug und Streiche Ihres Kindes plötzlich eher zum Lachen anstatt zu Stress oder gar zum »Ausrasten« führen könnten! Vielleicht eröffnet sich Ihnen damit sogar die Möglichkeit, Ihr Kind beim Ausüben eines Tyrannenmodus viel schneller zum Einlenken zu bewegen als bisher. Wir werden es gleich sehen.

Spaß ist das Einzige, das sich verdoppelt, wenn man es teilt.
Nach einer chinesischen Weisheit

Fall 24: »Gebrüll«

Im aktuellen Fall habe ich mit voller Absicht nochmals auf ein schon bekanntes Szenario aus dem vorigen Kapitel zurückgegriffen, um für Sie das nächsthöhere Spaß-Level unter annähernd gleichen Voraussetzungen leichter nachvollziehbar zu machen. Vorweg ist das ganz schnell beschrieben: ein von der Arbeit geschlauchter Vater; diesmal allerdings gleich zwei gnadenlos nervende Kids – mein herzliches Beileid – inklusive einer heulenden Klangwolke, die über den sonst so friedlichen Wohnräumen schwebt. Kurzum, *wieder* haben wir zwei Tyrannen vor uns, die ihr Gejohle mutig als »Gesang« verstehen. Wiedererkennungswert hoch? Gut so!

Vorgestern

Weil wir uns schon so gut auskennen, steige ich diesmal gleich mitten in die Befragungsphase ein: »Haben Sie eigentlich ein einziges Mal versucht, bei dem täglichen Gebrüll der beiden Quälgeister *mitzumachen?*«, frage ich Alois K., den alleinerziehenden Vater von Nicolas und Sarah, zwei klassischen Wirbelwinden im Alter von sechs und acht Jahren. Die beiden haben in letzter Zeit nur mehr Singen im Kopf. Das heißt, das was sie so »Singen« nennen. Beide Kinder versuchen besonders abends, wenn Vati heimkommt, einander mit gegenseitigem lauten Gekreische zu überbieten. Im Alarmsektor des geplagten Papa-Hirns blinkt nur noch andauernd das Schlagwort *Tyrannenmodus* auf ...
Vielleicht aber hat das alles ja bloß mit dem Wunsch der Kinder zu tun, wahrgenommen zu werden? Diesen Blickwinkel kennen wir inzwischen schon recht gut. Doch diese schwache Vermutung entspringt wohl nur wieder meinem unverbesserlichen Pädagogenherz, das nicht aufhören kann, die am ehesten kindgerechte Perspektive zu sehen.
Zunächst jedenfalls wirkt die ganze Szenerie ziemlich anstrengend. Obwohl Sarah, die Ältere, eigentlich eine sehr schöne Stimme hat, klingt das übertrieben lustvolle Duett der Kinder nur noch wie Sire-

nengeheul. Aber die Kinder finden es natürlich zum Kaputtlachen lustig, vor allem, wenn Papa strafend zu ihnen hinüberschaut. Der Vater ist halt nach langen Arbeitstagen immer öfter genervt von dem Lärm, den die beiden oft stundenlang produzieren. Daraus macht er auch kein Geheimnis. Vor ein paar Tagen ist er sogar richtig wütend geworden. Aber mit seinen Versuchen, die beiden Heulbojen in aller Schärfe »abzuschalten«, ist er überhaupt nicht durchgekommen. Weil Alois K. zu guter Letzt trotz aller Strenge immer wieder in eine »Na-gut-Falle« tappt, empfinden ihn seine beiden Lieblinge wohl als zu gutmütig, fast sogar als ein wenig unglaubwürdig, wenn er Ruhe einfordert. Gestern haben die Kinder jedenfalls schon wieder erfolgreich ihre Grenzen ausgetestet ... und damit Papas Lärmverträglichkeit.

Kinderlärm ist Zukunftsmusik.
Gerhard Strobel

Na gut?

Sie erinnern sich vielleicht auch an den Begriff »Na-gut-Falle«? Erstmals aus der Versenkung aufgetaucht im Kapitel »Tyrannenmodus Bettler«, während des Fallbeispiels 11, »Chip, Chip, hurra«. Gerade eben sind wir wieder auf diesen hinterhältigen erzieherischen Stolperstein gestoßen, der andauernd bereitliegt, wenn wir in aller Strenge etwas einfordern, es aber *doch* nicht durchziehen: »Na gut! Dann halt nicht!« Die wahrscheinlich am besten passende Kurzbeschreibung für diese spezielle Falle: »Wie mache ich mich bei meinem Kind perfekt unglaubwürdig?«

Viel genauer will ich auf die offenbar bei zahllosen Eltern überaus »beliebte« Na-gut-Falle hier nicht eingehen, weil diese und noch sechs weitere spannende erzieherische Hoppalas bereits im Band eins des Zyklus, »Das Neue Entspannt erziehen«, sehr ausführlich beschrieben sind.

Immer noch vorgestern

Für heute habe ich mit Papa Alois eine ganz neue Art »Lärmschutz« vereinbart: »Warum machen Sie nicht kurz, aber herzhaft bei dem

Spaß mit, den die beiden bei ihren Karaoke-Meetings ganz offensichtlich haben? Aber machen Sie das nicht bloß als Animateur oder Alibi halber. Tun Sie es auch wirklich *für sich selbst*, einfach, um wenigstens kurz selbst gesunden, soliden Spaß dabei zu haben. Vergessen Sie mal, ob es peinlich oder falsch klingen könnte, was Sie selber singend von sich geben, und heulen Sie einfach drauflos!«
Der skeptisch gewordene Vater argumentiert erwartungsgemäß. »Das ist ja nach einem anstrengenden Arbeitstag eigentlich schon wieder Stress!« – »Ja natürlich!«, muss ich zustimmen, »aber *diese* Stressbelastung können Sie sich getrost gefallen lassen, weil Sie Ihnen ganz bestimmt guttun wird. Es gibt sogar eine Fachbezeichnung für etwas, das wir hier mal ›positive Nervenanspannung‹ nennen wollen: ›Eustress‹. Sicher haben Sie davon schon gehört. Ein überaus spannendes Thema, über das es sich sogar lohnt, Näheres zu recherchieren.« Der arme gestresste Mann wirkt jedenfalls nach dieser Information schon ein wenig offener für meine »wirren« Empfehlungen. Freuen wir uns jetzt also gemeinsam mit Papa Alois auf ein Spaß-Level drei in voller Aktion!

Heute

Gerade ist etwas Wunderbares passiert: Die Kids sind sofort viel, viel leiser geworden und haben schließlich ihren Papa sogar angefeuert, als er bei einem Musik-Track zunächst zaghaft mitgesungen hat. Und dann hat Sarah plötzlich mit eingestimmt, wundersamerweise jedoch gar nicht mehr mit ihrem üblichen Gekreische. Doch das ist mit unserer neuen kindgerechten Blickweise gar nicht mehr so unerklärlich. Das Kind fühlt sich lediglich auf einmal ernsthaft wahrgenommen und in seinem Tun bestätigt, will deshalb ihrem geliebten Papa besonders gefallen und bemüht sich wie noch nie zuvor. Außerdem hört es sich auch für Alois plötzlich ganz anders an. Seine Perspektive hat sich jetzt auch verändert: Papa hört heute seine Tochter nicht mehr bloß von seinem »Lauschposten« vom Fernsehsessel aus, sondern er ist mittendrin im Geschehen, ist Teil davon. Und es fühlt sich auf einmal wunderbar an! Eine Woge heißer Zuneigung und Glück überkommt ihn. »Meine Kleine kann offensichtlich nicht bloß kreischen. Sie kann richtig hübsch singen!«,

denkt er beglückt. Plötzlich strahlt der Mann übers ganze Gesicht. Hat er sich vorgestern nicht erst ziemlich heftig über seine kleine Heulboje geärgert?
Am Ende haben sie alle drei zusammen laut gebrüllt. Das hat sich dann allerdings nicht mehr so sehr nach Gesang angehört. Doch heute hat Papa das eben gar nicht mehr als Lärm empfunden. Außerdem ist für ihn die Zeit unerwartet schnell vergangen – genau wie für seine beiden kleinen Popstars.

Seine Freude in der Freude des anderen finden können,
das ist das Geheimnis des Glücks.
Georges Bernanos

Nach dem letzten Song, in dem Nicolas mit seinem Kreischen eindeutig am lautesten war, keucht Papa mit strahlendem Gesicht: »Jetzt kann ich aber nicht mehr, ihr lieben Popsternchen!« Sofort hat Sarah wortlos den Player abgedreht. Beide haben mit keiner Silbe protestiert, auch nicht mit ihrer Körpersprache. Sehr zufrieden, richtiggehend gesättigt haben sie ausgesehen. Und es ist noch ein total schöner Kuschelabend geworden, mit Papa in seinem riesigen Lieblingssessel und irgendeinem lustigen Kinderfilm. In aller Stille übrigens ...

Vier mal Spaß auf Level drei

Der für uns Erwachsene oftmals zu »reizende« kindliche Lärm ist also ganz besonders zu einem mutigen Schwenk in eine vielleicht ebenso neue wie spannende Sichtweise geeignet:

Lärm entsteht durch ständige Aufforderung zum Stillsein.
Michael Richter

Was spricht also dagegen, beispielsweise gleich bei der nächsten ganz besonders heftigen »Lärmorgie« Ihrer Kids ebenso spontan wie herzhaft mit einzusteigen? Damit erreichen Sie gleich vier Dinge auf einmal:

Weil *ich* hier für die positivsten Blickwinkel zuständig bin, darf ich euch jetzt vier davon vorstellen, die ihr gratis dazubekommt, sobald ihr euch überwunden habt, von Herzen beim Kinderspaß mit einzusteigen ...

Erstens fühlt sich euer Kind ganz intensiv *bestätigt* und *wahrgenommen.*

Zweitens habt ihr dann Gelegenheit, *selbst* wirklichen Spaß zu empfinden, wo ihr vor wenigen Tagen noch heftigen Groll und Ärger verspürt haben mochtet.

Drittens wird das Lärmen durch euer Mitmachen für euer Kind nicht mehr zu einem Austesten seiner Grenzen. Es ist dann ein von euch *aufgeteiltes Verhalten* und damit Spaß in seiner schönsten Form: *gemeinsam erlebt*!

Viertens wird euer Kind durch eure authentische Wahrnehmung und das damit verbundene Gefühl der Vollwertigkeit um vieles *schneller »satt«*. Der gemeinsam erlebte Spaß befriedigt nun tiefer und nachhaltiger. Euer Kind wird also durch diese kleine Geste vom Nimmersatt zu einem leicht steuerbaren Wesen, welches viel früher genug hat von seinem geräuschvollen Auftritt. Alles ohne Diskussion und pädagogisches Eingreifen.

Klingt das gut für euch? Also für *mich* schon ...

Abwehrfunktionen

Ein »Vergleichstest« wird Sie sicher machen: Versuchen Sie noch einmal ganz bewusst, Ihre Kinder unter Spannung, Ärger und Stress von ihrem Tun abzubringen, mit anderen Worten, deren Fehlverhalten zu bekämpfen: »Kinder, seid jetzt endlich mal leise! Das hält ja keiner aus! Wenn ihr nicht gleich, dann ...!« Wie wird wohl das Ergebnis ausfallen?

! Je stärker Sie ein Verhalten bekämpfen, desto heftiger kann und wird die Abwehr ausfallen. Ihr beherzter »Kampf« um ein besseres Verhalten wird also nicht nur viele persönliche Ressourcen verbrauchen, sondern sehr wahrscheinlich das genaue Gegenteil von dem bewirken, was Sie eigentlich bezwecken wollen.

Probieren Sie stattdessen bei nächster Gelegenheit Ihr neues Doppelpack-Spaß-Level gleich aus und genießen Sie den gemeinsamen Schabernack, über den Sie sich bisher bloß geärgert haben. Probieren Sie es, sobald Sie ehrlich Lust dazu haben, und dann ist Schluss mit dem Ausfechten von erzieherischen Kämpfen. Zumindest hin und wieder. Sie werden sehen, selbst nach einem noch so harten Tag im Büro und anstrengender Pflichterfüllung kostet Sie das nicht nur viel weniger Mühe und Kraft als alles andere, es wird Ihnen auch noch ordentlich guttun. So wie Mama Stefanie ...

⏭ Fall 25: »Schnipsel«

Vor einigen Tagen

Die fünfjährige Michaela verstreut so gerne munter hüpfend den Papiermüll in der ganzen Wohnung. Klar regt sich Stefanie, ihre Mutter, über das in letzter Zeit recht häufig zelebrierte Chaos heftig auf.

Heute

Nach spannenden Gesprächen lässt Stefanie für sich eine ganz neue, unbekümmert-humorvolle Einstellung zu: Sie macht bei Michis heutiger »Schnipsel-Aktion« herzhaft mit und ist dabei auch nicht gerade leise. Die kleine Mülltyrannin fühlt sich nunmehr so richtig wahrgenommen und auf ihrem eigenen, passenden Spaß-Level abgeholt. Vielleicht denkt sie sinngemäß solche schönen Gedanken: »Wenn du meinen Schabernack mitmachst, fühlt sich das echt gut für mich an! Ich will ja gar kein schlimmes Mädchen sein, sondern dass du auch mal genau den gleichen Spaß hast wie ich!« Wenn Mama Stefanie *das* nur wörtlich mitbekäme, ihre Augen blieben sicher nicht mehr ganz trocken ...

Das Ende vom Spiel: Überall liegen jetzt bunte Knäuel und Schnipsel. Viel mehr als sonst, klarerweise! Diesmal aber gibt es noch einen kleinen spielerischen Nachschlag mit ernsthaftem Lerneffekt. Gleich als Michaela »satt« ist, spielen die beiden noch rasch das neue Spiel »Turbo-Aufräumen«.

Hoffentlich denkt die kleine Schelmin jetzt nicht in diese Richtung: »Schade! Ich war das Nörgeln schon so gewohnt!«

Das war alles zu harmlos? Da kann ja *jeder* leicht mitmachen? Gut, dann kommt jetzt ein »erschreckender«, aber trotzdem teilbarer Unfug für die ganz Hartgesottenen ...

Fall 26: »Streich«

Papa hat heute einen zweiten Schlauch im Garten angeschlossen, um den derzeitigen Lieblingsstreich von Johannes, seinem achtjährigen Sohn, spontan mitzumachen: Sie bespritzen immer genau jenes Fenster ihres Hauses, hinter dem gerade Mama oder eine der beiden Schwestern auftaucht. Diesmal aber schimpft niemand mit Johannes und der ist glücklich über die tolle Veränderung bei seinem Vater. Mit diesem Glücksgefühl ist er heute allerdings nicht der Einzige in der Familie. Papa fühlt sich nämlich gerade auch so richtig gut, weil er den bisherigen Streich seines Jungen an diesem Tag so gut im Griff hat. Noch während Johannes' Vater selbst atemlos lacht, weil es wirklich lustig ist, die drei »Mädels« immer wieder harmlos zu erschrecken, wirkt sein kurzer Satz wie ein Zauberwort. So ähnlich wie bei Papa Alois: »Joe, mein Junge, das hat Spaß gemacht! Aber jetzt: Game over!«

Ob er wohl Bescheid weiß, dass Mama ein wenig mitgespielt hat? Auffallend oft ist sie zwischen Küche und anderen Zimmern hin und her spaziert und dabei immer ganz ordentlich »erschrocken« ... Oh, dieser wunderbare mütterliche Instinkt! Spaß-Level drei in voller Aktion – noch immer!

Einen nahezu perfekten Abschluss der gemeinsamen Aktion hat Johannes' Vater noch im Gepäck. Lächelnd greift er in einen Karton und schaut seinem Sohn direkt in die Augen: »Übrigens, da ist ein zweiter Scheibenwischer für dich! Wer von uns beiden kann seine Fenster schneller trocken machen?«

Mische ein bisschen Torheit in dein ernsthaftes Tun und Trachten.

Horaz

Das Tollste an dem ganzen Doppelpack-Spaß-Level ist euch hoffentlich schon aufgefallen, oder? Wenn ihr nur ein einziges Mal beim »Schlimmsein« eurer Minis und Maxis selbst mit-

gemacht habt, braucht ihr euch bei der nächsten vergleichbaren Situation gar nicht mehr zu überlegen, wie ihr den Unfug am besten bekämpft. Es fühlt sich nämlich ebenso komisch wie sinnlos an, sich über einen Streich aufzuregen, den ihr *selber* schon angestellt habt. Sanktionen unnötig, Ärger sinnlos! Das spart echt viel Kraft. Mein Wort drauf!

Haltestelle: Entspannung

Sobald es wieder ruhig wird, atmen jedenfalls alle durch: Papa Alois, Mama Stefanie und natürlich auch die Eltern von Johannes. Nicht erschöpft und frustriert, sondern tief entspannt und den Nachhall des gehabten Spaßes auskostend. So macht Erziehung richtig Spaß!

Der wichtigste zwischenmenschliche Aspekt für unsere drei Beispielfamilien war, dass alle Erwachsenen sich etwas von ihren Kindern *genommen* haben, anstatt bloß immer nur etwas von sich zu *geben*. Die meiste Energie verbrauchen viele Eltern ja bloß, weil sie ihren Kindern ständig all ihre Einsatzkraft widmen wollen, derer sie fähig sind. Dabei ist *Nehmen* viel lustiger. Gerade Spaß können Sie sich von ganzem Herzen bei Ihren Kids holen, ohne dafür zahlen zu müssen. Mittlerweile wissen Sie ja, dass diese Droge inner- und außerhalb aller Kinderzimmer dieser Welt in beliebiger Menge zur Verfügung steht.

Etappenziel

Und wie geht es Ihnen jetzt? Schwenken Sie langsam auch schon von Herzen auf den Blickwinkel mit ein, dass Erziehung eigentlich andauernd Spaß machen könnte? Fragen Sie sich auch, wieso Sie Ihr Kind je als Tyrannen betrachtet haben? Weil wir schon mitten in der Fragestunde sind, hier gleich noch eine letzte: Sind Sie schon bereit für den Einstieg in die Liga der Spaß-Profis?

Spaß-Level vier

Von Vor- und Nachteilen – Spaß am Positiven?

Das nunmehr vierte Spaß-Level ist schon etwas für richtig Fortgeschrittene. Doch ich darf Ihnen gratulieren. Nach dem sportlich-ausdauernden Durchlauf der vorhergehenden Levels sind Sie tatsächlich zu angehenden Spaß-Profis geworden und können deshalb auch schon schwierigere Aufgaben erledigen. Natürlich nur, wenn Sie das auch wollen ...

Was wäre, wenn Sie gar nicht mehr das Fehlverhalten, sondern nur noch den Spaß hinter alldem sehen müssten? Ja, Sie lesen richtig: Hinter jedem tyrannischen Verhalten steckt mindestens ein positives, meist sogar ein lustiges Element. Gerade das aber versteckt sich fast immer meisterhaft hinter jener Sichtweise, die wir ja schon sehr gut kennen und die wir in diesem höheren Level endlich ausmerzen wollen. Sie ahnen, welche gemeint ist? Richtig: Immer noch stehen hier irgendwo halb leere Gläser rum!

Versuche stets, ein Stückchen Himmel über deinem Leben freizuhalten.
Marcel Proust

Am Anfang ein Lächeln

Sicherlich wird es Ihnen anfangs nicht gerade leichtfallen, auch in problematischen Situationen lieber zuerst den Versuch eines Lächelns zu wagen, als offensichtlichen Ärger zu zeigen und vielleicht zu »zelebrieren«. Aber genau dieses Vorgehen ist nun mal der Grundstock für unser viertes Level und es ist allemal jede Mühe wert, das ein wenig zu üben.

Damit sich ein tief empfundenes Lächeln überhaupt erst einstellen kann, brauchen wir noch einen weiteren überaus positiven Blickwinkel, der natürlich am besten aus einiger Distanz erfolgt. Gundula muss augenblicklich her ...

Ihr braucht auf manch ein Fehlverhalten eine noch positivere Sicht? Gut, Hier ist sie: Was wäre wohl das Schönste daran, wenn euer Kind sich gerade danebenbenimmt? Was könnte eventuell das Lustigste, nun, sagen wir … an einem *Streit* sein? Noch eine letzte Denkaufgabe vor der Auflösung? Bitte sehr: Was, liebe Lehrer, ist das Angenehmste an einem Schulkind, das euch andauernd mit Frechheiten tyrannisiert? Richtig: Sobald es mit dem ganzen Schnickschnack endlich *aufhört*!

Auf diese Sichtweise sind wir zum allerersten Mal bei »Tyrannenmodus: Rumpelstilzchen« gestoßen und haben dort sogar erfahren, wie man jede winzige positive Veränderung unter der Bezeichnung POWER-Modell sogar im heftigsten Eskalationsfall in der Praxis einsetzen kann. Von dieser liebevollen Verstärkung winziger »positiver Veränderungen« lebt auch dieses gehobene Spaß-Level, indem es euch behutsam dazu motiviert, nicht mehr bloß darauf zu warten, dass sich etwas »Verwertbares« abspielt, sondern noch einen Schritt weiter zu gehen: Es sollte euch, da ihr nun schon weit fortgeschritten seid, mühelos möglich sein, gleich zu Beginn eines jeden Fehlverhaltens, und sei es auch noch so nervig, das Positivste oder sogar das Lustigste an der Sache wahrzunehmen und zu verstärken bzw. zu fördern.

Wenn ihr diesen speziellen Job wirklich gut macht, werden auf einmal alle Gläser in eurer Reichweite mit einem Mal *halb voll* sein. Versprochen!

Mir wird richtig warm ums Herz, liebe Gundula, wenn du so kluge Sachen schnatterst …

Fragestellungen

Für ein besseres Verständnis des Spaß-Levels vier ist es jedenfalls schon mal ganz hilfreich, sich selbst gleich bei der nächsten spannungsgeladenen Situation zu fragen, ob das so unerträgliche Fehlverhalten Ihres kleinen Westentaschentyrannen nicht zweierlei Sichtweisen vertrüge:

Sichtweise eins: »Hat der momentane ›ganz normale Wahnsinn‹ vielleicht auch einen Vorteil? Schließlich gibt es in allen Lebenslagen und sogar bei den allerschlimmsten Ereignissen immer auch eine *andere* Seite ...«

Auch die schlechteste Münze muss letztendlich zwei Seiten haben.
Chinesisches Sprichwort

Sichtweise zwei: »Welche eher positive Formulierung könnte ich jetzt zur Stärkung meines Kindes anwenden, anstatt es durch meine nächste, obendrein noch vorhersehbare Kampfansage bloß weiter zu schwächen?«

Allein diese beiden Blickwinkel schaffen mit Sicherheit sofort innere Entspannung und geben bereits im Ansatz Grund, sich schon ab jetzt wenigstens ein klein wenig auf das nächste Fehlverhalten zu freuen. Schließlich ist es im Leben immer das Positive, das uns Freude macht, oder?

Was dagegenspricht, so zu denken? Gar nichts außer alten, festgefahrenen Denkmustern, die wir fast immer mit uns herumschleppen! Kinder aber sind von solcherlei Lasten zum Glück noch weitgehend verschont geblieben und können sich deshalb, schneller als Sie glauben, auf Ihre positiv veränderte Sichtweise einstellen. Warum das so leicht funktioniert, wollen Sie wissen? Weil Ihre Sprösslinge jede noch so geringe Entspannung in Ihrer Denkweise augenblicklich erspüren können. Praktisch, nicht wahr?

Sicher ist es gut nachvollziehbar, dass viele herausfordernde Situationen, egal wie problematisch sie auch sein mögen, unter Anwendung des Spaß-Levels vier, also dem bewusstem Einsatz einer authentisch-positiven Sichtweise, viel unbekümmerter, leichter ablaufen können und vor allem viel rascher ausgestanden sind. Ihr »Job« könnte nun in nichts Geringerem bestehen, als bei immer mehr tyrannisch eingefärbten Momenten den am meisten positiven Kern zu finden ...

⏭ Fall 27: »Assistent«

Vor drei Wochen

Trotz seiner 13 Jahre ist Noah der Kleinste in der Klasse. Nicht so prickelnd für das Ego eines Halbwüchsigen, so viel ist klar. Die voll eingesetzte Pubertät kratzt noch zusätzlich am Selbstwertgefühl des

Jungen. Leider kompensiert er all das mit »einem ziemlich frechen Mundwerk, das andauernd ringsum ziemlich unflätige Ausdrücke verteilt, egal ob in den Pausen oder während des Unterrichts!«, wie es Margit W., seine Klassenlehrerin, blumig ausdrückt.

Vor zwei Wochen

Margit hat sich nach Lektüre der Leseprobe zu diesem Buch stark mit Spaß-Level vier angefreundet und versucht nun das Positivste an all dem untragbaren Fehlverhalten zu sehen. Ganz abgesehen davon hat sie mittlerweile klar erkannt, dass Noah *sich selber* am allerwenigsten mag. Mit dem wortreichen Beschimpfen anderer meint der Bub also hauptsächlich sich selbst. Für Lehrerin Margit liegt die Lösung auf der Hand: Sie wird ab jetzt versuchen, Noahs Drang und vor allem seine Furchtlosigkeit, jederzeit vor allen anderen Kindern sprechen zu können, *fördern*, anstatt wie bisher niederzukämpfen: »Noah, du musst mit dem Schimpfen endlich aufhören!«

Kaum hat die Pädagogin diesen Gedanken für sich zugelassen, fällt es ihr wie Schuppen von den Augen, dass außer Noah nur *zwei* weitere ihrer Schüler wirklich *gerne* vor der gesamten Klasse reden. Wahrlich, das ist nicht jedermanns Sache, auch nicht für Erwachsene, wie wir alle wahrscheinlich nur allzu gut wissen! Also startet Margit W. einen »Versuchsballon«. In aller Ruhe, aber mit ausreichender Ernsthaftigkeit trägt sie dem Jungen eine ungewöhnliche Bitte vor: »Noah, weil du ganz offensichtlich das meiste Bedürfnis von allen hast, dich mitzuteilen, könnte ich dich eventuell total gut als Assistenten für meine übliche Stundenwiederholung brauchen. Ab morgen darfst du sie vorlesen, anstatt dich wie üblich ›anders‹ bemerkbar zu machen und du darfst auch die von mir vorbereiteten Fragen stellen. Damit hilfst du mir wirklich sehr! Allerdings werden davor noch einige Entschuldigungen bei den Kindern fällig! Magst du das alles machen oder einfach so weiter schimpfen wie bisher?«

Sie wissen schon, was jetzt kommt? Nun, eine Runde ungläubiges kindliches Staunen, dann ein begeistertes Aufblitzen in den großen Augen und … Na klar, Noah mag natürlich sofort!

Nicht schlecht, Frau Margit! Mehrere Fliegen mit einer Klappe erwischt, wie man so schön sagt. Noah, der kurz zuvor noch so »problematische Schüler«, hat jetzt eine ihm hochoffiziell zugeteilte Aufgabe, die ihn stolz macht und den Jungen zu erfüllen scheint. Dabei ist das gar nichts Neues. Soziologen kennen das Zuteilen einer klar umrissenen Aufgabe innerhalb einer Gruppe schon lange unter dem Begriff »Formelle Rolle«. Ein hochwirksames Werkzeug, das bloß viel zu selten eingesetzt wird.

Heute

Wie toll diese formelle Rolle gewirkt hat, sieht man an diesem Fall: Noahs Selbstwertgefühl scheint geradezu einen Sprung nach oben gemacht zu haben, was auf wundersame Weise zu einigen deutlich verbesserten schulischen Leitungen geführt hat. Das Großartigste an der ganzen Sache aber ist die »punktgenaue Landung« des vor zwei Wochen ohne große Erwartungen gestarteten Versuchsballons: Der Knabe hat auf einmal ganz andere Ideen in seinem Köpfchen, als alle Leute um sich herum fies zu beschimpfen.

Erwachsenenbonus

Nur so zum Drüberstreuen! Sicher ist Ihnen auch der persönliche Nutzen für die Lehrkraft nicht entgangen. Ich löse es für Sie in Form einer Frage auf: Muss die gute Margit, was die Fachdidaktik und die »Disziplin« betrifft, jetzt *mehr* oder *weniger* Kraft aufwenden als vorher ...Was denken Sie?

Zu anspruchsvoll das Ganze? Wozu sind Sie schon im vierten Level?

Etappenziel

Einen kleinen Zuschlag für angehende positiv denkende Profis habe ich für unser Etappenziel aufgehoben. Anstatt wie gewohnt Ihr Kind immer nur mit »du musst ...!« zu irgendeiner Tätigkeit aufzufordern, käme eine viel *positivere Formulierung* durchaus infrage, natürlich ganz ohne dabei an ein Verhöhnen zu denken. Nämlich: »du *darfst* ...«

Beispielsweise könnte es mit Ehrlichkeit im Herzen und dennoch mit dem schon erlernten Augenzwinkern dann vielleicht so klingen: »Mein

Kind, du *darfst* dein Zimmer aufräumen! Das erlaube ich *nur* dir!« Klar, wer sollte denn sonst das alleinige Recht besitzen, im Kinderzimmer alles zu durchstöbern, wenn nicht der Besitzer selber?

Sicher ist Ihnen während der Lektüre aufgefallen, dass auch *ich* die Formulierung »dürfen« anstatt »müssen« vorzugsweise verwende. *Versuchen* Sie es ruhig! Es macht nicht nur viel mehr Spaß, sondern funktioniert auch zuverlässiger ...

Was der Sonnenschein für die Blumen,
ist das lachende Gesicht für die Menschen.
Joseph Addison

Spaß-Level fünf

Vom Augenzwinkern und Schweigen – Spaß an Sprachlosigkeit?

Schon sind wir in der Oberliga angekommen, in der man kaum noch Worte braucht, um zu einem kleinen Tyrannen durchzudringen. In diesem anspruchsvollen Level ist vielmehr die Fähigkeit zum gleichermaßen herzhaften wie aufrichtigen Augenzwinkern gefragt. Glauben Sie mir, es bereitet soliden und nachhaltigen Spaß, wenn man es schafft, annähernd wortlos und dabei gleichzeitig liebevoll lächelnd erziehen zu können!

Was wäre, wenn Sie kaum noch etwas sagen müssten, um eine sofortige Verhaltensänderung bei Ihrem Mini-Despoten zu erreichen? Wie fühlte es sich für Sie an, Ihr Kind mühelos leiten zu können, während Sie gemeinsam Zufriedenheit, innere Ruhe und obendrein noch eine ganz stille Form von Spaß empfänden?

Auch aus Steinen, die in den Weg gelegt werden, kann man Schönes bauen.
Johann Wolfgang von Goethe

Bausteine

Auf Spaß-Level fünf sind nun all jene Werkzeuge gefragt, die wir bereits mitbekommen haben: Gelassenheit, positive Steuerung, kindgerechtes Denken, äußere und innere Sicherheit, Selbstwirksamkeit, die Fähigkeit zu lächeln und anderes mehr. Meine Gratulation, wenn Sie diese Grundbausteine hier schon zu einem Turm der völlig stressfreien Erziehung aufrichten können!

Wer hohe Türme bauen will, muss lange beim Fundament verweilen.
Anton Bruckner

Hier finden die »Pioniere«, aber auch die bereits erfahrenen Spaßfreunde ein wunderbares Betätigungsfeld für Strategien gegen jede Art von tyrannischem Verhalten. Jetzt geht es nämlich ans Experimentieren. Dazu braucht es aber, wie bei vielen neuen Experimenten im Leben, wiederum ein wenig Mut.

Entschleunigung

In das Gesamtpaket der »nonverbalen Langsamkeit«, die wir nun besprechen, gehört unter anderem das fast schon professionelle, pädagogisch jedenfalls hochwirksame Werkzeug des *Aushaltens von Pausen*. Die wichtigsten Fragen, die Sie sich stellen dürfen: »Kann ich Pausen aushalten? Bin ich in dieser ›sportlichen Disziplin‹ auch dann gut genug, wenn gerade die Post abgeht und höchstes Zoff-Level in Sichtweite ist?« Spüren Sie, dass allein mit diesen Fragen schon einige erhöhte Anforderungen auf uns zukommen? Aber deswegen befinden wir uns jetzt auch beinahe im höchsten Level.

! Um herausfordernden erzieherischen Situationen die Dramatik und damit automatisch den Leidensdruck zu nehmen, könnte die bewusste Einführung und Anwendung eines zwar modernen, aber von den allermeisten Menschen freilich viel zu selten auch *gelebten* Begriffes hilfreich sein: *Entschleunigung*.

In der aktuellen Spaß-Profiliga dürfen sich nun jene Eltern und Pädagogen besonders angesprochen fühlen, die gerne ihr vielleicht ohnehin schon vorhandenes schauspielerisches Talent in den liebevollen Umgang mit Junior, Prinzesschen, Schüler und Co einbauen möchten. Haben Sie eigentlich schon einmal ernsthaft versucht, sich bei Ihrem zuweilen tyrannischen Sonnenschein einerseits betont langsam, andererseits aber mit einem aufrichtig gemeinten Schmunzeln in Ihrem Gesicht durchzusetzen, gerade dann, wenn wie gewohnt eher eine scharfe Zurechtweisung anstünde?

Aber Achtung: Wenn Sie das anwenden, sollten Sie auch wirklich an sich *glauben*. Kinder spüren nämlich mit geradezu erschreckender Präzision, wenn Sie an einem Erfolg Ihres aktuellen Eingreifens selber einige Zweifel hegen, und reagieren entsprechend ... nämlich *gar nicht*! Zumindest nicht so, wie Sie sich das wahrscheinlich gewünscht haben.

Der Trick ist also, sich Ihrer jeweiligen Sache zunächst einmal möglichst sicher zu sein, sobald Sie Ihr nagelneues humorvoll-schauspielerisches Spaß-Level zum ersten Mal ausprobieren möchten.

Diesen unterbewussten Vorgang nennen Soziologen ein wenig umständlich, aber treffend »Selbstwirksamkeitserwartung«, ein Begriff, den wir übrigens erstmals beim Rumpelstilzchen-Thema, angetroffen haben. Aber sehen wir uns das Ganze lieber gleich nochmals in der Praxis an.

⏭ Fall 28: »Handreichung«

Heute

Die vierjährige Susi will schon wieder ausgerechnet mit der sündteuren Fernbedienung des nagelneuen Mega-Flat-Screen-TV spielen. Ihre Mutter Helga ist genervt. »Das haben wir ihr doch schon viele Male klargemacht!«, nörgelt sie los und hat sogar recht damit. Das letzte Mal hat es erst gestern eine heftige Auseinandersetzung deswegen gegeben: »Wehe, du greifst dieses Teil nochmals an! Das ist absolut kein Spielzeug für dich!« Doch als ob das Genörgel an ihr abprallen würde, hat die kleine Routinetyrannin das wertvolle Ding soeben erneut in Arbeit. Für Helga fühlt es sich so an, als ob diese dämliche Fernbedienung gerade *wegen* ihrer wiederholten Intervention so spannend geworden wäre. Ein geradezu punktgenauer Verdacht, liebe Mom, würde ich sagen ...

Mutter Helga greift trotzdem erneut ein und sprudelt gereizt hervor: »Legst du das wohl sofort zurück? Wie oft haben wir dir das jetzt schon gesagt? Muss ich es noch ...?« Wir kennen das bereits aus unserem Streifzug durch die erzieherischen »Sackgassen«. »Ja, sag's mir noch vier Mal bitte!», denkt die Kleine vielleicht, »ich mag es ja soo gern, wenn du mit mir herumkeifst! Dafür aber kriegst du *ohne* meine Zustimmung deine doofe Fernbedienung heute sicher nicht mehr ...!«

Susis Vater Gregor ist in vergleichbaren Situationen bisher auf ganz ähnliche Art und Weise mit seiner Tochter umgegangen: wortreiches Zurechtweisen, ebensolches Schimpfen, schließlich Zerren an dem unerlaubte Spielzeug, bis die kleine Hand des Kindes unter ansteigendem Gezeter und nachlassender Muskelkraft endlich loslässt. In diesem Moment erst ist Papa nach Hause gekommen, hat sich jedoch fix vorgenommen, ab heute auf tyrannisches Verhalten ganz anders zu reagieren. Von einem Beratungsgespräch hat er so einiges mitgebracht, das er mutig sofort einsetzen will. Vielleicht kann er ja diesmal nicht nur Töchterlein Susi, sondern sogar seine Frau zum Staunen bringen, das wollen Männer doch sowieso immer. Hat etwas mit archaischem Imponiergehabe zu tun! Jedenfalls erkennt der Vater mit einem Blick jene schon oft zuvor erlebte Unentschieden-Stellung zwischen den beiden »Mädels« und klinkt sich ein. Betont langsam wendet er sich seiner Tochter zu und hat damit die eben erst neu erlernte »sprachlose Entschleunigung« auch schon vertrauensvoll eingeläutet.

Lösungsansatz, der erste

Jetzt noch langsamer, fast wie in Zeitlupe, beugt Gregor sich auf Augenhöhe zu seiner kleinen Tochter hinunter und schaut ihr direkt in die klugen Augen. Jetzt bemüht sich der Vater, zuerst eine spürbare Pause auszuhalten und beschränkt seine gesamte Intervention danach auf zwei einzelne, dafür aber stark in die Länge gedehnte Worte: »Suusii? Neeein!« Dabei deutet er in aller Ruhe, aber klar und unmissverständlich auf die Fernbedienung in ihrer Hand und schüttelt, natürlich wiederum stark verlangsamt, seinen Kopf. Können Sie den Unterschied zur vorigen Situation zwischen Mutter und Tochter »spüren«?

Susis Vater ist bei seiner Intervention nahezu ausschließlich mit bewusstem Einsatz der Körpersprache vorgegangen. Überdies hat der offensichtlich sehr lernfähige junge Vater noch ein paar weitere, fast spielerische Elemente in seine entschleunigte Intervention mit hineingepackt, die wir jedoch zwecks besserer Nachvollziehbarkeit als weitere Lösungsansätze getrennt analysieren werden. Das ganze Kombipack scheint jedenfalls bestens zu funktionieren. »Beinahe unheimlich ...!«, entfährt es Mutter Helga spontan, als Susi nach einer schöpferischen Pause – sicher, wenigstens ein paar Sekunden lang muss klargestellt werden, wir hier im Hause die *wahre* Chefin ist – ohne ein weiteres Wort dem Vater die Fernbedienung übergibt. Aus *eigenem* Antrieb und wundersamerweise ebenfalls sehr, sehr langsam ... inklusive einem breiten Grinsen im pausbäckigen Gesichtchen. Großartig, wie rasch sich ein entschleunigter Umgang auf ein Kind übertragen kann ... und ein strahlendes Lächeln, aber dieses Detail werden Sie gleich noch besser verstehen.

Lösungsansatz, der zweite

Papa Gregor hat sehr genau darauf geachtet, dass er dem gedehnten »Neeein« anstatt dem üblichen bitterbösen Gesichtsausdruck dieses Mal sogar ein herzhaft strahlendes Lächeln hinzufügt. Klar hätte die Sache auch weiterhin unter Einsatz eines gar furchtbar gestrengen Blicks funktioniert. Aber wozu der Kraftaufwand? Warum sich den Spaß entgehen lassen? *Das* ist es doch, worauf es nicht nur uns Erwachsenen, sondern auch den Kindern ankommt. Wir befinden uns schließlich schon auf Level fünf unserer neuen Spaßpädagogik, wo authentischer Humor und, wie schon erwähnt, ein klein wenig schauspielerisches Talent hoch gefragte erzieherische Stilmittel sind. Der Vater erzählt mir später tatsächlich, dass ihm diese zwar kurze Szene, die eigentlich nichts anderes als ein intensiver, wortloser Dialog mit seinem geliebten Kind gewesen ist, unglaublich viel Spaß gemacht hat. Jedoch ganz offensichtlich nicht nur ihm, wie wir gleich herausfinden werden ...

Lösungsansatz, der dritte

Für das gute Gelingen des kleinen, nahezu wortlosen »Schauspiels« sind aber noch ein paar weitere winzige, jedoch pädagogisch überaus wirksame Komponenten verantwortlich gewesen. Erstens hat Papa Gregor heute nicht hoch *über den Kopf* seiner Tochter hinweggeredet wie früher immer, sondern sich bewusst bis auf Augenhöhe zu dem Mädchen hinuntergebeugt und es beim Sprechen direkt und ohne Unterbrechung angeschaut. In der Erziehungswissenschaft wird dieser Vorgang übrigens als »Rapport aufnehmen« bezeichnet.

Wenn du zum Kinde gehst, lasse dich auf es herab.
Johann Heinrich Pestalozzi

Zweitens hat sich der Vater offenbar an einen sehr wichtigen Satz aus unserem Gespräch erinnert: »Reißen Sie bitte Ihrer Tochter nichts aus der Hand! Das würde nur bedeuten, dass Sie den Willen Ihres Kindes brechen. Bringen Sie Ihre Kleine lieber so weit, dass sie sich selbst dafür entscheidet, den jeweiligen Gegenstand *von sich aus* wegzulegen.« Genau das hat das Mädchen ja dann schließlich getan ... Sie erinnern sich?

Handle stets so, dass sich die Möglichkeiten des anderen
zu handeln vermehren und nicht verringern.
Heinz von Foerster

Sprachloser Spaß

Schön mit anzusehen, wie entspannt Susi auf einmal wirkt. Die Göre strahlt jetzt übers ganze Gesichtchen und das, obwohl sie ihr interessantes Spielzeug nun los ist. Damit ist sie allerdings nun nicht mehr allein: Auch Mama und Papa strahlen, gewissermaßen um die Wette mit ihrer kleinen Prinzessin. Ein schönes Bild, finden Sie nicht auch? Dabei hat sich die kleine Susi nur Tage zuvor noch hysterisch kreischend gegen das Gezerre an ihrer Hand wehren müssen. »Dieser nahezu unglaubliche Unterschied macht echt Mut auf mehr!«, meint Mutter Helga wenig später. Und? Geht es Ihnen jetzt auch so?

Bonus

Also gut, ein bisschen mehr geht immer, sage ich oft. Als absoluten Top-Bonus hätte der Vater die bereits entgegengenommene Fernbedienung seiner Tochter mit ermunterndem Lächeln wieder zurückgeben können, um das vorherige super-positive Verhalten mit den folgenden vertrauensvollen Worten zu festigen: »Du weißt ja, wo das Ding hingehört!« Raten Sie mal, was jetzt passiert. Etwa ein erneuter Tyrannenangriff ...?

Bitterer Tee, mit Wohlwollen dargeboten, schmeckt süßer als Tee, den man mit saurer Miene reicht.
Chinesisches Sprichwort

Ernsthafter Spaß

So wichtig manch eine ernsthafte Erfahrung für Ihr Kind auch sein mag: Kinder mögen dauernde Ernsthaftigkeit, Genörgel und Ermahnungen aufgrund ihrer Süchtigkeit nach Spaß überhaupt nicht. Sie wollen am liebsten eine wirklich wahrhaftig lustige, dabei aber nicht allzu »wortreiche« Bezugsperson! Das Erstaunliche daran: Je höher die vorhin beschriebene Selbstwirksamkeitserwartung ausfällt, desto leichter und glaubwürdiger lässt sich auch die Fähigkeit entwickeln, mit Spaß oder wenigstens mit spürbarer Gelassenheit zu reagieren, selbst in Härtefällen. Solch einem selbstsicheren Erwachsenen folgen Kinder auch in Konfliktsituationen wesentlich lieber als einem, der permanent nur Ermahnungen auf Lager hat.

Wenn Sie also Spaß, Humor und insbesondere *Ruhe* richtig dosiert und vor allem zur rechten Zeit platzieren können, bedeutet das für Ihr Kind gleichermaßen Genuss wie auch Sicherheit. Schließlich brauchen Kinder die Gewissheit, von den wichtigsten Bezugspersonen das Richtige lernen zu können, auch in Bezug auf Grenzen.

Praxiseinsatz

Der nun folgende letzte Fall dieses Kapitels ist ein wahres Sammlerstück für angehende Profis! Das heißt nichts Geringeres, als dass in ihm viele der bisher vorgestellten Ansätze bereits in der Praxis zum Einsatz kommen. Auf Sie wartet nun die spannende Aufgabe, die einzelnen angewandten Tools zu identifizieren, sofern Sie das möchten. Viel Spaß beim Einkaufen ...

⏭ Fall 29: Marktfahrer

Vorige Woche

Sandra F. ist mal wieder am Verzweifeln: Die wöchentlichen Einkaufsfahrten im Supermarkt allein wären ja noch auszuhalten. Aber wenn das achtjährige Töchterchen Lena mit von der Partie ist, wird das jedes Mal zu einem Spießrutenlauf zwischen den Regalen, an denen das Kind nachdrücklich seine zahlreichen Extraforderungen stellt. Kurzum, während der lebensnotwendigen Marktfahrt gilt es für die ohnehin schon gestresste Mutter ein volles Anti-Tyrannen-Kampfprogramm auszufechten, weil sie andauernd überbordende Bettelangriffe abzuwehren hat.

Damit können wir diesmal schon die erste Zäsur in den Fall einbauen, um mutig abzuhaken, welche Verhaltensmuster hier gar nicht mehr erklärt werden müssen, weil wir sie alle längst kennengelernt haben: Bettelmodus? Kennen wir schon. Na-gut-Falle? Brauche ich nicht mehr zu beschreiben. Mit Pauken und Trompeten tappt Sandra da jedes Mal hinein. Deswegen bettelt Lena ja so heftig. Sie erinnern sich? Klare Botschaft für: »Ich nehm' dich schon lange nicht mehr ernst!« Leider ist die Kleine auch in der Rumpelstilzchen-Ecke daheim, auch nichts Neues für uns. Nur allzu rasch plärrt Lena das anstrengende »Liedchen vom wütenden Kind« in die Runde, wenn nicht sofort ein Säckchen Gummibären im Einkaufswagen gelagert werden darf. Am liebsten tobt das Mädchen auf dem Bauch liegend, mit den Fäusten auf den Boden des nicht so blitzsauberen Supermarktes trommelnd. Sehr theatralisch!

Weil wir mit alldem vertraut sind und uns längst ganz persönliche Anti-Tyrannen-Strategien zurechtgelegt haben, wage ich jetzt den sofortigen Sprung in die Gegenwart und beobachte aus meiner Meta-Position eine neue Zündschlüsselmethode für sofortige Verhaltensänderung, die Sandra erst gestern im Gespräch mit mir kennengelernt hat ...

Heute

Der Einkaufswagen ist bereits halb voll, als Lena erneut ihre bunten

Lieblingsregale ansteuert, um das Übliche einzufordern, wenn nötig mit roher psychologischer Gewalt. Aber die brauche ich Ihnen nicht zu beschreiben, Sie kennen das ja sicherlich von den Kindern aus der Nachbarschaft. Doch Mama Sandra wird das heute nicht zulassen, sondern eine unerwartete Interaktion einsetzen. Sie wird diesmal *nicht* ihr »normales« Verhalten zeigen, sondern ein völlig anderes, sehr ungewöhnliches. Bisher hat Sandra nämlich immer auf dieselbe Art reagiert, indem sie in langen Sätzen auf ihr Kind eingeredet hat, um es zu überzeugen. Beispielsweise, dass es heute finanziell gar nicht möglich sei, so viel Süßes zu kaufen ... und es außerdem doch zuvor schon ein *Nein* gegeben hätte ... man doch bitte um ein paar Dezibel leiser toben solle, weil die liebe geschwätzige Nachbarin auch gerade im selben Markt sei und man so ein Verhalten hierorts ganz sicher nicht dulden könne ... und so weiter. Erklärungen, Rechtfertigungen, klassisches »Diskussions-Go« halt. Auch *das* ist uns ja längst bekannt.

Zwischensumme, die erste

Ist Ihnen aufgefallen, wie viel wir bis hierher schon erfahren haben? Auf Ihrer kleinen Sammelliste der neuen Blickwinkel und Strategien könnte bald akute Platznot herrschen ... Wenn das große »Dazulernen« allerdings so begeistert weitergeht und Sie überdies fleißig zur Verbreitung dieses Werks beitragen wollen, wird es bald in *keinem* Haushalt mehr tyrannische Kids geben. Ist das nicht eine wundervolle Perspektive? ... und eine schreckliche noch dazu! Was täten wir Eltern dann vor lauter Langeweile, wenn sie nur noch brav sind, all die kleinen und größeren Despoten, die schlimmen und unnachgiebigen Tyrannen? Was für ein unerträglich fades Erwachsenenleben das wäre!

Erziehung läuft auf zweierlei hinaus: Ungerechtigkeiten erdulden und Langeweile ertragen lernen.
Abbé Ferdinando Galiani

Aber gottlob ist es hier im Supermarkt derweil noch alles andere als fad. Jetzt wird es erst so richtig spannend ...

Mama Sandra reagiert heute also nicht mit der üblichen Standpauke, mit Argumenten oder gar mit Rechtfertigung, sondern hat sich darauf vorbereitet, eine kleine Grenze zu überschreiten: Sie wird *sich selbst* überwinden und auf entschleunigtes, »augenzwinkerndes Handeln« setzen. Dazu muss sie allerdings zusätzlich bereit sein, ein wenig von ihrer kostbaren Einkaufszeit zu opfern, um sie bei künftigen Marktfahrten von ihrem Kind hoffentlich mehrfach wieder zurückzubekommen.
Während die kleine Tyrannin schon leicht hyperaktiv mit einem Riesenpaket herumwedelt, beginnt Sandra auf einmal zu lächeln, während sie betont langsam, aber deutlich den Kopf schüttelt. Allein dieses augenzwinkernde Vorgehen steht schon in krassem Gegensatz zu früher und verfehlt seine Wirkung nicht. Eine erste Runde Staunen ist angesagt, was zur Folge hat, dass die Raunzerei wie auf Kommando deutlich nachlässt. Ja, stimmt, früher wäre es wohl auch auf ein »Kommandieren« hinausgelaufen. Aber nicht heute ... Sandra hat jetzt Lenas Aufmerksamkeit, bemerkt das sofort und schaltet deshalb auf das nächsthöhere Level: Noch immer lächelnd greift die Mutter zum ersten Artikel, der schon im Einkaufswagen liegt, um ihn langsam, aber zielsicher zu seinem Regal zurückzubringen. Das Ergebnis ist erstaunlich: Lena hört sofort auf zu quengeln und schaut verdutzt, wie die Packung mit ihren Lieblings-Cornflakes im Regal verschwindet.
Doch *noch* ist die Sache nicht ausgestanden, denn zu oft hat die smarte Lena schon erfolgreich die Supermarkttyrannin spielen dürfen. Gleich wird sie versuchen, ihre Grenzen erneut auszutesten. Sie wirft nicht nur das bunte Gummizeug in den Wagen, sondern trachtet danach, auch die Cornflakes wieder zurückzuerobern. Aber das Regal ist zu hoch. Schon fährt Lena ihr bisher bestens bewährtes Stimmchen wieder hoch. Darauf hat Mama Sandra nur gewartet ...
Zügig und mit einem erstaunlich festen Gefühl neuen Mutes beginnt sie ihr völlig ungewöhnliches Verhalten durchzuziehen. Manchmal ist es sicherlich hilfreich, wenn man jemanden von au-

ßerhalb der Familie hinter sich weiß. Schon sind fünf Artikel wieder an ihren Plätzen in den Regalen gelandet. Auch eine tolle glitzernde Haarspange für das langhaarige Töchterchen ist dabei. Autsch! Mit *so* etwas rechnet ja keiner. Besonders nicht, wenn *früher* immer alles glatt und leicht vorhersehbar gelaufen ist und man deswegen stets einen großen Schritt voraus war.

Lena ist so sehr mit Staunen beschäftigt, dass sie zuerst mal auf das Kreischen vergisst, danach auch noch auf die Rückeroberung der Cornflakes. Bei den vielen Dingen, die mittlerweile in dem Einkaufswagen schon fehlen, verliert das Mädchen langsam den Überblick. Resignation ist im Anmarsch. Aber noch nicht gleich: Bevor so ein geübter Tyrannenprofi wie Lena klein beigibt, muss sie ihre Mutter noch eine Zeit lang beobachten, ob die das, was sie da angefangen hat, auch wirklich durchzieht. Jep! Tut sie – eine Ware nach der anderen geht zurück an ihren Ursprungsort.
Das bringt die Kleine nun endgültig aus der Fassung: »Hä? Was läuft denn jetzt ab?«, denkt sie vielleicht, »da hat einer meiner Mami etwas ins Essen gestreut oder viel Schlimmeres mit ihr gemacht! So was tut sie doch sonst nie ... und dann noch *ohne* jedes Gelaber!«
Schon viel zaghafter versucht Lena ihre Mutter von den Rücklieferungen kreuz und quer durch den Markt abzuhalten, dann gibt sie auf: »Schon gut, Mami! Ich mach's ja eh nie wieder!« Die Mutter hält inne: »*Was* machst du nie wieder? Mit mir einkaufen gehen?« – »Nein!«, protestiert die Kleine energisch, »mich so aufführen ... dich anbetteln! Was immer du willst! Aber kann ich die Haarspange wiederhaben?«
Auf einen heiklen Moment wie diesen hat Sandra sich ebenfalls vorbereitet: Sie antwortet nicht, sondern blickt ihre geliebte Tochter bloß deutlich fragend an. »Glauben Sie mir, Frau Sandra«, habe ich der Mutter zwei Tage zuvor versichert, »jedes Kind weiß den fragenden Blick einer geliebten Bezugsperson zweifelsfrei zu deuten. Sie brauchen bloß die entstehende Pause auszuhalten. Nur Mut! Sie schaffen das! Diesmal eben ohne jede Streiterei! *Das* ist der Deal!«
So ein Handelsergebnis klingt für Elternohren immer gut ...
Der fragende Blick hat gewirkt: »Bitte, bitte!«, fleht Lena und es klingt leise und innig, so, als hätte sie jetzt ein *ehrliches* Anliegen.

Tja, in solchen Momenten erkennt auch eine sonst habgierige Prinzessin, welchen Wert ein einsames kleines, dafür aber wertvolles Geschenk von Mami hat, wenn es eben das Einzige ist, das es zu erwarten gibt. »Ja!«, lächelt jetzt die Mutter, »wenn du *so lieb* bittest, mach' ich das natürlich gern für dich!« Die soeben in den Ruhestand geschickte Tyrannin setzt ein zaghaftes Lächeln auf. Jetzt ist auch die Mama vollständig versöhnt: »Wollen wir deine Haarspange gemeinsam zurückholen?« – »Au ja! *Das* machen wir! Danke, Mami!« Sieh an: Da kann doch dieses Kind tatsächlich auf einmal ganz lieb und freundlich sein. Wo ist denn das tyrannische kleine Wesen von vorhin? Die einzige Person, die an jener überaus friedlichen Szene keine so große Freude hat, ist die schon längere Zeit lauernde Nachbarin. Der netten Dame entgeht heute die erwartete Live-Show und damit der ganze aktuelle Gesprächsstoff für ihre Freundinnen ...
Wenig später sind auch die ungesunden Cornflakes wieder im Wagen und sogar ein paar unerwartet gesunde Leckereien, wie wertvolles Mandelmus. Plötzlich ist die frühere Bettlerin Feuer und Flamme für all die spannenden Neuerungen. Die Mutter freilich ist besonders darüber erstaunt, dass Lena plötzlich ganz bewusst einen großen Bogen um das Regal mit dem Gummizeug macht und *kein* Wort mehr darüber verliert. *So* eine Aktion von ihrer Mutter möchte sie anscheinend heute nicht mehr riskieren.
Vielleicht ist Mama ja beim *nächsten* Mal wieder ganz die Alte und man kann den Tyrannenmodus getrost anwenden, um einiges extra zu kriegen? Wenn sich unsere kleine Marktfahrerin da mal nicht täuscht! Die ganze Sache hat der Mutter nämlich richtig Spaß gemacht. Nicht nur die völlig neue, stressfreie Vorgehensweise, sondern noch mehr die erstaunlich leicht vorhersehbaren Reaktionen ihrer Tochter. Diesen Stil wird sie natürlich möglichst beibehalten, keine Frage.
Haben Sie bemerkt, wie sich die Karten gänzlich neu gemischt haben?

Nachhall

Bei der Nachbesprechung zu diesem Ereignis im Supermarkt verrät mir Sandra S. ein persönliches Geheimnis: »Ich habe wirklich Spaß

bei der Sache gehabt, obwohl ich nicht genau weiß, was dafür den Ausschlag gegeben hat: mein eigenes augenzwinkerndes und damit absolut ungewöhnliches Verhalten oder die verblüffenden Reaktionen meines Kindes darauf!« Ich frage nur noch der guten Ordnung halber: »Glauben Sie, dass Ihnen Erziehung ab jetzt ganz allgemein mehr Spaß machen wird?« – »Aber unbedingt!«
Sicher sehe ich es sehr gern – wie wahrscheinlich wir alle –, wenn Kinder vor Glück strahlen. Aber zufriedene Mütter können das auch ganz gut ...

Da es sehr förderlich für die Gesundheit ist,
habe ich beschlossen, glücklich zu sein.
Voltaire

Zwischensumme, die zweite

Damit haben wir ein sehr anspruchsvolles Spaß-Level erfolgreich durchlaufen und dürfen in Richtung des höchsten aufsteigen. Ein sehr angenehmes Zwischensümmchen darf ich aber an dieser Stelle noch ausweisen: Alle bisher beschriebenen Wege für mehr Spaß in der Erziehung machen Sie in den Augen Ihres Kindes nicht nur vertrauenswürdiger und verlässlicher, sondern auch noch liebenswerter und schlussendlich zu dem, was Sie eigentlich in den »Olymp der idealisierten Bezugspersonen« emporheben kann: zu einem *Vorbild.*

Klingt zu pathetisch? Schon vergessen, dass wir hier in einem antiken Stadion stehen und dieses Buch obendrein ein »Jahrtausendwerk« werden soll ...?

Ein Klassiker ist ein Buch,
das die Leute loben,
aber nicht lesen.
Mark Twain

Spaß-Level sechs

Vom Geben und Nehmen – Spaß als Stilmittel?

Was jetzt kommt, ist fast schon erzieherische Höchstanforderung. Kein Wunder, schließlich sind wir inzwischen im Level sechs angekommen!

Was wäre, wenn Sie Spaß nicht nur empfinden, genießen, erleben und teilen, sondern ihn ab jetzt auch noch für das sofortige Beenden des jeweils nervigsten Tyrannenmodus einsetzen könnten? Wäre dieses Stilmittel dann nicht erste Wahl? Stellte sich in diesem Fall überhaupt noch die Frage, ob Erziehung noch Spaß machen kann? Lautete die Antwort dann nicht automatisch: Erziehung *muss* Spaß machen, sonst ist es bloß Dressur!?

Konsequenzen?

Fragen wie die folgende höre ich sehr oft: »Wenn es einmal notwendig wird, wie kann ich dann wirksame Konsequenzen setzen?« Oder: »Wie sieht eine sinnvolle Sanktion eigentlich aus?«

Viele meiner treuen Leser wissen ja bereits: Ich plädiere für eine Verbannung der Worte »Sanktion« oder gar »Strafe«. Meine Pädagogenseele hat es lieber, wenn es bloß noch »logische Folgen« gibt. Welche Folge könnte wohl logischer sein als das deutlich spürbare Beenden von ehrlich empfundenem Spaß, wenn Junior oder Prinzesschen sich danebenbenimmt? Sie werden staunen, welche Entzugserscheinungen Sie sehr wahrscheinlich auslösen, wenn Sie die eben noch reichlich verabreichte Droge Spaß urplötzlich absetzen. Viele Eltern wenden dieses Vorgehen ohnehin immer wieder ganz automatisch, womöglich jedoch mehr oder weniger unbewusst an. Ich möchte Sie daher dazu ermutigen, ab nun den Entzug von Spaß sehr bewusst und konsequent als logische Folge einzusetzen.

! Kommt es zu einem Fehlverhalten des Kindes, brauchen Sie Ihrem Kind lediglich einen bisher ehrlich mitgemachten Spaß ebenso sichtbar wie unverzüglich »entziehen«.

Die Jugend soll ihre eigenen Wege gehen,
aber ein paar Wegweiser können nicht schaden.
Pearl S. Buck

Fall 30: »Raufbold«

Vor drei Wochen

Robert L., Vater des zehnjährigen Samuel, rauft abends noch eine Runde mit seinem kleinen Wildfang, der es wahrlich draufhat, wenn man ihn lässt. In letzter Zeit balgen sie wirklich gerne und ausgiebig und haben dabei *beide* reichlich authentischen Spaß. Doch wie es manchmal so geht bei Kindern, wenn sie Grenzen austesten dürfen: Zuweilen werden die Limits eben überschritten. No big deal – nichts Großartiges. Samuel hat seinen Übermut, der vom geliebten Vati natürlich zunächst herzhaft gefördert worden ist, irgendwie nicht mehr so ganz im Griff und geht mal wieder etwas zu hart ran: »Autsch!«, schreit der Vater fast zu laut los, »das tut jetzt schon das dritte Mal wirklich ordentlich weh!« Gut, das ist ein legitimer Aufschrei, finde ich, doch gleich kommt als Nachschlag ein klassisches Sanktionenpackerl auf den verdatterten Samuel zu: »Wenn du dich nicht beherrschen kannst, musst du jetzt gleich schlafen gehen. Und wenn du noch einmal so stark hinhaust, gehen wir morgen nicht schwimmen, basta!«

Wie gesagt: No big deal! Verhaltenspädagogisch wäre dieser ganze Fall auch nicht weiter erwähnenswert, wenn ... ja wenn es nicht doch eine sehr wichtige Erkenntnis wäre, dass wir Eltern eben ziemlich stark dazu neigen, unsere zuvor vielleicht unklar gezogenen Grenzen umso heftiger einzufordern, sobald doch eine »Grenzüberschreitung« auftritt.

Das hat auch Papa Robert schon sehr oft so gemacht. Gerne liefert er seinem Sohnemann herzlichen Spaß, bekämpft denselben dann aber sofort mit harten Standpauken, wenn es ihm »zu viel wird«.

Als Ergebnis gibt es höchste Verwirrung in Samuels Gedanken: »Was denn nun? Darf ich raufen oder nicht? Wieso machst du erst jeden Spaß mit und bist dann volle Kanne böse? Wie soll ich mich denn da auskennen?« Tja, von Verwirrungen dieser Art hat Vater Robert noch vor einiger Zeit nichts gewusst. Allerdings war das, bevor wir einander kennengelernt haben.

Heute

Ein Buch und zwei Beratungssitzungen später läuft alles ein wenig anders ab. Als Vater Robert spürt, dass Samuel wieder zu wild wird, setzt er heute ganz bewusst auf klare Trennung von Spaß und Ernst: Soeben hat er noch Tränen gelacht. Jetzt versiegen diese urplötzlich. Seine Angriffsbewegungen stoppen, er leitet mit seiner ganzen Körpersprache eine deutliche »Kampfpause« ein, löst sich schließlich ohne ein Wort von seinem Sohnemann, steht langsam vom Boden auf und geht betont langsam in Richtung Fernsehsessel. Der Junge sieht ihm zwar erstaunt nach, doch hat er mit typisch kindlicher Einfühlsamkeit schon längst das ganze wortlose Sanktionenpaket begriffen: Spaßentzug! Die Erkenntnis schlägt nun viel schneller und vor allem viel deutlicher ein, als das mit den früheren wortreichen Schimpfattacken möglich gewesen ist. Was Samuel jetzt fragt, entspringt eigentlich keiner Unklarheit mehr, sondern ist bereits der Anfang von Friedensverhandlungen: »Papi, was hast du denn?«

Diesmal lässt sich Robert etwas Zeit für ein tiefes Atemholen, ganz so, wie wir das überaus wirksame Werkzeug mit dem Pausen-Aushalten zuvor besprochen haben. Mit knappen Worten und ein klein wenig traurig klingend, erklärt er in Form einer klaren Ich-Botschaft: »Ist doch klar, mein Kleiner, *ich* hab' jetzt gerade keinen Spaß mehr, weil das auf einmal so richtig wehgetan hat!«

Schon ist Samuel bei seinem Vater und unterbreitet ein Angebot: »Wenn du mir sagst, *wo* ich dir wehgetan habe, darf ich dir dann das Heilmachen-Bussi auf die Stelle geben?« Ein liebevolles Angebot fürwahr. Doch da Kinder ihre Serviceleistungen zuweilen nicht ganz gratis abgeben, hängt auch unser kleiner Raufbold Samuel noch eine winzige Forderung an sein Heilangebot, als er sieht, wie Vatis Gesicht sich entspannt: »Ja? Darf ich? Und können wir dann noch mal ein bisserl Spaß haben? « Jetzt ist Samuel wieder glücklich und denkt vielleicht in diese Richtung: »Solange du mit mir lustig bist, weiß ich, dass alles in Ordnung ist. Deshalb bemühe ich mich jetzt noch viel mehr, für *deine* gute Laune zu sorgen. Das macht sowieso mehr Spaß!«

Lösungsansatz

Vater Robert hat also eine wirklich gute und vor allem stressfreie Lösung gefunden: Kaum verliert er sicht- und spürbar seinen *eigenen Spaß* an der Sache, weiß der pfiffige Samuel sofort, dass er etwas falsch gemacht hat. Jetzt passiert etwas Wunderbares, das auch bei noch so tyrannischen Kindern nahezu immer funktioniert: Sie bemühen sich nach Kräften, zuweilen natürlich auch mit allen Tricks, den geliebten Spaßzustand wiederherzustellen. Nichts anderes hat auch Samuel mit seinem ebenso lieben wie trickreichen Angebot gemacht.

Schuldfrage

Zu der Erkenntnis, die wir gerade gewonnen haben, gesellt sich noch eine weitere, sehr wichtige hinzu: Kinder fühlen sich sehr schnell an allerlei negativen Ereignissen rund um ihre wichtigsten Bezugspersonen schuldig. Auch wenn es gar nicht um sie geht, denken sie schon voll Panik: »Was habe *ich* falsch gemacht?« Das weiß man von geprügelten Kindern ebenso wie beispielsweise von jenen, die in Scheidungen verwickelt sind. Ein tief verankertes genetisches Grundprogramm sagt ihnen, dass sie *selbst an allem schuld* seien.

Genau diese Besonderheit dürfen Sie in Ihre neue tyrannenfreie und spaßbetonte Erziehung ab nun einbauen. Dass nämlich die von Herzen geliebte Bezugsperson wieder lachen kann, daran möchten Kinder eben auch gerne »schuld« sein. Dies aber geht für Kids am einfachsten mit Beendigung oder Wiedergutmachung des eigenen Fehlverhaltens. Es ergibt sich also eine selbst gewählte logische Folge.

Je intensiver Sie bei einem Unfug mitgemacht haben, desto wirksamer ist Spaß-Level sechs.

Spaß als erzieherisches Stilmittel, Ihre eigene gute Laune als behutsamer »Bonus« für spätere Sanktionen: Klingt das für Sie wie eine ziemlich einfache, weil ernsthaft-lustige Anti-Tyrannen-Strategie?

Was man ernst meint, sagt man am besten im Spaß.
Wilhelm Busch

Da bin ich wieder! Ja, ich kann *auch* schon Pausen aushalten ... Ist euch auch klar, ihr Lieben, dass ein Entzug von Spaß nur dann funktionieren kann, wenn ihr auch ziemlich regelmäßig für ausreichend Nachschub sorgt? Wenn ihr lustige Momente nur ganz sparsam abliefert, könnt ihr sie eurem kleinen Haustyrannen auch kaum wirksam wegnehmen, so hab' jedenfalls *ich* dumme Gans das Ganze von *meinem* Blickwinkel aus verstanden.

Ernsthafte Spaßvögel

An Samuels und Papa Roberts kurzer Geschichte haben wir sehen können, wie sehr Kinder auf einen ganz bestimmten Archetypen von Bezugsperson stehen und welchem sie daher am liebsten durch dick und dünn folgen – nennen wir diesen Typ einfach den »ernsthaften Spaßvogel«. Dieses Wortkonstrukt beschreibt nichts anderes als einen Erwachsenen, der buchstäblich jederzeit zu ehrlichen, am besten auch völlig abgedrehten Späßen aufgelegt ist, aber zur gegebenen Zeit ein ebensolches Maß an Ernst und klarer Struktur zur positiven Steuerung einsetzen kann. Dass so ein ernsthafter Spaßvogel, egal ob weiblich oder männlich, nur dann gut rüberkommt, wenn auch ein gerüttelt Maß an Selbstvertrauen vorhanden ist, versteht sich von selbst.

Sie erinnern sich an die Metapher mit dem »Schlüssel zum Herzen eines Kindes«? Hier nun, wo wir Spaß als erzieherisches Stilmittel einsetzen, findet diese endlich ihre höchste Entfaltung.

Etappenziel
Dieses anspruchsvolle Spaß-Level können Sie, sobald Sie sich bei der Anwendung einigermaßen sicher fühlen, natürlich schon bei ganz »unbedeutenden« Verfehlungen als fixes Ritual konsequent einsetzen. Es wird dann vielleicht bald zur Routine, in welcher das Kind mühelos ein Muster erkennen kann. Tja, das war es auch schon ...

Wenn wir jetzt erneut an den Tribünen unseres Stadions hinaufschauen, sehen wir immer mehr staunende, fast ehrfürchtige Gesichter, die uns zu sagen scheinen: »Was? So was *könnt* ihr alles? So viel Spaß versteht ihr auf einmal? Bei allem? Etwa auch beim Lernen?

Oje, da haben wir doch tatsächlich noch einen Blickwinkel zum Thema Spaß vernachlässigt! Na, dann wird wohl ein Bonus fällig. Wir wollen ja, dass möglichst alle anwesenden Kids und Jugendlichen zumindest an diesem ehrwürdigen Ort mit uns zufrieden sind ...

Der wahrhaft Edle predigt nicht, was er tut,
bevor er nicht getan hat,
was er predigt.
Konfuzius

Bonus-Spaß-Level

Von Lernen und Begeistern – Spaß durch Vorbildwirkung?

Eingefleischten Computerspielern wird es sichtlich nur allzu gut bekannt sein: Bei den allermeisten Games gibt es ein Bonus-Level. Das habe ich hier auch für Sie programmiert. Nicht zufällig steht es am oberen Ende unserer Profi-Skala. Man könnte es auch das »siebente Spaß-Level« nennen, in welchem nun die allerhöchste Ausprägung von Fähigkeiten wie Distanz, Einsicht, Ruhe, Humor, Nachsicht und Geduld gefragt ist.
Weil die ganze Sache aber speziell zum Thema Schule und Lernen gehört und sich damit auch der am Schluss des ersten Buchteils begonnene Fall »Lernstopp« auflösen wird, ist es eben ein ganz besonderes Bonus-Level ...

Was wäre, wenn Sie Ihren Liebling nie wieder zu einer schriftlichen oder geistigen Arbeit drängen müssten oder einzufordern bräuchten, dass Ihr Kind endlich mal etwas lernt? Wie würde es sich anfühlen, wenn es umgekehrt abliefe, indem Ihr Kind zur Abwechslung mal *Sie* zum Lernen aufforderte? Wie, wenn es dabei auch noch jede Menge Spaß und Begeisterung anstelle von Lernstress oder gar von Streit gäbe?

Nicht lustig

Ist die Erinnerung an den »Tyrannenmodus Lernverweigerer« bei Ihnen noch frisch? Gut! Das *sollte* sie auch sein: Schule und Lernen gehören ja schließlich für die allermeisten Eltern von hier bis Nebraska zu den heißesten Themen ... Das merkt man klarerweise auch im täglichen Beratungskontext. Beispielsweise meint Sandra E., eine entnervte Mutter: »Bevor ich meine Tochter nicht mindestens zehn Mal ermahnt habe, setzt sie sich nicht von selber zum Lernen hin!« Albert W., ein alleinerziehender Vater, hat anderntags ein Anliegen ganz ähnlicher Art: »Nun habe ich meinem ziemlich widerspenstigen Sohn schon das Lernen mit mir erspart, indem ich gleich für drei Gegenstände nette Nachhilfelehrer besorgt habe, aber trotzdem tyrannisiert er mich mit seinen Ausbrüchen, wenn ich mal übers Lernen rede! Was kann man da noch machen?«

Es ist eine spannende Situation, wenn Kinder sechssprachig fluchen können, aber die einsprachige Hausaufgabe nicht verstehen.
Günther Beckstein

Meine Antworten lauten dann meist in etwa so: Denken Sie, lieber Albert, dass es Ihrem Sohnemann *Spaß* macht, wenn er in seiner Freizeit andauernd von mehreren verschiedenen Erwachsenen in ein und derselben Disziplin gedrillt wird – im Büffeln? Meinen Sie, liebe Sandra, dass es für Ihr Töchterchen *lustig* ist, wenn Sie dazu neigen, andauernd heftig Stress zu machen, falls die Kleine sich nicht unverzüglich und superfleißig zu ihren Schularbeiten hinsetzt? Welche innere Reaktion erwarten Sie eigentlich von Ihrer Tochter? Vielleicht diese hier: »*Danke*, Mami, dass du mich jetzt *zehn Mal* wegen des Lernens ermahnt hast und dabei auch noch ständig lauter geworden bist! Nach deiner letzten Wiederholung hab' ich es endlich zutiefst verstanden! Weißt du was? Nach all dem Stress mache ich mich jetzt *total gerne* und *voll motiviert* an die Arbeit! Das wird echt Spaß machen! Danke dir, Mom, für den tollen Anschub! Hab' dich lieb! Bussi!«

! Eine »erzwungene Pflichterfüllung« kann zwar formal funktionieren, lässt Ihrem Kind jedoch keinerlei Spielraum für den unerlässlichen Spaß an der Sache. Allein dieser jedoch garantiert sowohl Motivation als auch Nachhaltigkeit.

Zwangsverpflichtungen, die erste

Für Mama Sandra habe ich, stellvertretend für unzählige andere Eltern, die in ähnlichem Tyrannendilemma stecken, damals einen sehr universellen Tipp parat gehabt: »Versuchen Sie doch, Ihrem Kind nicht mehr ganz so oft das Gefühl zu vermitteln, dass es zum Lernen buchstäblich gezwungen werden muss. Das kann schon deswegen nicht klappen, weil sich *niemand* gern zu etwas zwingen lässt. Mehr noch: *Jeder* Mensch wird sofort eine Abwehrhaltung einnehmen, wenn irgendeine Art von Zwang in Sicht ist. Ein völlig normales reaktives Muster und daher menschlich mehr als verständlich. Aber sind denn Kids etwa noch keine vollwertigen Menschen? Aber klar doch, das sind sie! Gut, warum sollen sie dann *anders* reagieren?«

Zwangsverpflichtungen, die zweite

Für Kinder wird das Empfinden von Zwang allerdings noch durch eine spezielle Kleinigkeit verschärft: *Sie* müssen ackern, während *wir* Eltern es augenscheinlich nicht tun! Klar, wir haben ja schon vor langer Zeit unsere eigene Schule mehr oder weniger hervorragend abgeschlossen. Sich irgendwelche abstrusen Lerninhalte aus Büchern reinzuziehen, ist somit weder unsere Pflicht noch unser aktuelles Hobby – meist jedenfalls nicht. Jetzt *muss* eben unser Kind da durch und nicht mehr wir, basta!

Ganz genau betrachtet stellen wir jedoch mit all unseren Du-musst-mehr-lernen-Ansagen bloß Forderungen in den Raum, die wir selbst keinesfalls zu erfüllen bereit sind. Durchaus verständlich übrigens ... aus Sicht eines Erwachsenen!

In den Kindern erlebt man sein eigenes Leben noch einmal
und erst jetzt versteht man es ganz.
Søren Kirkegaard

Doch so einfach ist das mit der kindlichen Wahrnehmung nicht. Kein Kind kann in Wirklichkeit nachvollziehen, warum es zum Büffeln verdonnert wird, wenn die Eltern ihnen kaum im realen Leben vorzeigen, wie man das eigentlich »richtig« macht.

Wohlgemerkt: Wir sind hier schon im allerhöchsten Level! Da dürfen wir es uns schon mal zur Aufgabe machen, zutiefst kindgerecht zu denken. Ja, ich weiß, das ist nicht gerade die leichteste Übung. Drum machen wir es wie die Profis und holen uns mal wieder noch professionellere Hilfe …

Hier bin ich schon! Allzeit bereit für euch, ihr lieben, geplagten erwachsenen Menschenkinder. Zum letzten Mal übrigens … Mein allerletzter Meta-Blickwinkel bekommt deshalb, ganz eurem Profi-Level angemessen, eine entsprechende ›Tiefe‹ und darum auch eine ungewohnte Länge.

Leute, tretet bitte erneut ein paar Schritte zurück und schaut dabei genau hin, *wovon* euer kleiner Liebling die wichtigsten Dinge für sein Leben lernt. Von einer Schultafel etwa? Oder von den neuerdings überall in die Klassenzimmer einwandernden »Active Boards«? Oder meint ihr etwa, dass euer Nachwuchs das meiste von euren Erklärungen oder manchmal auch von Ermahnungen und Standpauken lernt? Weit gefehlt: Alle Kids dieser Welt, sogar die von uns Gänsen, lernen am besten und vor allem am nachhaltigsten vom *Zuschauen* und *Nachmachen* oder, anders geschnattert, von ihren erwachsenen *Vorbildern*.

Das lässt einen wunderschönen abschließenden Blickwinkel zu. Wenn ihr großen, netten Zweibeiner wirklich wollt, dass eure Kinderchen fleißig lernen, konzentriert arbeiten, nicht schimpfen, brav Ordnung halten, lieb zu euren Nachbarn sind und was weiß ich noch alles toll erledigen, dann macht das doch erst mal *selber* ganz genau so, wie ihr euch das wünscht, und ihr werdet bald einiges zu staunen haben. Gänse-Ehrenwort! Da könnt ihr euch sogar drauf verlassen …

Das tue *ich* jetzt übrigens auch. Ich *verlasse* euch, sage auf gut österreichisch herzlich »Servus« und wünsche euch noch möglichst zahlreichen und natürlich maximal pflegeleichten, weil völlig tyrannenfreien Nachwuchs, viel Erfolg beim Lernen und Vormachen, manch weiten Blickwinkel und ach ja: endlich mal *neue Nachbarn mit braveren Kids* sowie … viel Spaß beim Erziehen!

Eure mittlerweile viel gescheitere Gans
Gundula

Es gibt keine andere vernünftige Erziehung, als Vorbild sein,
wenn es nicht anders geht, ein abschreckendes.
Albert Einstein

Griffiger Ansatz

Weil Gundulas Blickwinkel mit der Vorbildwirkung nicht nur unglaublich spannend ist, sondern sich auch wunderbar als lustvolles erzieherisches Stilmittel einsetzen lässt, möchte ich einen mutigen Vorstoß in diese »vorbildliche Richtung« unternehmen und Ihnen weiter unten, verpackt in unser finales Fallbeispiel, zwei wahrlich griffige Lösungsansätze vorstellen, die auch noch jede Menge Spaß machen. Autoren-Ehrenwort!

Lernen als Abenteuer?

Zunächst sind wir aber mal wieder bei unserem wichtigsten Stichwort, Spaß, angelangt und ich kann allmählich den Kreis schließen, den ich im allerletzten Kapitel des ersten Buchteils mit Blickwinkeln auf den Lerndruck und den damit verbundenen Teufelskreis, aber auch auf sehr positive Sichtweisen, beispielsweise über »Spaßvögel« und »Funktionslust«, eröffnet habe.

! Auch der umfangreichste und anstrengendste Lernprozess kann etwas Spannendes, Erfüllendes, Prickelndes in sich tragen und damit nichts Geringeres bereiten als: Lust!

Ja, ich weiß, was jetzt kommt: »... prickelnd kann Lernen schon sein, aber nur für den, der es *nicht selber* tun muss!« Falsch gedacht ...

Egal, wie hart ein Kind büffeln muss, es spricht überhaupt nichts dagegen, dass sich trotzdem ein tolles, mitunter sogar euphorisches Empfinden einstellt. Allerdings nur dann, wenn es diese Aufgabe mit *Interesse* und *Hingabe* erfüllen kann. Dazu müssen wir Erwachsene allerdings das passende Umfeld, die richtigen Bedingungen schaffen, nichts weiter. Etwas Neues hinzuzulernen, ist dann wie eine Art Abenteuer und macht somit ganz automatisch auch Spaß!

Lernen fasziniert mich! Ich könnte stundenlang zusehen.

Wenn nicht, erinnern Sie sich bitte erneut daran, dass wir schon im Bonus-Level angekommen sind, da kann man anspruchsvollere Perspektiven wie die folgende durchaus erwarten: »Wenn ich es schaffe, dass mein Kind auf jede Art von Lernen Lust hat, wird auch für mich ein netter Bonus dabei abfallen, weil mir dann auf einmal sogar das ganze Paket rund um die Erziehung Spaß macht!«

Klar haben Sie jetzt noch die wichtigste Hürde zu überwinden: Wie bewerkstellige ich dieses Wunder? Um das beantworten zu können, brauchen wir nichts anderes zu tun, als unseren Fall 17: »Lernstopp« aus dem Kapitel Lernverweigerung endlich feierlich aufzulösen ...

Fall 17: »Lernstopp«, Teil 2

Rückblende

Sie erinnern sich? Stefan, zehn Jahre. Keine Lust zum Lernen! Schlimmer noch: volles Verweigerungsprogramm plus heftige Tyrannenattacken, vor allem gegen seine Mutter und, wie Sie sicherlich noch gut in Erinnerung haben, mitunter irgendwie auch gegen *sich selbst*! Bei Stefan daheim laufen natürlich auch täglich Dauerbrenner ab wie: »Wann fängst du endlich mit dem Lernen an?« – »Wenn du dich nicht sofort zu deinen Schularbeiten setzst, dann darfst du nicht ...!« usw. Da kann man sich gut vorstellen, wie das Laune macht, oder? Wenn Sie sich aber noch besser einstimmen möchten, ist es sicherlich hilfreich, dass Sie den spannenden Fall schnell nochmals nachlesen.

Ich aber steige jetzt ohne Umschweife punktgenau beim ersten Beratungsgespräch mit Stefans Eltern vor zwei Wochen ein und eröffne damit sofort die wahrscheinlich sehnlich erwarteten Blickwinkel auf zwei mögliche ...

Veränderungen?

Nach eingehenden Diskussionen über »alte Muster« und festgefahrene Vorstellungen zum Thema Schule und Lernen muss ich erst mal tief Atem holen, denn jetzt geht's ans Eingemachte, weil ich so lieben engagierten Eltern wie diesen mal wieder etwas zum Grübeln mitgeben muss ...

»Was jetzt kommt, ist für Sie beide, liebe Fiona, lieber Gerold, sicherlich nicht ganz leicht verdaulich, aber für einen Neustart, der auch noch Spaß machen soll, unabdingbar. Mich überrascht es jedenfalls nicht sonderlich, dass all diese Dauerbrenner rund ums Lernen bei Ihrem Junior zu einem ausgeprägten Tyrannenverhalten geführt haben. Dieses zutiefst menschliche und daher wohl auch einigermaßen vorhersehbare reaktive Muster kann man Stefan kaum vorwerfen. Genauso wenig wie zahllosen anderen vom Lernen gestressten Kindern in dieser Welt.«

Wie schon weiland Gundula in all ihrer Weisheit einmal trefflich gesagt hat: »Eine Veränderung muss her!«

Sei du selbst die Veränderung, die du dir wünschst für diese Welt.
Mahatma Gandhi

Ich lade Stefans Eltern deshalb dazu ein, zweierlei mögliche, natürlich schon etwas anspruchsvollere Ansätze zu verfolgen. Beide Lösungen haben etwas mit Vorbildwirkung, aber auch mit kindgerechtem Rollenverhalten zu tun. Das eine Mal wird die Mutter eine durchaus ernstlich-lustvolle »Lernrolle« einnehmen, das andere Mal beide Eltern inklusive großer Schwester sich spielerisch-lustig in den Lernprozess einklinken.

Lösungsansatz, der erste: »Vorbildlich«

Vorige Woche
Klar habe ich Gundulas letzte spannende Blickwinkel auch Stefans Eltern erklärt und mich mit zwei persönlichen Fragen an Mama Fiona gewandt, einfach deshalb, weil sie die meiste Nachmittags- und damit Lernzeit mit ihrem Jungen verbringt: »Erstens: Für welches Wissensgebiet, welche Sprache oder Kultur interessieren Sie sich speziell? Zweitens: Sind Sie vielleicht andauernd viel zu sehr mit anderen Dingen beschäftigt, um sich mal in Ruhe mit Ihrem Lieblingsthema befassen zu können?«

Kein Mensch ist so beschäftigt, dass er nicht die Zeit hat, überall zu erzählen, wie beschäftigt er ist.
Robert Lembke

Nach der ersten Verblüffung kommt die Antwort unerwartet rasch: »Mich hat schon immer alles interessiert, was mit Japan zu tun hat!« – »Und?«, frage ich, »wollen Sie dort vielleicht auch mal selbst hin?« Fionas Augen leuchten auf einmal: »Oh, ja! Das kann man wohl sagen! Und *wie* ich das möchte! Eigentlich wir beide!« Jetzt lasse ich natürlich nicht mehr locker: »Wäre es dann nicht hilfreich, sich irgendwann einmal mit der Geschichte dieses faszinierenden Landes oder sogar mit dessen Sprache vertraut zu machen?« Schweigen, Staunen, plötzliches Erkennen in den Augen der Eltern. Schön, dass mein Ansatz den beiden so schnell klar geworden ist! Haben Sie, liebe Leser, auch schon erkannt, wo das alles hinführen wird?

Lernlust

Stefans Mutter hat sich für das Erlernen der japanischen Sprache entschieden und wird sich unverzüglich mit ein oder zwei Lehrbüchern eindecken. Da hat sie sogar Glück, denn einer meiner Lebens- und Sozialberater ist auch so ein Japan-Fan. Er kennt die sinnvollsten Lernhilfen und wird sehr gerne Tipps geben: Sprachkundler unter sich. Fiona strahlt plötzlich nicht mehr ihre frühere Mein-Kind-wird-die-Schule-nie-hinkriegen-Besorgnis aus, sondern scheint voller Erwartung zu sein, wirkt auf einmal hoch motiviert. Ob die Gute urplötzlich von jenem Virus angesteckt worden ist, den man in streng geheimen Insiderkreisen »Lust auf Lernen« nennt? Ob diese bei Erwachsenen selten gewordene Krankheit bei Fiona wohl jetzt noch heilbar ist? Mal sehen! Noch ist nichts erwiesen …

Lust verkürzt den Weg.
William Shakespeare

Vor fünf Tagen

An diesem Nachmittag herrscht zum ersten Mal seit langer Zeit Stille im Haus. Niemand hat Stefan heute wegen Hausaufgaben oder irgendwelchen Vorbereitungen wie üblich lautstark genervt. Der kleine Lernmuffel spielt in seinem Zimmer und beginnt sich nach einiger Zeit zu wundern. Während solch langer Spielphasen ist Mom doch sonst schon mindestens drei Mal mit heftigen Ermahnungen ins Kinderzimmer eingefallen.

Heute jedoch – nichts, kein Dauerbrenner im Anmarsch! Was geht da bloß ab? Jetzt wird es dem eingefleischten Tyrannen zu bunt. Außerdem treibt ihn die typisch kindliche Neugier unwiderstehlich an, übernimmt schließlich vollständig das Ruder. Weil es so still ist, geht der Bub leise in Richtung Wohnzimmer, späht um die Ecke. Dort, am Tisch sitzt seine Mutter vor zwei aufgeschlagenen Büchern und einem offenbar nagelneuen Schulheft und schreibt eifrig etwas hinein. Erst jetzt fällt dem Knaben auf, dass seine Mutter auch Ohrstöpsel trägt: Kopfhörer. »Was'n jetzt los?«, denkt der Junge panikartig, »das hat es doch noch *nie* gegeben! Ist die Frau da am Tisch tatsächlich meine Mom? Die echte hasst nämlich Kopfhörer! Und was, zum Donnerdrummel, *schreibt* sie denn da überhaupt?«

Jetzt reicht's! Der Bub platzt fast vor Neugier und fragt endlich laut nach: »Mami, was machst du da?« Die knappe Antwort, die Fiona nun gibt, haben wir beide zuvor in etwa vereinbart: »Psst, mein Schatz! Bitte stör mich jetzt nicht! Ich lerne gerade total spannende Vokabeln!« So lange Sekunden hat Stefan seit seiner Geburt nicht mehr aufs Atmen vergessen. Weil Mami diesen Vokabel-Irrsinn offensichtlich aber durchaus ernst gemeint zu haben scheint, trollt sich der zutiefst verwirrte Knabe in sein Zimmer und nimmt sein Spiel wieder auf. Doch es macht ihm plötzlich keinen richtigen Spaß mehr. Ist es die Neugierde, die Fassungslosigkeit oder bloß die Unsicherheit, welche völlig fremde Person da unten sitzen mag und ... freiwillig irgendwelche Sachen lernt? Stefan hält es plötzlich in seinem Zimmer nicht mehr aus. Noch während er die Tür aufreißt, kommt dem kleinen Pfiffikus eine spontane Idee ...

Wenig später

Ein bisher immerzu tyrannischer Lernverweigerer steht plötzlich mit einem Buch und seinem Schularbeitenheft unter dem Arm beim Wohnzimmertisch und stellt die Frage seines Lebens: »Du, Mami, wenn ich dich nicht störe, darf ich mich dann zu dir setzen?« – »Aber klar doch, mein Liebling! Ich freu' mich! Aber versuche bitte, möglichst still zu lernen, so wie ich. Du darfst mich natürlich fragen, wenn du nicht weiter weißt!« Als ihr geliebter Sohnemann sich betont leise ans andere Ende des Tisches setzt und das Heft aufschlägt, ahnt Fiona instinktiv, dass sie die für ihr kleines »Projekt« aufgewendete Zeit wohl in mehrfacher Hinsicht zurückbekommen wird.

Erziehung ist Beispiel und Liebe, sonst nichts.
Friedrich Wilhelm August Fröbel

Abends

Als Stefan schon lange friedlich schläft, erzählt eine strahlende Fiona ihrem Mann voller Begeisterung von dem erfolgreichen Nachmittag und rundet ihren Bericht schließlich so ab: »Stefan hat von ganz allein auch noch zwei zusätzliche Beispiele gelöst, sie mit Zierleisten versehen und mir stolz gezeigt. Das alles hat *so* gutgetan, das kann ich dir gar nicht mit Worten beschreiben! Jedenfalls hat mir das alles heute so richtig Spaß gemacht! Japanisch ist übrigens nicht nur spannend, sondern sogar ziemlich einfach, wenn man das System einmal begriffen hat. Das solltest du auch mal probieren!« *Jetzt* vergisst Vater Gerold auf das Atmen …

So leicht kann es gehen. In manchen Fällen kann die schlichte Vorbildwirkung eine Art Jackpot sein, damit Erziehung plötzlich allen Beteiligten Spaß macht. Übrigens, Ihnen als zukünftige Anti-Tyrannen-Profis ist sicher aufgefallen, dass hinter der ganzen vorbildlichen Lernaktion auch noch eine klassische »unexpected interaction« versteckt ist. Noch »unerwarteter« geht nun wirklich nicht mehr. Wirksamkeit garantiert, sofern die ganze Sache authentisch ist. In Fionas Fall trifft das jedenfalls ganz sicher zu – ein wirklich guter Tag!

Noch immer bei Stefan

Jener Lösungsansatz, den ich Ihnen nun als allerletzten einer langen Reihe vorstellen werde, hat sich nicht nur in zahllosen Härtefällen bestens bewährt, sondern in all den Jahren sogar bei meinen eigenen Kindern. Außerdem hat er meiner Ansicht nach durchaus das Potenzial, ein Top-Kandidat für den Gewinner unter den lustigsten Anti-Tyrannen-Strategien dieses Buches zu werden. Aber urteilen Sie bitte selbst …

Lösungsansatz, der zweite: »Professor Stefan«

Vorgestern

Nach dem überraschenden Achtungserfolg mit dem »vorbildlichen Lösungsansatz« haben Stefans Eltern erst so richtig Mut gefasst und werden einen noch anspruchsvolleren, dafür aber sicher sehr witzigen Vorschlag umsetzen, den sie noch vor ein paar Tagen für absolut unmöglich gehalten hätten: Sie werden selber »zur Schule« gehen! Ja, Sie lesen richtig. Die beiden werden sich, sogar gemeinsam mit Lilly, Stefans großer Schwester, Zeit nehmen und eine komplette Schulstunde mit allem Drum und Dran buchen. Bei *Ihrem eigenen Sohnemann* natürlich. Bevor ich das in einem finalen Showdown erkläre und damit schon einen hoffentlich würdigen Abschluss für »Kinder im Tyrannenmodus« finde, darf ich eines vorwegnehmen: Alle Beteiligten haben an diesem witzigen Lösungsansatz durchgängig eine gehörige Portion Spaß gehabt!

Wie das gekommen ist? Ganz einfach: Gerold und Fiona haben nun endgültig aufgehört, ihren Liebling ständig um »mehr Leistung« anzuhauen, sondern akzeptiert, dass Kinder fast jede beliebige Anforderung gerne erfüllen, wenn man bereit ist, sie in das einzige Universum mitzunehmen, in dem sie sich wirklich zu Hause fühlen ... im Spiel!

> *Ließe man den Göttern freie Wahl, sie würden alle Kinder bis zum zwölften Lebensjahre durchgängig spielen lassen.*
>
> Rudolf Steiner

Um diese mutige, aber total einfache Lösung umzusetzen, werden Stefans Eltern heute eine völlig neue Situation schaffen, für die auch Sie, liebe Leser, als angehende Spaß-Profis nun sicherlich schon bereit sind ...

Szenenwechsel

Die Eltern, Schwester Lilly und ich sitzen im improvisierten Klassenzimmer auf den Kissen der Wohnlandschaft. Mitten im Zimmer steht Stefan mit einem Zeigestab in der Hand und vorgeschobener Brille auf seiner Nase. Klar, dieses optische Accessoire braucht der Knabe eigentlich gar nicht, deshalb hat er sich die Retro-Nickelbrille bloß von Opa ausgeborgt, der übrigens auch mit dabei ist. Jetzt sieht der Junge einfach mehr nach »gescheitem Professor« aus. Gleich wird es noch professioneller: Hinter sich hat er einige selbst gemalte Plakate mit Klebestreifen an seiner »Schultafel« montiert. Eigentlich ist es der riesige Familien-Flachbildschirm, dem die Zweckentfremdung aber nicht viel auszumachen scheint. Jetzt startet der Junge mit breitem Grinsen sein Programm: »Kinder, Ruhe! Wir müssen anfangen! Passt bitte gut auf, wir lernen Textaufgaben und müssen dabei ...!«

»Wow, fühlt sich *das* gut an!», denkt der Bub. Ja, so etwas kann man schon mal genießen als »Dreikäsehoch-plus« und ehemaliger Vollzeit-Lernverweigerer. Mit Begeisterung beginnt Stefan damit, uns, seinen fünf Schülern, die Abgründe mathematischer Textbeispiele zu erklären. Ein Schulstoff, den der Junge, wie wir uns sicher erinnern, bestens beherrscht. Potenziale fördern, nicht Schwächen bekämpfen – Sie kennen den Ansatz ja schon. Das gilt auch fürs Lernen, nicht nur in Sachen Erziehung.

Fionas und Gerolds Sohnemann ist deshalb heute zum Lehrer geworden und darf uns Wissen einpauken, das er tatsächlich viel besser beherrscht als wir. Stefan, der zuvor »nie gut genug« gelernt hat, ist jetzt eine beachtete Lehrperson, der alle zuhören. Heute fordert *er* Wissen ein und *er* allein bestimmt Inhalt und Tempo! Niemand sonst ... Können Sie sich nur annähernd vorstellen, was so ein Erlebnis in einem zuvor noch lernfaulen Kind auszulösen vermag und wie nachhaltig das wirken kann?

Was man lernen muss, um es zu tun, das lernt man, indem man es tut.
Aristoteles

Zwei Stunden vorher

Den Auftrag zu dieser »Wahnsinnstat« hat er gemeinsam von mir und seinen Eltern bekommen und es anfangs gar nicht glauben können. Die Skepsis des schon oft vom Lernen enttäuschten Jungen ist aber nach einem kleinen Zusatzwunsch schnell verfolgen: »Bringe uns in deiner Schulstunde bitte möglichst oft zum Lachen! Egal, welchen Stoff du uns erklären willst!« Kaum ausgesprochen, ist eine nahezu unglaubliche Veränderung mit dem Jungen vorgegangen. Nach den ersten Zweifeln und dem zunächst ungläubigen Staunen hat es für Stefan kein Halten mehr gegeben: »Verschwindet aus meinem Zimmer, ich muss meine Stunde vorbereiten! Wie lange hab' ich dafür Zeit?«

Im Spaß-Olymp
Sie ahnen sicher, dass wir alle Fünfe Tränen gelacht haben. Der Junge ist nicht nur absolut witzig, sondern schlichtweg genial als Lehrer gewesen und hat uns tatsächlich etwas beibringen können. Wir haben das wundersame Regelwerk der Mathe-Textaufgaben sogar verstanden. Vielleicht einfach deshalb, weil uns das Ganze von einem hellauf begeisterten Kind erklärt worden ist. Die Begeisterung eines Vortragenden überträgt sich zwar immer auf den Lernwillen der Menschen, wahrscheinlich aber umso mehr, wenn es sich dabei um ein pfiffiges Kind handelt. Somit haben alle Beteiligten von dieser großartigen Schulstunde profitiert, vor allem aber Stefan selbst! Nur so nebenbei hat der Knabe nämlich auch ein paar englische Vokabeln mit einfließen lassen und, vielleicht ohne es bewusst wahrzunehmen, auch noch zwei Bruchrechnungen, seine größte »Schwachstelle« bisher, problemlos erklären und lösen können. Überrascht Sie das? Mich nicht, denn ...

Niemand lernt so viel wie derjenige, der lehrt!

Heute
Schon wieder kommt Stefan mit einer fertigen Lernaufgabe aus seinem Zimmer und zeigt diese begeistert seiner Mutter. Gestern hat er das auch schon so gemacht. Bei Fiona gesellt sich zum verständlicherweise noch immer großen Erstaunen nun etwas offenbar Nachhaltiges hinzu: Sie hat jetzt auf einmal Spaß am Thema Schule und Lernen, genau wie ihr Sohnemann!
Lerndruck, Dauerbrenner, Standpauken? Wozu denn das?

Etappenziel
So, liebe Leute! Wir sind gemeinsam und unbeschadet sowohl am Etappen- als auch an unserem Endziel angekommen. Wir haben Spaß statt Kampf, Leichtigkeit statt Druck, Gemeinsamkeit statt Einsamkeit, Einklinken statt Abwehren und vieles mehr kennengelernt und das meiste davon hoffentlich sowohl wahr- als auch annehmen können.

Trotzdem noch kein Grund, das Buch sofort zuzuklappen, weil uns ja noch eine angemessene Schlusszeremonie fehlt, wie sich das in so einem Stadion seit der Antike gehört ...

Eltern im Spaßmodus – Haustyrannen im Ruhestand?

Und? Wie sieht die Sachlage jetzt aus? Haben Sie, liebe Leserin, lieber Leser, nach Lektüre dieses Buches nun ausreichend Lust und Mut bekommen, vom Tyrannisiertwerden in den Spaßmodus zu wechseln? Hat unsere spannende Reise trotz begrenzter Seitenanzahl ausgereicht, Sie mit einem ausreichenden Maß an Motivation und tieferem Verständnis für ganz neue Blickwinkel und Herangehensweisen auszustatten?
Wenn ja, dann wird es für Sie vielleicht bald nur noch eine wundersame Erinnerung sein, an all die bisherigen tyrannischen Konfrontationen mit Ihrem früheren Haustyrannen zurückzudenken.
Mit diesen positiven letzten Ausblicken dürfen wir uns jetzt endgültig erhobenen Hauptes und mit überlegenem Lächeln an eine ehrenvolle Schlussrunde durch unser voll besetztes Stadion wagen, die wir, unserer guten Stimmung durchaus angemessen, mit einem triumphalen Auslauf beenden werden.
Zuvor aber gibt es noch ein überraschendes Zusammentreffen …

Der höchste Lohn für unsere Bemühungen ist nicht das,
was wir dafür bekommen, sondern das, was wir dadurch werden.
John Ruskin

»Puh! Gut, dass ich euch noch antreffe, ihr Lieben! Ich bin total außer Atem! Ihr ahnt ja nicht, was mir vorhin mitten im Gemüsegarten meines daunenweichen Gänsehimmels passiert ist. Stellt euch vor: Da stochere ich in einem herrlich saftigen Salatbeet so für mich herum und plötzlich redet mich einer von schräg hinten an. Sogar mit meinem Namen: ›Hallo! Bist du nicht Gundula, die ehemals dumme Gans aus diesem besonderen Buch, in dem es um tyrannische Kinder geht?‹ Und ratet mal, wer das gewesen ist? Es war dieser alte Rauschebart, Sokrates, euer griechischer Philosoph. Ja, genau der mit dem Die-Kinder-von-heute-sind-Tyrannen-Spruch!

Wow! Könnt ihr euch *das* vorstellen? Zugegeben, für mich als Gans ist der gute Mann jetzt nicht so *mein* klassisches Vorbild, aber ich bin trotzdem irgendwie stolz, dass er mich gleich erkannt hat. Da habe ich ihn natürlich sofort überreden müssen, mitzukommen. Ihr wisst ja, wenn ich mal losschnattere, kann kaum jemand Nein sagen. Da hinten kommt er auch schon ... er ist halt schon bisserl langsamer unterwegs als ich, der ehrwürdige Alte.

Psst, seid jetzt alle still, ihr Menschen hier im Stadion, Sokrates will euch etwas sagen!«

»Seid gegrüßt, ihr erziehenden und sich über tyrannische Kinder ärgernden Erwachsenen und auch all ihr jungen Seelen da in euren Reihen, ich bin geehrt, euch Kunde geben zu dürfen!«

»Leute! Habt ihr diese wohlklingende Stimme vernommen? Von *dem* Menschen will ich mehr hören. Ihr nicht auch? Ich würde dich, oh weiser Philosoph, so gerne fragen, ob du das mit deinem Tyrannenspruch von damals heute auch noch genauso sehen würdest wie vor zweieinhalbtausend Jahren?«

»Ach, ich glaube, in diesem Punkte muss ich wohl eher geständig sein, dass ich es dazumal stets verabsäumt habe, viel tiefer in die kleinen Seelen meiner untragbaren Plagegeister zu schauen. Meine Schwäche ist es gewesen, Schüler stets nur dann gnädig wahrzunehmen, wenn sie vor meinen wachsamen Blicken Wohlverhalten gezeigt haben.

Deshalb verkünde ich euch: Ich fühle mich sehr geehrt, dass ich mein Zitat bei Studien in der Bibliothek des Philosophenhimmels als einleitende Worte zu diesem wunderbaren Buche vorgefunden habe. Ich meinerseits hätte es nie und nimmer für möglich gehalten, dass meine eigenen Worte Jahrtausende später noch genauso trefflich sein könnten.«

»Das, lieber Sokrates, freut wiederum *uns alle* hier. Aber hast denn du, der du fast alles weißt, aus ›Kinder im Tyrannenmodus‹ auch selbst noch etwas lernen können?«

»Oh ja, ihr liebenswerten Unwissenden, das kann man wohl so sagen! Zwar bin ich Philosoph und kenne mich in den ehrwürdigen Wissenschaften des Geistes aus, aber mit dem tiefen Witz, der allen Kindern innewohnt, und ihrem wunderbaren Sinn für endlosen Spaß habe ich mich schon damals nicht so richtig anfreunden können. Aber das hat sich nach der Lektüre dieses Buches geändert.

Wäre ich heute noch bei euch auf der Erde, ich würde es nicht mehr wagen, derart ungnädig über tyrannische Kinder herzuziehen, sondern erst mal viel sorgfältiger nachsehen, welche Gründe wohl hinter all dem Fehlverhalten lauern mögen. Deshalb möchte auch ich nunmehr diese Lektüre von Herzen als ein *Jahrtausendwerk* bezeichnen, verkneife mir allerdings auch das dazu passende Augenzwinkern nicht. Wahrlich, ich habe schon so lange nicht mehr von Herzen geschmunzelt oder gar laut gelacht. Das gehöre sich nicht als ehrwürdiger Professor, habe ich stets gedacht, so hat man es mich gelehrt.«

»Das hört sich ja richtig ermutigend an, ehrwürdiger Lehrmeister.

Eine letzte, rasch geschnatterte Frage noch: Denkst du, dass sich jetzt für die meisten Kinder und Jugendlichen, die mit uns hierher in das Mega-Stadion gekommen sind, etwas verändern wird?«

»Das, oh gescheiteste aller ehemals dummen Gänse, entzieht sich auch *meiner* bescheidenen Kenntnis! Denn ich weiß so viel, dass ich nichts weiß! Einer meiner nicht minder berühmten Kollegen hat das gesagt. Deshalb kann ich hier nur meinen *eigenen* Wechsel der Perspektive kundtun: Ab dem heutigen Tage jedenfalls sehe ich tyrannische Kinder mit jenen Augen, mit denen zu sehen dieses Buch mich gelehrt hat. Solch positiven neuen Blickwinkel werde ich hierorts, im Himmel der Philosophen, mit großer Freude allen meinen Kollegen verkünden.

Möge diese Botschaft aus dem Jenseits aber auch alle Professoren, Lehrer und Philosophen in *eurer* Welt erreichen. Eure Aufgabe, liebe Sterbliche, wird es hingegen sein, das Gleiche unter den *Eltern* dieser Erde zu verbreiten. Vielleicht wird ja dann doch noch alles gut und viele beginnen zu begreifen, dass Erziehung eigentlich *immer* Spaß machen darf, egal, welches Jahrtausend wir gerade schreiben mögen.«

»Starke Worte, geschätzter Sokrates. Komm, lass uns auf ein Gläschen von eurem griechischen Wein watscheln und diese ehrwürdige Stätte nun endgültig verlassen ...«

Wenn ein Philosoph einem antwortet, versteht man überhaupt nicht mehr, was man ihn gefragt hat.
André Gide

Was bleibt uns, liebe Leserin, lieber Leser, dazu wohl noch zu sagen, außer dass es eine Ehre gewesen ist, über Sokrates schreiben zu dürfen und noch mehr, seine Gedanken zu vernehmen. Weil aber nach dem Auftritt des großen Mannes gerade alle so andächtig zuhören, ziehen wir nach all den vielen Zwischensummen in unseren Kapiteln nun endlich eine ...

Endsumme

Egal, ob Sie glauben, bei sich zu Hause oder in der Schulkasse eine waschechte Mini-Tyrannin oder einen bösartigen Mini-Tyrannen zu haben, es ist doch zuallermeist ein Trugschluss, der aus einer nur allzu menschlichen Schwäche entsteht. Wir suchen uns für Situationen, mit denen wir momentan nicht richtig umgehen können, gerne eine möglichst rasche und einfache Erklärung und betrachten diese dann oft schlichtweg als Gegebenheit: *»Mein Kind ist eben ein Tyrann, basta!«* Diese Sichtweise führt aber automatisch dazu, dass wir uns bald über diesen Zustand ärgern, weil wir ihn sowieso nicht ändern können.

Was manche Menschen sich selber vormachen,
das macht ihnen so schnell keiner nach.
Gerhard Uhlenbruck

! Sich zu ärgern hilft niemandem aus einem Spannungszustand heraus, sondern bringt nur eine Verfestigung immer gleicher Muster, die vielleicht gar nicht gewollt sind.

Jetzt, am Ende dieses Buches, denke ich, sind Sie, liebe Eltern, sicherlich stark genug, um Ihre ganz persönliche Endsumme mit dem folgenden neuen, viel positiveren Denkansatz für sich ziehen zu können: Egal, wie unangepasst, aufsässig oder »untragbar« mein Kind sich auch verhalten haben mag, es will mir damit immer etwas sagen und ... ist deshalb mit ziemlicher Sicherheit überhaupt kein Tyrann!

Die reinste Form des Wahnsinns ist es, alles beim Alten zu lassen und
gleichzeitig zu hoffen, dass sich etwas ändert.
Albert Einstein

Nach diesen letzten Worten scheint es in unserer altehrwürdigen Arena für Kind und Kegel kein Halten mehr zu geben! Es sieht ganz so aus, als würde das für uns, die wir ganz am Anfang noch zögerlich eingezogen sind, nun ein …

Triumphaler Auslauf

Schon in den ersten großen Sportstätten des alten Griechenland ist es Brauch gewesen, eine würdevolle Schlussrunde um den Platz zu zelebrieren. Das machen nun auch wir, indem wir uns hier, im voll besetzten Stadion, noch einmal umsehen.

Schaut doch, da vorne in der ersten Reihe hocken gleich Rumpelstilzchen und Trotzkopf, die jetzt allerdings völlig entspannt wirken, während schräg hinter ihnen auf den Rängen mehrere ehemalige Faulsäcke und Lernverweigerer herzlich zu uns heruntergrinsen. Gleich daneben scheint eine mittlerweile völlig friedlich wirkende Gruppe Streithansln ihre Hände zum begeisterten Applaus erhoben zu haben. Was für eine großartige Stimmung hier im Stadion! Was für ein brodelnder Triumph für uns alle!

Dabei haben wir unsere Runde noch gar nicht beendet: Lachen da nicht auch einige frühere, nunmehr stumme Heulbojen zu uns herunter und dort, gleich hinter ihnen, übt sich ein ganzer Haufen ehemaliger Dauerdiskutierer und Bettelprinzessinnen in der neuen Sportart des »Pausen-Aushaltens«. Großartig! Ganz hinten stehen ein paar Verweigerer im Ruhestand sogar mit weit offenen Armen auf ihren Sesseln. Ein nahezu unfassbarer Anblick, wie? Erstaunlich, wie einträchtig sie alle beieinanderhocken und mit sichtbarem Stolz auf uns, ihre Eltern, Lehrer, Großeltern und wozu wir sonst noch berufen sein mögen, herunterschauen. Dabei scheint es, als schickten all die vormaligen Tyrannen nur noch gleichermaßen erwartungs- wie liebevolle Blicke zu uns herunter. Das geht fürwahr zu Herzen, oder?

Schlussblockade?
Aber was ist das? Jetzt, wo wir uns dem Ausgangsportal nähern, steht dort eine breite Linie von geübten »Blockierern«. Das könnte eventuell noch eine mächtige Hürde für uns leidgeprüfte Erwachsene darstellen.

Doch plötzlich beginnen alle in der Reihe zu lächeln und augenblicklich weicht der ganze Pulk wie eine Ehrengarde vor uns zurück, lässt uns passieren. Dabei wirken auch sie weder tyrannisch noch irgendwie blockierend. Einfach wunderbar: So scheint sich auch der allerletzte Widerstand in Wohlgefallen aufzulösen, wobei das Schönste daran ist, dass kein Erwachsener deswegen mit den Kids hat schimpfen müssen. In all dem Jubel und Hurra-Geschrei hätte das aber sowieso keiner gehört.

Geschafft! Das ist wirklich ein triumphaler Auslauf gewesen und, wie mir scheint, auch eine wirklich mächtige Runde, die wir da hinter uns gebracht haben. Schlussendlich aber haben wir anlässlich unserer ganz privaten »tyrannischen Spiele« die große Herausforderung perfekt gemeistert.

Eine bemerkenswerte Leistung, ein Triumph über uns selbst, obwohl ich zu hoffen wage, dass Sie, liebe Leserinnen und Leser, bei keiner der besuchten Stationen zu hart mit sich selbst ins Gericht gegangen sind, sondern eher dem Schmunzeln den Vorrang gegeben haben. So ist es jedenfalls gedacht gewesen!

Ihr Gerhard Spitzer

Ein Kind zu erziehen ist ganz leicht, schwer ist nur,
das Ergebnis lieb zu haben.
Werner Schneyder

Danksagung

Erneut möchte ich mich bei Herrn Prof. Dr. Friedrich Buchberger herzlich bedanken, der nicht nur das einprägsame Vorwort zu Band eins des Entspannt-erziehen-Zyklus, »Das Neue Entspannt erziehen«, verfasst hat, sondern dessen beständige Ermutigung und fachlicher Beistand auch bei diesem Projekt ein großer Ansporn gewesen sind.

Mein tief empfundener Dank gilt neben meinem großartigen Lektor Dr. Arnold Klaffenböck, der buchstäblich bei *jedem* meiner vielen Anliegen stets für mich »zur Stelle« gewesen ist, diesmal vor allem Thomas Wieselmayer, einem begnadeten Pädagogen an einer Wiener Volksschule, der nahezu täglich mit viel positivem Elan bereitgestanden hat, meine Texte zu lesen und mit großem Einfühlungsvermögen zu redigieren. Nicht wenige Passagen sind durch seine Arbeit bereichert worden. Nicht minder wertvoll waren die Mitarbeit, Tipps und Rezensionen von Susanne Erlmoser, diplomierte Lebens- und Sozialberaterin und gleichzeitig leitende Beraterin beim Verein KiddyCoach, die nach eigenen Worten »dankbar ist, dass ich dieses Buch überhaupt geschrieben habe«, sowie der Grundschullehrerin Eva Bebek in München, deren wohlüberlegte Tipps und humorvolle Sichtweisen mich immer wieder auf neue Ideen gebracht haben. Diese bemerkenswerten Persönlichkeiten waren mir Fachkonsulenten, Unterstützer und vor allem *Motivatoren* zugleich.